天津出版傳媒集團
天津古籍出版社

盧木齋集

盧靖 著
羅容海 整理

『十三五』國家重點圖書出版規劃項目
津沽筆記史料叢刊第十一種
主編 王振良

問津文庫

圖書在版編目（CIP）數據

盧木齋集 / 盧靖著 ; 羅容海整理 . -- 天津 : 天津古籍出版社 , 2021.5
ISBN 978-7-5528-1084-4

Ⅰ . ①盧… Ⅱ . ①盧… ②羅… Ⅲ . ①教育學－文集 Ⅳ . ① G40-53

中國版本圖書館 CIP 數據核字（2021）第 047260 號

盧木齋集

LUMUZHAI JI

盧靖 / 著　羅容海 / 整理

出　　版　天津古籍出版社
出 版 人　張　瑋
地　　址　天津市和平區西康路 35 號康岳大厦
郵政編碼　300051
郵購電話　（022）23517902

策　　劃　唐　艦
責任編輯　鄭　偉
責任校對　王羽茜
裝幀設計　黎冬瑶

印　　製　天津市天辦行通數碼印刷有限公司
經　　銷　新華書店
開　　本　880 毫米 ×1230 毫米　1/32
印　　張　15.625
字　　數　250 千字
版次印次　2021 年 5 月第 1 版　2021 年 5 月第 1 次印刷
定　　價　88.00 圓

津沽筆記史料叢刊總序

陶慕寧

三津之地，舊稱直沽。地當九河津要，路通七省舟車。其域在漢屬勃海、漁陽二郡，隋屬河間、涿郡、漁陽三郡，唐爲幽、滄二州地，宋爲清、滄二州地，元屬大都、河間二路。明建文初，燕王朱棣啓『靖難之役』，經三汊河口襲取滄州。越三載登基，遂敕名其地爲天津，喻『天子津渡』之意也。永樂初年，置天津三衛，屬河間府。清初設關，置總兵鎮守。雍正二年（一七二四），改天津衛爲州，至九年（一七三一）升府，領州一縣六。咸豐十年（一八六〇），天津開埠，漸成列强争逐貿易之洋場，今則巋然爲中國之直轄市矣。然則自建衛以迄於今，都六百餘年，考之地理河渠，其所以爲重鎮者實有二端：一則處畿輔要衝、海疆門户，此地不守，鼎湖危殆，故又稱之『津門』；二則處漕運樞紐，南接淮泗，北達通州，東吴之稻、長蘆之鹽，或經海路，或付漕舡，皆賴此地轉輸入京。元人王懋德《直沽》詩云『極目滄溟浸碧天，蓬萊樓閣遠相連。東吴轉海輸粳稻，一夕潮來集萬船』，即當日天津海漕之實録也。

金元以降，天津之隸屬、轄區屢經更易，而魚鹽之利、商賈之繁、居人之雜、風俗之盛，固未嘗大變。明正統初，始建天津衛學，其後科舉漸興，應進士之選者代不乏人。其早者，若汪來，嘉靖二十年（一五四一）進士，官至慶陽知府，撰有《北地紀》四卷；若張愚，嘉靖二十九年（一五五〇）進士，仕至右副都御史；若劉燾，嘉靖三十八年（一五五九）進士，仕至兵部右侍郎、右都御史。又，隆慶五年（一五七一）一科會試，即有劉鋌、張佑、任天祚三人登第。是知其地不獨商貿繁衍，人文亦頗有可稱者。逮清季民國，政局傾頽，西潮澒洞，外人雲集。大賈居豪，舞長袖而吸金；失意政客，憑租界以窺勢。而承學之士、詞客報人，亦斐然蔚起，斥清廷之昏瞀，揭時政之危局。天津乃漸成消息之淵藪、政治之策源矣。

今之天津爲工業重鎮，襟帶華北，遠接大洋，經濟之繁榮、民生之富庶，殆亘古所未嘗有。而未來之前景，正未可限量。然一地一城之聲譽，非盡可以經濟之榮悴衡之，天津若欲立於中國城市之林，尚需發弘卓然獨特之文化。而欲發弘文化，則需爬梳董理相關之史料，若人文之聚散、古迹之存堙，若張氏遂閑堂、查氏水西莊，若梅樹君之梅花詩社、嚴範孫之城南詩社，若天妃宫之遞嬗、稽古寺之重修、大悲院之沿革、楊柳青之題咏，進而長蘆鹽場之種賣、銀魚鐵脚之烹炒，甚乃方言之特异、風俗之淳澆，皆有待詳爲稽考揭築於世者，而後激濁揚清，乃可發揚之，光大之。

王振良君，籍屬長白，早年肄業於南開大學，後就職今晚報社。其爲人謙退揖讓，有古君子風；爲學則鈎沉索隱，爬羅剔抉，有東原、實齋之致，兼高郵、嘉定之勤。十數年來，篤志於天津文獻之搜集編訂，遍訪地方耆宿，覓求稀見古籍，焚膏繼晷，殫慮竭精，以搜羅地方先賢著述、發煌沽上人文風俗爲使命。其所編訂之《問津》《天津記憶》，本已頗具規模。復又推出《問津文庫》，更自琳瑯滿目。今《文庫》之《津沽筆記史料叢刊》又將付剞劂，屬余爲弁言。余何幸如之，草此數言爲振良君賀，亦爲天津歷史文化之彰宏賀。

甲午歲末於南開大學範孫樓

（陶慕寧，南開大學文學院教授、博士生導師）

序一：祖父是位實幹家

盧樂山　盧鼎霍

先祖父木齋先生離開我們已經快七十年了。他是一位既有學識又有思想的實幹家，做得多，說得少，寫得更少，因此存留下的文字資料不多。所以雖然我們都曾長時間與他住在一起，但印象却隨著時間流逝而逐漸淡漠。我們多次想編寫點兒東西，留作永久記憶，惜能力和條件所限，始終未能如愿。此次承蒙羅容海君幫助，他在叔祖父盧慎之整理的資料基礎上，通過多種綫索搜尋、補充原稿，并加以標點、整理，同時附加按語，彙集成《盧木齋集》，特別是增加了《盧木齋年譜》，使我們對祖父有了較全面的了解。祖父的形象，在我們的腦海裏重新蘇醒，又清晰、鮮活、豐富了起來。

先祖父一生抱有教育救國的思想，他認爲『教育者，國家之主體也』『無教育即無人類』（《歐美教育統計年鑒序》），從任職北洋武備學堂算學總教習開始，他就利用各種機會，普及推廣教育。民國後，他息影津沽，經營房地產，同時投資開灤煤礦、啓新洋灰、耀華玻璃等新興民族企業，所得悉用於辦學、刻印叢書、設立圖書館及舉辦慈善事業。祖父於一九〇七年在天津私家住宅内創辦了盧氏蒙養院。一九三二年，又在盧氏幼稚園、木齋小學的基礎上建立了木齋中學。他在北戴河買了許多地，本來是想著建一個水産大學的，後來没有辦起來，衹是在北戴河建了一所單莊小學。他在北京買了一所大房子，本來也是想建學校的，後來建了一個木齋圖書館。他一生有一個夢想，就是建立一個從幼稚園到大學的完整的木齋學校體系，可惜因爲戰亂頻繁等原因没能實現。可以説，祖父爲教育事業奮斗終生，做到了鞠躬盡瘁，死而後已。

祖父是個很有韌勁的人，或者説他非常執著，他做事情，從不灰心，要做就要做成，尤其在教育方面。他做過多年多地的縣令，做縣官不一定非得大搞教育，可是他到一個地方就要辦圖書館、辦學校，這些并不是他必須辦的事情，他却堅持下來，爲官到哪裏，學校、圖書館就辦到哪裏。他也不管自己的處境怎麼樣，做官的時候有官銀，可以辦學，没有做官的時候，他就自己辦實業掙錢，一樣要完成辦學的事情。南開大學木齋圖書館建成了，他還不滿足，還要在北京再建一個木齋圖書館。南開大學木齋圖書館後來被日本人炸了，他一心想著還要重新建起來，雖然最後没有實現，但他一直有這個想法。直到他去世之前，他還在籌劃建立清華大學木齋數學研究所的事情，要不是受戰爭的影響，這個願望也能實現。那時候他九十多歲了，身上還有病，他還要幹。祖父的這種性格，是他在很長的時間裏，尤其是幼年的時候磨練出來的。他通過言傳身教影響了我們這些後輩，直到今天，我們同輩兄弟姊妹説起來時，仍覺得深受其益。

祖父心中有一個普及教育的夢，他希望讓全民受教育。爲此他創辦了多種學校，除了一般學校（幼稚園、小學、中學）外，還開設各種專業學校，如經濟、師範（包括女子師範）、水産、商業、軍事、法政、美術、音樂等，并做到了城鄉兼顧。他主張辦學要『守尚武、尚實、尚公之典，植德育、智育、體育之基』；聘用教師時『爲事而擇人，不爲人誤事』。他創辦這些學校時，也不僅僅是倡議和批示，對於學校的建築、經濟的籌劃、辦學的宗旨、教材教法，以及對教師和學生的要求，他都有具體的安排，提出了明確的規章、制度和辦法。他多次組織下屬編譯日本最新的教育法規，也對學校各項制度的建立和規範起到了促進作用。

在培育賢才的問題上，祖父的特點是主張中西學并舉。一方面提倡廢科舉、辦新學校，主張學習科學知識（算學、火器學、農學、植物學、法政學、軍事學等），借鑒外國經驗，他認爲歐美、日本『文化開而進步速』，也資助家族子弟和優秀青年出國學習；另一方面又不忘傳承文化經典，刻印古書，甚至親自編輯了《古辭令學》

供世人學習。

在教育方法上，祖父經歷過青少年時期獨自學習算學的困惑和辛苦，所以非常注意循序漸進和接受的難易度，以至後來爲了幫助學習者學得容易、學得快，他考慮用代數解决學習微積分的困難，寫出了《迭微分補草》，同樣，《萬象一原演式》《九章代數草》也是這一類爲了教學方便而寫就的手册。爲了教人進行快速讀寫，他苦心研究音韵學和速記轉音文字，撰就《合聲易字》。爲了加强實用可操作性和提高炮彈命中率，他著成《火器真訣釋例》供士卒學習。他選輯《古辭令學》，也是爲了方便青少年學習，激發學習興趣。他也曾爲農民學習的方便，支持梁啓超、羅振玉等人辦農學報紙，然後將報紙買回來，在豐潤等地辦報紙宣講所，爲農民講解。

祖父一生酷愛圖書。由於少年時得書困難，深感書之可貴，因此祖父在有條件後購買多種書籍，置於圖書館之中；他於《書目答問》所稱最精最要最有用諸書，幾多方全購之，并與胞弟慎之一起，刻印大量圖書，捐贈給各處。

祖父對書籍十分珍惜，在豐潤任職時曾説：『傷亂之世，金玉錦綉皆在所不惜，惟書籍數萬卷……若一夕散失，極爲骨痛心酸。』我們仍記得在天津住宅裏有一棟小樓，平日稱藏書樓，樓上樓下全部裝滿了書櫃。祖父平時身邊經常放著書籍，赴北戴河避暑時，也要携帶不少書，和胞弟慎之見面時，談論的內容主要也是有關書的問題。到了晚年，雖然體弱多病，但祖父每日仍令服侍他的人給他讀書。

祖父很珍惜書，在捐贈書時却很不吝惜，他所刻印的書幾乎全都捐出去了。他認爲圖書館是普及教育的重要地方。爲了更多的人有書可讀，他抓住各種機遇開辦了很多圖書館，向大衆開放。爲南開大學建圖書館時，他贈書十萬卷。爲開辦北平木齋圖書館，他購置了許多新書和雜志。他逝世後，他的兒女也將北平木齋圖書館僅存的書籍全部捐贈給清華大學。

過去我們對他教育、刻書的一面比較熟悉，并不知道他如此學多識廣，這麽善於爲政，這樣有愛國心。比方説他一貫支持向國外借公債，還寫了《釋公債》一文，但是具體到家鄉湖北要借外債修鐵路時，他却覺得附加的條件有損國家權益，又極力抵制。他主張在不犧牲本國利益的基礎之上，把國外的經驗、資本、技術拿來爲我所用。對於他幹的這些事，他從不宣揚；教育兒孫的時候，也從來不説自己過去怎樣怎樣，所以他的事迹我們很多都不知道。這本書很好地加深了我們對先祖父這方面的了解。

祖父是個深思熟慮的人，常常經過調查研究後再提出合理化建議。我们看了遺集、年譜，深覺祖父有想法、有點子，是個很能幹的人，他都不是空説空想，都是有根有據的。比如他對於東三省修鐵路、搞運輸等的看法，都是經過分析、調查、研究後得出的。他總是在思考，不是蠻幹式的，在教育方面也是如此。所以嚴范孫在信裏稱贊盧木齋『考慮周全』，他確實是很有實踐的精神。

他豐富的從政經驗，來源於他一步步從基層幹起，懂得民間的疾苦，所以他辦法多，也是一步步積累起來的。祖父如果不是一步步從縣官幹起，一個縣接著一個縣幹，他也没有這個能力。比方説他在贊皇和豐潤兩縣，待的時間都長，他在這兩個縣是真正爲當地作出貢獻的，不是像有些官員一樣，敷衍一下，做個跳板，或者撈一把趕緊換地。踏踏實實從基層做起，做出一定的成績來，這對現在的爲政者也有一定的啓發。

從個性上説，祖父還是個清高、不走歪門邪道、正派的人。他不走門路，當時在直隸提學使任上，衹要捐點錢，疏通疏通，就有機會升職去做巡撫，可是他就不幹。後來北洋軍閥很多頭目都是他的學生，他也不去跟他們你來我往。他平時的生活比較簡樸，雖有這麼多資金，但從來不揮霍，家裏也從來不講排場。我們從小在家裏，吃的也就是普通飯食。他留下遺囑，把家裏的錢都留作教育基金，不留給子孫，這也是對子孫的嚴要求。

祖父的性格比較直。劉行宜在《天津文史資料選輯》裏發表過一篇盧木齋、盧慎之兄弟的紀念文章，那篇文章裏引用過一封祖父和周學熙的通信。後來周學熙的侄孫子周一良，也是燕京畢業的，他了解到有這篇文章後向我們要這封信，我們就複印了那一封信給周一良。周一良看完後回信説：『我真佩服這些老者，他們是好朋友，但是有不同意見絶不敷衍和稀泥，我真佩服他們。』

祖父是有功於國家、有功於時代的，也可以説是時勢造就了他。當時的祖父，不管在哪個縣主政，他都做那些最實用的，做人民群衆最需要的，做那些最新的事情。所以在當時的那個時代，他就脱穎而出，慢慢地被提拔起來。在晚清那個大變革的時代裏，祖父他有愛國愛民的熱情，不僅有熱情，還有思想，不僅有思想，還有能付諸實踐的辦法，這是盧木齋突出的地方。這對現在做官的人也是一種啓示，不僅要有德，而且還要有才，還要能身體力行地付諸運用。

末了再强調一點的是，祖父對湖北、對沔陽懷有濃厚的鄉情。雖然在他生命的最後三十多年間，因爲身體等原因一直未曾回過家鄉，但他一直挂念家鄉的文化，惦記著老家的鄉親。他不惜代價刊刻了《湖北先正遺書》《沔陽叢書》兩種大部頭叢書，還零散刊印了不少湖北鄉賢的文集。他關心家鄉的水利交通建設，斥巨資爲家鄉修建了水利工程『盧公磯』，還一度爲修建武漢長江大橋精心謀劃。晚年他在北平居住，身邊的親友也大都是湖北籍人士。近些年來，湖北家鄉洪湖、仙桃兩地不斷有以傳承文化爲己任的宗親和同鄉，通過修家譜、寫文章、設紀念館等方式紀念祖父，大約也是感受到了祖父對家鄉的濃濃鄉情，祖父如果泉下有知，也一定會感到欣慰的。

最後我們要再次對本書的編者羅容海博士表示深切的謝忱，他主動做了這麼一件具有歷史和現實雙重意義的事情，探索了一套鈎沉人物的有效方法，也使先祖父盧木齋的事迹從湮没的故紙堆中得以彰顯，從而窺見他那一個時代那樣一個興學群體的真實思想、情感和惠及后代的不朽功績，這是了不起的。我們家族特此向羅容海君致以由衷的感激。

編書如同掃落葉一般，旋掃旋生。目前這本書還有些材料不够齊全，這是完全有可能的。如果以后有機會再找到新材料，還可以繼續充實進來。

二〇一六年八月於北師大麗澤三樓

序二：活著的木齋精神

王彥祺

二〇一六年秋，我受羅容海君的囑托，爲即將出版的《盧木齋集》作序。接到這份囑托，我倍感榮幸又十分惶恐。我知道盧木齋先生，僅僅是從二〇〇九年調任至天津市第二十四中學工作開始的。因爲初到學校，我需要有一個全方位的了解，當時史清寶主任送給我學校六十年校慶和七十年校慶時印刷的兩本册子，也就是從這兩本册子開始，我才了解了盧木齋，了解了木齋中學。以至於後來，我這個校長才有機會在八十年校慶之際，經過多方努力，實現了恢復『木齋中學』校名的願望；再後來，學校辦學内涵不斷提升，形成了獨特的『木齋文化教育』的辦學特色。然而在衆多盧木齋先生的後代面前，在衆多盧木齋先生生平的研究者面前，我真的算是一個小字輩。讓這樣一個才疏學淺的小字輩來擔此大任，難免會誠惶誠恐。

然而我也在想，爲什麽要編輯出版《盧木齋集》？這樣一本研究成果的問世，於今日之社會又有何意義？我想，我們需要傳播一種文化，更需要傳承一種精神。

我在木齋中學工作的幾年裏，努力挖掘整理盧木齋先生生平事迹中的點滴故事，用以教育今日之師生。我們通過木齋先生教育救國的執著信念感受著他對國家和民族的熱愛，通過他留下的遺囑『錢財不留子孫，留給子孫，衹能供其揮霍，要讓他們掌握一技之長，才能自食其力』體會著他做人的無私，從他多次捐建圖書館、學校并設立木齋教育基金的義舉中體會著這樣一位前人有著怎樣的奉獻，從他在自己宅邸創辦蒙養園，到興辦盧氏小學，再到創辦木齋中學，甚至他開辦大學的願望中，品讀著一個人一生應該有怎樣的進取，也從他諫言廢除科舉、興辦西學、注重科學思想的傳播中，感受著他超人的創新思想。而今天，『愛國、無私、奉獻、進取、創新』已成爲木齋中學獨特的『木齋文化教育』的核心內容，這也是全校師生共同認可的核心價值理念——木齋精神。

在『木齋精神』的引領下，今天的木齋中學，培養了衆多的『品牌學生』，推出了衆多的『品牌教師』，也形成了衆多獨具特色的『品牌學科』。木齋中學也逐漸成爲一所爲社會所認可的品牌學校。一路走來，汗水澆灌著收獲，付出交織著榮光。學校秉承了先生留給木齋人的『誠樸勤勇』的校訓精神，也在努力形成自己特有的理念文化、行爲文化、課程文化、制度文化等等。這些文化不同程度地豐富了

『木齋文化』的特色内容，也在從不同角度詮釋著『木齋文化』的時代内涵。『救國之危，化民之愚，惟普及教育之一策』，這是木齋先生當年所宣導的思想。無論是辦學，還是開辦圖書館，先生始終執著耕耘在普及教育、傳播思想的沃土上。我想，精神需要傳承，文化需要傳播。《盧木齋集》的出版，恰逢先生個人辦學一百一十周年，木齋中學建校八十五周年之際。這是歷史的巧合，也是充分展示學校傳承『木齋精神』的纍纍碩果的最佳時機。因傳承一種精神，一所學校有了蓬勃的生命力；因傳播一種文化，一所學校有了更爲豐富的内涵。這也恰如其分地説明了此書出版的意義所在。

在此，由衷感謝容海君給予我這份特殊的禮遇，讓我在此書的開篇暢談體會；也由衷感謝長久以來，爲了這本書的出版，埋頭書山典籍中搜集整理、樂此不疲的諸位同仁，因爲你們的辛苦，才使得這位在中國近代史上功不可没的人物，輪廓更清晰，形象更鮮明，這段歷史也才會永載史册！

二〇一六年十二月於木齋中學

整理説明

一、本書是在二十世紀五十年代盧木齋胞弟盧慎之所編《盧木齋先生遺稿》的基礎上擴充而成。附録二十世紀三十年代中期編成之《盧木齋先生事略》及本文整理者所著《盧木齋年譜》。

二、第一編为盧木齋先生遺稿，完全照録《遺稿》，編次一仍其舊。序言、目録及原附有之盧慎之所著《知止樓雜咏》及和詩一篇，亦照録以存其貌。《遺稿》爲油印本，因金鉞跋文和盧慎之編後記均爲一九五四年春季所作，故印成當於此之後。其時盧氏兄弟家財已捐空殆盡，不惟從容鉛印不可得，即油印本亦質劣而多誤，故整理點校一番，原附勘誤表亦借此機會一一改過。《遺稿》今國家圖書館、復旦圖書館等均有收藏。

三、第二編爲盧木齋先生遺稿補編，將《遺稿》編後記中提到而未收入之篇目悉數覓得收録，并將散見於各報章、文集、著作中的盧木齋論文、序跋等納入此編。

四、第三編爲盧木齋先生公牘，大部録自《北洋公牘類纂正續編》，選録以標題或文中含盧之名號爲准，僅以學務處或提學使司名義例行往來之公文，則不録。其餘篇目録自《東方雜志》《直隸教育官報》等報章，選録標準亦同。是編未注明出處者，均鈔自《北洋公牘類纂正續編》（〔清〕甘厚慈輯，羅澍偉點校，天津：天津古籍出版社二〇一三年版）。

五、第四編爲盧木齋先生信札。盧木齋手札存世者少。盧慎之編印之《盧木齋先生遺稿》中存有盧木齋致梁節庵書一通，《盧木齋先生事略》中附有盧木齋致賈恩紱書一通，致賈恩紱書信手迹原件由賈恩紱保存完好，二十世紀三四十年代曾影印單出。因本書照録《盧木齋先生遺稿》及《盧木齋先生事略》，故此兩通書札仍各居其間，以保存原貌。另於《汪康年師友書札》《袁世凱全集》《北平私立木齋圖書館季刊》等文獻資料中覓得盧木齋信札數通，并附吴汝綸、嚴修、羅振玉、周樹模、盧弼、王亦曾等人致盧木齋信札若干通，遂成此編。

六、附録一爲盧木齋先生事略。照録盧木齋家族的賀壽集《盧木齋先生事略》，編次一仍其舊。外加周學熙所著賀盧木齋米壽詩并序一篇，盧慎之所撰《慎始基齋校書圖題詞序》一篇及王葆心所撰《盧府君墓表》，以供讀者了解盧木齋父子昆弟之生平事迹。《盧木齋先生事略》今藏於清華大學圖書館，綫裝刻本，共一册，原書封面空白，并無書名題簽，『盧木齋先生事略』一名或爲清華大學圖書館編目之時所另起，今亦沿用之。惟清華大學藏《事略》多册，可分爲篇首有賈恩紱所著《補祝盧木齋先生八十晋一壽序》與無此序之兩種，大約可知此册爲一九三五年盧木齋八十壽時刊印，一九三六年八十一壽時又補入賈恩紱一文。本附録中未注明出處者均爲《事略》册中原文。

七、附録二爲盧木齋先生年譜。該年譜之備，源自於在收集補編及尋找佚文過程中，整理者在許多他人著述中發現對盧木齋的記録或評述，這些内容對於了解盧木齋大有裨益。爲了不浪費這些材料，也爲了讓讀者對遺集作者有更全面的了解，整理者對這些材料以年譜的形式稍加排列整理，附在遺集之後，以期相互印證，互相補充。也正因爲這個初衷，該年譜與遺集内容刻意不相重複，遺集中記載詳細者，年譜中便不再摘録，惟提示詳情見於前文某某篇，如此一則可以節省文字，二則督促讀者，使讀者閱讀本書時，可以閲知文章全貌，如此可收一册在手，無論自説還是他評，盡可悉知。年譜材料，多取自盧樂山、盧鼎霍、盧德軍等宗親提供的家譜以及《申報》《大公報》《益世報》《直隸教育雜志》《北平私立木齋圖書館季刊》

《嚴修日記》《嚴修手稿》《李鴻章全集》《袁世凱全集》等，還有部分今人所著論著。惟關於盧木齋生平事迹，後人追述每有失實之處，本文僅就所知所見添加按語，以示商榷云爾。另在記録月份、日期時，以一九一二年爲界，之前清朝時段皆用陰曆，如亦有陽曆，則以括弧附於陰曆之後（標注引用文獻日期時除外）；民國時期則皆用陽曆，陽曆陰曆并有时，陽居前陰居後。

八、在抄録整理過程中，辨識不清者統一用符號『□』代替。文中大部文字都由整理者標點，錯誤之處一定不少，敬請廣大讀者指正。

目録

第一编　盧木齋先生遺稿

盧木齋先生遺稿序

七年前，余客授華中大學以來武昌，偶在坊間睹沔陽盧木齋先生輯刊《湖北先正遺書》七百二十卷而善之，亟購而歸，以贈圖書館。江漢炳靈，文章攸托，昭我共學，知所皈依。以爲世之所謂『識時務者爲俊杰』，吾知之矣，不過厭故而喜新，曲學以阿世耳，非有所真知灼見也。獨先生生新舊嬗變之交，實事求是，以孤行己意，其始開風氣之先，及其既也，矯風氣之偏，而不爲風氣所囿，有以見天下之賾而觀其通者也。

遺文三十首，哲弟慎之先生網羅放佚，千里郵寄，而屬論定以發其指。基博之生也晚，未及奉手，而又末學寡識，何足以窺先生之深。獨念先生生前清咸豐六年，方當科舉極盛之日，士非帖括無以進身，抑無以得食。先生獨毅然有所不爲，而究心疇人，以牖啓新知，旁通歐故。年二十八，猶困不得一衿，亡以自振拔，而先生莫之恤。亦既爲一世之所不爲，抑亦亡以易食於當世，挈慎之先生相與槁餓蕭寺，而人亦莫之恤。則以孤行己意，而所學之與一世迕也，是豈屑意於曲學以阿世者哉？

然而風氣之開以之。於是有光緒甲申法越之役，我軍敗績。問所以，則曰：『法軍槍炮之射擊準而我不如也。』先生聞之，嘆曰：『此不習疇人之術也。』因著《火器真訣釋例》一書，具草爲湖北巡撫長洲彭芍亭中丞所見，付之刊，而禮聘主講算學書院，遂以顯名當世。而項城高勉之學使試，補沔陽州學生，調肄業經心書院，以風厲多士。於是先生年二十九矣。其明年，應乙酉科鄉試，則以天算對策冠絕全場，而爲典試義烏朱蓉生先生所識拔，謂科舉以來所未有，中試舉人。高學使稱爲『樸學异才』，以薦於朝，特旨以知縣交直隸總督李鴻章委用。於是需次天津，委充武備學堂算學總教習，而獲交侯官嚴幼陵先生，讀所譯著各書，并以通知四國之爲，而欲推陳出新，見諸措施。歷知贊皇、南宮、定興、豐潤諸縣，洊擢多倫諸爾廳，奉旨簡放直隸提學使，調任奉天。前後服官垂三十年，敬教勸學，新猷懋焯，播在人口。而科舉之廢，尤先生一言之以。

先生以光緒乙巳秋奉委率直隸官紳赴日本考察學務，臨行謁總督袁世凱。世凱曰：『此一行也，宜深究彼之何以興學，而我之所以不振自見。』先生對：『此不必出國門而可知者。吾國千百年相習以科舉取士，所試者八股文、诗賦、小楷耳。

萃一國之聰明才智，悉心以事帖括無用之學，然上自臺閣卿相，下至一命之士，無不出於此，而美其名曰正途，得之者富貴利達，惟意所欲，否則窮愁白首，亡以自立於天地。使科舉不廢，雖日言興學，學必不興。如流水然，既有長江大河可奔赴，而支港細流，其何能暢？今之學校，不過支港細流而已，富貴利達之途不在也。』學部侍郎嚴修方在座，力贊其説。於是世凱會商鄂督張之洞，聯銜入奏。先生之行未旬日，而停科舉之詔下矣。

嗚呼，先生之在當日，豈非舍其舊而新是謀，以開一時風氣者哉？然而先生知新温故，不廢經史。《輶軒語》《書目答問》二書，張之洞早歲爲學政時所著，以課科舉之士，而昭示讀書之途徑者也。先生則所至必挾，五十年寢饋二書，按目以求，積書至數十萬卷。而臨民爲政，歷知五六縣廳，提學直隸、奉天兩省，未嘗不刊印二書。接見士夫，必以相貽而勉之讀書。及辛亥革命而先生解官，則慨然曰：『吾不食於官，而儒者以治生爲急，吾粗曉歐人之計學，而未及施用。』則攄所藴蓄以委身實業，通商惠工，與時爲盈虚，家大蕃息。而先生不以自豐豢，則斵其金十萬圓，出其書十萬卷，捐之南開大學而以營建木齋圖書館。先生不以爲足，而度地北京城西，以營建第二圖書館，名顛秘笈，燦然盈架，宜其沾溉儒林，欣讀未見。

然撓萬物者莫疾乎風。歐化東漸，經史束閣，惟新之求。衡政論學，乃至移風易俗，言必稱歐美，一往不返，輕我家丘，變本加厲，而讀綫裝書以爲大詬。寧啻《論語》當薪，而欲茅坑是投，此則吾鄉吴稚暉老人一時逞臆之談，而傳誦青年，以爲大快者也。先生則不以人弃我取，欣得所求，而以道喪文敝爲大戚，思古情幽，與慎之先生窮年孜矻，陳發秘藏，而以爲近己而俗變相類，莫親切於鄉邦文獻。校理舊文，搜刊《湖北先正遺書》《沔陽叢書》，卷且逾千，所費以大萬，欲以恢張楚學，宏我漢京。

吾讀《湖北先正遺書》序，而低徊往復以不自已焉。其言有曰：『當兹道喪文敝之會，而值新舊絶續之交，水火兵戈，乘除紛擾，往籍湮晦，文獻淪亡，失今不圖，後將無及。』豈徒以專己守殘，而志在輔弱起微，儻亦一世之所不爲，而先生獨有以爲之於此日者耶？

嗚呼，昔年人方篤舊，而先生日新又新；此日人皆騖新，而先生與古爲徒。豈果先生好與一世爲迕，無亦長慮却顧？意念所及，國必自伐，而後人伐，非與時爲變，固天演之所必淘汰，而舍己徇人，亦人心之日趨自伐。一往不返，浸且喪吾，自淘自汰，何有圖存？是以君子爲國，觀之上古，驗之當世，參以人事，察盛衰之理，審權勢之宜，去就有序，誠慎之也。倘不究觀始終，而漫以一端相窺，幾何大方之家，不爲曲士所笑哉！先生九京有知，儻亦以『雍之言然』？後學無錫錢基博謹序。

盧木齋先生遺稿跋

庚子亂後，朝野鋭意興學。沔陽盧木齋先生首膺直隸提學使之命，草創經營，艱難締造，不數年間，學堂林立，設施粲然。繼其任者率踵而行之，距今已閲五十年。吾津人士所以謳歌而景仰之者，猶嘖嘖稱道弗置也。鉞生也晚，不獲奉教，迨與介弟慎之交契，先生已篤老多病，又移居北京，故終未一瞻顔色。

今慎之輯録先生遺稿，次爲一編，捧讀之下，如親謦欬。具見生平壹志於學，卷中什九皆有關學術之作，而文詞樸穆淵懿，方之往昔醇儒，固無愧色。先生負經世才，未竟厥緒，即翛然高隱，以著述自娱。凡所編纂之宏篇巨製，校刊而流播者，久已名重當世，是其不朽之業，有以承先而啓後，知必傳衍於無窮矣。視夫事功邁往之流，或竟能震鑠於一時，乃俯仰之間，彼浮名輒隨流光以俱逝者，又孰得孰失耶？

獨惜海桑迭易，風景懸殊，在先生晚年，求如曩時之從容鉛槧已不可得，今則益難及此，爲之撫卷三嘆。歲在甲午孟春之月，後學天津金鉞敬跋。

盧木齋先生遺稿編後*

伯兄木齋先生注重事功，不尚辭翰，生平文字多不留稿。余搜輯數十篇，略加選擇纂成。此卷泰半爲余代作，此外如《告奉天學界書》《釋公債》等文，篇長未録。又《潘烈士條陳》，爲先兄與李琴湘（金藻）同擬，當時忌諱不敢言者，均托烈士之筆，原稿猶存，未録。又有《合聲易字》序、後譜説及凡例數千言，乃先兄自撰，解人難索，亦未録。先兄行事，見拙撰《事略》及《知止樓雜咏》中，茲不贅。一九五四年甲午春節，同懷弟弼慎之謹識，時年七十有九。

*整理者按：本段文字原在目録之後，今移至目録之前。又原無標目，現標題係整理者據内容所加。

盧木齋先生遺稿目録

略依時代先後爲次

賀母蘇太夫人八十序
傅寅山墓表
模範校長劉君碑記
木齋學校校訓 附《基石銘》

火器真訣釋例序

靖少時讀兵家言，惜其於槍炮未有中準之法。後見李穆堂《五子炮説》、丁拱辰《演炮圖説》，喜稍有準則矣。及睹新譯《克虜伯炮表》等書，驚嘆其奇妙，然不知其造表之根。近來研求算學，略能解之，得李氏《火器真訣》，益涣然冰釋。特李氏語太簡貴，又無算例，通算術者尚須静玩半日，方能解悟，况士卒耶！爰於暇日，詳釋其理，設算例若干條，以證其義，附矩度測量，以全其用。而第十款『斜面與平面之比例』，圖未明確，亦飾以管見。

方今海疆多故，購造槍炮，修築炮臺，不惜帑金，名臣宿將，運籌制勝，吾知其無遺策矣。假令士卒於施放之術，精益求精，庶幾永靖邊氛，則李氏此書，非當今急宜講求之一端哉！光緒甲申中秋日，盧靖自識。

火器真訣釋例跋

倪君修梅，籌厘餉於沔陽之仙鎮。過臨時，談及法夷寇邊，荼毒甚烈，相與憤懣久之。及詢其所以狼狠之故，則云：『槍炮極準，而我軍攻守之無計也。』靖對以中國自有施放之術，如《海國圖志》及製造局諸刻，言之甚詳，而海寧李先生之書，更能探厥本原，因取其諸款解釋以付之，意以資草野談助云耳。乃倪君返省後，轉與濮春餘刺史，呈之中丞彭公，殆所謂愛而忘其醜者矣。

古人著書戒早，刻書尤甚。蓋後生一知半解，早爲前人所唾弃，猶復公然載筆，以之張己而矜人，徒成笑柄，何益實用！靖雖愚妄，頗遵此戒。顧彭公過辱獎飾，謂此册爲軍務所急需，立捐廉付剞劂，其憂國憂民之盛意，又胡可却耶？爰略加修飾繕呈。

蘇州王君鶴琴，時往復相教正，江夏劉君可亭、蘇君星舫，俱有商榷之惠焉。靖此後惟當閉關研精，勉紹鄉先生雲門允恭之絶業，以報諸君子之知，即以掩此解之陋。海内通人見者，幸原宥而誨示焉。梓成，盧靖再跋於武昌之經心學舍。

規復漕運策

經心書院課藝超等第一名

今日天下之大弊，在在位者狃於故習，貪圖私利，顧惜差委，雖明知其利害，而不肯興革。漕運其一端也。

竊以爲，漕運之法，河運不如海運，海運不如修鐵路運，修鐵路運不如折漕。何以言之？河運之廢，已數十年矣。通者今已塞，塞者今已成陸地，驟欲復之，疏浚數千里之運河，豈易言哉！然陶文毅興海運以來，每歲減運費數百萬，誠便利矣。今兹法夷蠢動，運米幾爲所掠，幸而款約早就，得以中通。假如遲之再久，而滬上糜爛之米，將安往哉！且往來之國日多，兵交在所不免，我稍拂其要求，彼即絶我運道，海運尚可久恃哉！

内外臣工有見於此，於是章疏屢上，請仿泰西新法修造鐵路，既可挽東南之粟，又可以減防海之兵，且路在疆域之内，非輪船行於海外，我與諸夷共之也。然言官既阻於外，帑金實絀於中。如修鐵路，必借洋款；如借洋款，必負重利。且也三年一小修，十年一大造，是借洋款無已時，負重利無了日也。然則如何？曰：不觀胡文忠之在湖北乎？某縣需漕米若干，以地之肥瘠，道之遠近，年之凶豐，折中而均派以錢。免修造船隻，而軍之害除；免牽挽搬運，而夫役之害除；民以錢完於官，官以錢歸於庫，而兑沙發水之害除；官以派定之錢徵於民，民以派定之錢歸於官，而米色佳惡、書吏刁難、大斗浮收之弊悉除。是一舉而國得實利，民得實惠也，曷推廣而行之哉！

然議者必謂『改折漕，而京師之米必踴貴』，是又未真知情形者也。京師之需米，多半爲南人官京師者食耳。若北人則盡食麥，不食米也。然運進之米，南人又豈得食之哉？吏發水而交於船，船屢發水而交於倉，倉又堆之數年，而後發於諸官吏，米已成黑餅矣。於是不領米而領米票，易之於米店，米店轉易於牛录，每石僅值千餘錢耳，而南人終買商米而食焉。是南人又何賴有此運米哉。嗟嗟，以十餘金之運費，方得運一石之米於京師，又朽敗不可食如此，僅值千餘文錢如此，吾不解當道何竟不一籌算也。且吾之言折漕，又豈欲盡天下皆然哉！不過就江浙閩廣言之耳。若山東山西諸近省，轉運甚易，又不必盡然也。然聞顧亭林有海運如梗，而河南有路極便之説。果地形未遷變，是亦規復漕運之一策，其詳見於《日知録》《經世文編》中，兹不贅。

致梁節庵書

星海先生有道：

聞大賢之名久矣，懷欲見之私宿矣。方靖局迹閭閈，先生侍從禁籞，屬車簪毫，卷阿協洽，遠方下士，瞻望弗及，擬之不啻雲鶴天麟。及擁皋比來漢南，談笑而麾之，大湖南北，群士響臻。靖適奉明詔，起布衣，叨非分，一行作吏，僕僕燕趙之間，迴視樹幟湖鄂，踪迹綿越，仍符曩時。至是慕望愛悦之殷，而不得慰此心者，殆十餘年。自惟少賤，遭時竊禄，不足以報塞大恩。纍纍役役，緇裾風塵，又不敢以世俗淺意，越次求通於左右。家弟慎之，著録門籍，渥承眷教，粗識津涂。據述先生蘊蓄之奇，撝挹之概，與夫一切施教之術之備，靖懷欲陳之隱，復自思念，嚮之所慕望愛悦，欲遂其一見之悰者。靖知公，公寧知我哉？

接家弟手書，重附尊旨，以靖沈痼復作，遠勞記注，且惠以珍籍，諄屬無任西醫。是知靖於先生，方泥在迹，而先生於靖，已交其神。人之度量相越，亦至是哉？第念靖於西學，初亦不甚厝意，以一藝一術，不足語道。及讀西士譯就各種新理新書，又與嚴幼陵諸君子游，則益恍然於宇宙之大，古今之遥。堯舜禹湯文武周公孔子，中土聖人遞相傳授之實際，洎今學者已湮其源，獨賴二三西士，深探力取，穹乎闔闢之始，擴諸名數之繁，推隱鈎沉，發攄交暢，雖其於道未必遽合，要其徵實不誣，則固吾聖人復起，有不能廢者也。幼陵觀察，俊深淡永，學有本原，其爲世所指摘，則以獨爲所不爲。中日之役，外間謡諑，當道引嫌，幼陵避地，事平北來，忍尤攘詬，怐愁自苦閟焉，惟譯書鬻報是務，意在廣開風氣，拯救陸沈。靖嘗許其有賈屈之志，大府貴人，稍稍知所引重。所譯《天演論略》，靖一再讀之，美其文章，益人神智，録稿郵鄂，家弟遂已鋟行。

嗣讀先生賜教，當以此君祖西悖中，奸宄變怪，初甚惶駭，竊計先生之道，嚴君之學，令一相見，必當恨晚。今言如此，靖推其故。昔李贊皇，賢宰相也，白文公一時勝流，而贊皇惡之，至不肯一覽其文，然贊皇之念不可回，而白傅之名終亦不朽。何况先生負道□真斷，斷非贊皇敢望；嚴君兼通中西，又非白傅流連風景，咏一物擘一箋之足云。吾知异日履綦合并，必有歡若平生者。惜乎靖以慕望愛悦之殷，不獲一睹景光，而罄十年之藏也。

溽暑多癘，萬萬爲道珍衛不宣。盧靖上言。

祭先妣趙太夫人文

光緒二十九年癸卯二月

嗚呼吾母，六十有八。操心慮患，遠識深察。恭儉温惠，慈孝淑哲。勤始慎終，女中人杰。衿舅凋零，兵戈紅帕。姊妹遇艱，昆弟夭折。艱難病苦，憂傷離別。門閭萬里，終天永訣。一棺空對，椎心泣血。回溯慈德，心膽俱裂。和泪濡墨，文酒奠醊。

嘉道之間，母家鼎盛。科第聯翩，後先輝映。外祖游楚，操奇計贏。質庫相望，卅年經營。貨殖屢中，日進斗金。吾母生晚，愛如琅琳。衣錦佩玉，服瓊飲珍。奇禍猝遭，家景頓乖。外祖憂亡，大舅與偕。如山之崩，如水之潰。百萬之産，數年全廢。此吾母家計中落之苦也。

自歸吾父，改服易裝。同挽鹿車，親調酒漿。必敬必戒，夫子贊襄。收拾餘燼，家尚小康。道咸之際，亂起洪楊。武昌再陷，沔當其衝。百物蕩盡，屢罹敵鋒。大姊三齡，携避襄樊。父游戎幕，雀可羅門。不孝乃生，朝斷夕餐。女紅自給，産褥苦言。此吾母遭兵燹而生不孝之苦也。

文忠振旅，全楚肅清。附航東歸，故土之情。室如罄懸，大厦柱存。相對而泣，泪飲聲吞。篝燈夜織，兒父筆耕。食指所賴，竹聲書聲。奇香義婢，拾薪佐爨。囊螢課讀，粥畫機斷。二妹之生，正值春寒。蔽褥冰結，兩日三餐。甫越期年，又育三妹。境窘口增，日夕感慨。此吾母兵燹歸家迭生諸妹之苦也。

兒甫九齡，侍父遠讀。讀畢自炊，偶生偶熟。歸省吾母，必撫而哭。家計中落，不如僮僕。父感家難，弃儒操賈。遠道奔馳，沐風櫛雨。景况稍順，兩弟繼生。三弟倜儻，頭角峥嶸。母氏鞠勞，更倍往昔。更盡而寢，鷄鳴而作。此吾母撫育諸弟之苦也。

兒外祖母，篤老煩疾。米鹽凌雜，幾微釁隙。詬責經旬，不可勸釋。吾母婉曲，務盡其恩。約身隱情，始終無怨。養生送老，人無間言。晚年感動，相愛相親。白髮母女，扶杖閭閻。此吾母終身孝事外祖母之苦也。

庚午之年，猝遭大變。舊廬奔頹，賃居别院。三弟痘傷，二弟染傳。四弟七日，即夭天年。六十日内，死亡比肩。兒父憂傷，大病連綿。兒母産褥，朝夕侍焉。不孝幼痴，對輒嗚咽。盧氏一脉，不絶如綫。回憶此景，兢兢戰戰。此吾母遭三弟連夭之苦也。

歲在辛未，贛磁湘鐵。營運稗販，謀顧朝夕。資短利微，本形據拮。賈夥不良，明算暗竊。虧騙迭遭，支持無術。七年生計，一朝衰歇。吾父善處後事，償清外債，勿子孫累。此吾母處置生意歇業之苦也。

大姊適李，二妹歸黃。三妹純孝，遠嫁三湘。中谷同咏，童騃猖狂。噩耗頻來，老泪千行。三十年來，日夕倀倀。挽回補救，最爲心傷。每值歸寧，婉勸曲譬。集枯集菀，彼蒼位置。紅絲繫足，豈關人事。祇禱善終，何妨惡始。毋違夫子，以順爲義。此吾母憂傷諸姊妹之苦也。

丙子之歲，始生慎弟。母心雖慰，晚更勞瘁。不孝寡學，性復迂拙。困躓童場，十載霜雪。彭公聘召，遠入節署。書生狂直，人豈我恕。謗牘紛騰，長揖即去。賞識驪黃，項城先生。廿有九歲，始游學黌。謬列薦剡，濫登賢書。歸省吾母，泪滿裙裾。汝應明詔，且附公車。在外日長，回家日疏。好勤王事，毋爲我念。紡績敝廬，足以自贍。衣冠叩辭，十有八年。遂成永別，抱恨終天。

戊子之冬，兒任贊皇。遣丁迎養，供侍酒漿。母訓曰嗟，外祖母老。海天漭漭，高年豈堪，安忍獨往。甲午之役，兒權定興。軍書旁午，供億紛乘。烏合騷擾，戕殺頻聞。謠諑紛傳，母心如焚。庚子巨變，兒治湮陽。力陳拳害，開罪匪黨。禍幾不測，聯軍北上。音斷半載，憂危可想。辛丑春初，重圍謁相。請假省親，相不我讓。教案甫結，親檄赴多（府廳以下赴任，皆藩司下檄，合肥恐兒南歸，當日親檄之）。黄沙萬里，寢干枕戈。南圖北轍，驪駒蓼莪。加以慎弟，兩游東倭。極北遠東，母思如何？此吾母十餘年來憂思不孝等遠離之苦也。

母生富貴，長罹百憂。生乎苦況，萬辭難周。不孝無狀，承乏數邑。德既不修，功復不立。竊位懷禄，駑馬戀棧。定省久疏，深辜養豢。生不獲養，殁不獲見。萬死莫贖，有忝人面。室近囂塵，柩難久停。依形家言，卜葬丁寧。泣血爲文，以薦食酒。嗚呼吾母，尚其知否？哀哉尚饗。

直隸學務公所碑記

光緒三十二年春，靖拜提學畿輔之命。朝廷鋭意興學，釐舊制，設專官，明示教育宗旨於天下，而責其成於有司。其所以重視教育行政者，用意爲至遠矣。畿輔綰轂瀛海，首承風教，爲天下表率，繫萬國觀瞻。李文忠規劃於前，項城宫保擴張於後。在籍士夫，如永年胡廉訪暨都人士，皆熱心經營。而天津嚴侍郎，尤崇奬私塾，爲海内倡。一時俊杰之儔，留學海外者踵相接。學風丕變，新機勃然，嗚呼盛矣！

靖學殖荒落，承乏是間，菲才薄德，烏足與諸君子相頡頏。受命以來，夙夜兢惕，思所以謀教育之普及、之改良、之進步者，不一其涂。私衷竊計，固欲其一日千里，急起直追，儕伍歐美諸强國，以冀仰答聖明，無負斯土也。

顧聞東西教育家言，事功不可以躁進，不可以驟幾，不可以躐等，不可以幸致。惟教育亦然，必先求其粗者，而後乃進而求其精者，若欲旦莫之間，求精神之貫注，殆其難矣。無已，先自其形式者而更張之，以一新人士之耳目，可乎！

直隸學務辦公地，曩假保陽蓮池書院，迨移置津門。率僦民居，毗連市廛，湫隘囂喧，誠不適用。爰請於宫保，卜地河北，審曲面勢，鳩工庀材，經始於光緒三十二年三月，落成於十有一月。地四十畝，建築費五萬六千金有奇。廣厦百間，層樓高聳。地居公園之中，氣清且淑，人静無嘩，開軒眺遠，吐納萬景。都會擾攘之中，得此泉林幽閑之境，亦良足慰矣。

夫時事多艱，吾儕眷懷國事，其所以欲挽頽風而救世變者，正未有涯，又奚暇侈言夫建築之美，宫室之富哉！無亦以兹事所關者大，與文明進化之程度，有相爲比例者焉。且夫精神斡乎内者也，形式斡乎外者也。人必止乎高明之域，而後蕩滌其襟宇，恢閎其智慮，湛然超乎萬物之表，而幽微繁瑣之情狀，一舉目而悉呈於几席之間。古人所謂『振衣千仞岡，濯足萬里流』者，此也。方其終日俯首治文書，局促劬苦，曾不得騁懷散慮，吐故納新，徒爲事物所梏，其能軒舉而貞於久遠者幾希？故形式者，精神之所寄也。直屬州郡，以百數十計，風氣所趨，恒視上流爲轉移，姝姝焉苟安簡陋？人第就其形式觀之，已鄙夷不足道，遑論夫精神哉！

且北人尚質，南人尚文，故南方之聲明文物，每夐絶一時，而北方之樸直儉約，多遠過南都。靖南人也，幽燕作宰，二十年於兹，與此邦人士交且久，故稔知北俗，誠不欲以東南靡麗之習，轉輸北來。顧海通而後，文軌大同，生計競争，有加無已，雖欲安於固陋褊狹而不可得，是則今日直隸學務公所之建築，又烏可以已也。今者形式具矣，其淬厲日新月异之精神，使北方之學，儼然爲海内矜式，以無負朝廷作人之至意，是則靖與諸君子之責也夫。

直隸學界餞别答詞

今日直隸全省學界諸君，以鄙人奉朝命移調陪都，大開送别會於李公祠。大學、高等、專門、中小學堂監督、堂長，教員暨各學生與會者二千餘人，且多遠道而來者。東西賓師，亦瓊瑶惠我，辱臨聯翩。各校生徒，以次奏國歌及送别之樂，私衷慚愧，敬謝弗遑。乃復蒙諸君錫以頌詞，饋貽珍品。兩級師範學堂監督胡君復代表全體演説，敬聆嘉言，渥承厚貺。鄙人不才，何克當此。三年以來，奉職無狀，賴諸君之匡救，幸獲免於罪戾。今日臨别依依，不能無言。謹述所懷，聊答盛意。

鄙人一介書生，不識世事，蚤歲伏處里閈，拙爲帖括，輒喜究心籌算，涉獵經世家言。彼時风氣閉塞，人咸詫爲异端，既無師承，復鮮同志，以故所學，率譾陋龐雜，支離破碎不足道。迨服官畿輔，作宰二十年，公務匆匆，益無暇商量舊學，博采新知。嗣奉恩命，提學是邦，以牧令而薦擢監司，陋劣儒生之榮寵，何以加兹。在朝廷洵爲破格超遷，在鄙人益慚懼忝竊非分。故受命以來，夙夜兢兢，私心竊計，期略有裨於斯土，庶幾無遺學界羞。以故士紳應享之權利，不待爭而先與之，學使向有之陋習，不待告而自革之；不敢用一私人，深戒謀一私利；爲事而擇人，不爲人而誤事。效果雖不能盡符，而私衷則拳拳自守。

然二三年來，雖稍有規劃，而事實多與願違，或限於學識，而無可如何；或限於經濟，而不敢開拓。所謂限於學識者，鄙人夙昔所學，既非完全，又無系統，凡所措置，類皆道聽塗説，東剽西抹，衹可爲一時之權宜，未能爲經遠之閎規。以故舉措不當者有之，章程失宜者有之，又或顧此失彼，欲速反遲。或有程度合格之學生，而無完全之教育；或有學術優長之教員，而無適宜之位置；其他課本闕如、儀器簡略，凡此諸端，難言周洽。圖始實難，成功不易，清夜自省，負疚良多，雖欲强顔自解，實亦無詞以謝。幸賴胡廉訪、嚴侍郎經營開拓於前，諸君子毅力熱心、貢獻堅持於後，始粗有端倪。鄙人第守成規而已。此限於學識，無可如何者也。

所謂限於經濟者，直隸學務公所專管之款，年衹三四十萬金，將欲擴充學校，必先增加財源，然每歲收入，僅有此數，既不能竭澤而漁，又不能無米而炊。學堂請款，則嫌其寡；州縣籌費，又厭其多，輾轉思維，實深焦慮。不得已，遂力圖節省，嚴釐弊端。學務公所司員以及各學校教員，辦事多從兼攝，薪資多從儉約。然揆之人情，苛以自責則可，苛以責人則不可。取諸君節衣縮食之資，爲公家集腋成裘之策，故公所學堂幸積有三十余萬金之建築財産基本，數年來厚累諸公，殊深愧對。然諸君子不惟不加責備，反皆略迹原心，曲以相諒，而又能清廉自矢，勤慎從公，力求實際，不尚浮華，款不虛縻，事必并舉，此尤鄙人所欣佩無已者也。又如學務六科，例設科長、副長、員司，然鄙人以留學專門學生，多未畢業歸國，特虛左以待賢者。且以教育初基，必注重中小學，高等、大學當以次而進，既無躐等之嫌，又無誇張之弊，故專門、實業各科司員，至今秋始補設二三人。在鄙人亦不難早爲位置，見好學界，然以徒邀私誤，無裨公家，多耗一分之財力，即多減學界一分之經營。標榜虛聲，濫置冗員，於私誠便，於公何取。且鄙人亦不難多設專門學校，張皇粉飾，崇尚觀瞻。然姑無論經費之難籌措，教員之不易得，即學生之中小卒業，能合程度者，究有幾何？無寧黜華崇實，循序漸進之爲愈。此限於經濟，不敢開拓者，此也。

總此二端，以故一切設施，不特不能盡如人意，自問亦踧踖難安。今日莅會，殊覺赧顔。諸君子苟愛我者，當有以規我迪我，似不當以溢美之詞進也。雖然，一二年來，東西學士政客道出津沽，參觀各學校，鄙人每與縱談，討論教育普及之故，深以進步遲鈍爲憂，顧若輩則謂庚子以還，爲時無幾，而大中小學校同時并舉，進步可謂極速。惟其以幾何級數驟長增高，故有一日千里之勢，此後循比例數增加之公例，故雖進而轉形其遲。且文明進化，必經一定之階級，躍進驟幾，於事無補。鄙人尋繹其言，不無所見。然則鄙人所以臨事躊躇審顧，若前若却之苦衷，或亦爲諸君所共鑒者乎？

顧又聞東西教育家言，文明進化，不必全體皆然，有一隅可爲模範，自足以風靡全國。據此以談，直隸數十百州縣，雄據渤海，冠冕神京，苟能實踐力行，日進無疆，於以表率天下，何難也？民智既開，文化大進，而謂國家有不富强者，有是理乎？

抑鄙人更有言者，北人多剛健樸直，南人多文弱浮華。鄙人南人也，而雅愛北人剛健樸直之風，誠不欲以南方委靡之俗，轉輸北來。深願諸君子長保此優美之特質，發揮而光大之，於以興學育才可也，於以整軍經武可也，於以轉貧弱爲富强可也。立憲之期，轉瞬即至，世變方殷，時乎不再。其能使畿輔學風爲海内倡，有以捍國家而禦外侮者，非諸君之責而誰責乎？鄙人行將束裝就道矣，蕲諸君子努力前途，爲國自愛，臨别珍重，不盡欲言。

送東三省總督徐公移節郵部序

宣統元年三月，東三省總督徐公拜郵部尚書之命，三省僚屬搢紳，下逮士庶，僉戴公德，惜公去，而又喜公之内擢也，祖餞東郊，以壯公行。靖初隸節麾，辱蒙知遇，瞻依方切，而星軺内旋，眷慕忻躍之忱，尤不能自已，不辭不文，謹舉酒爲公祝，竊附古人贈言之義，爰進而言曰：

曩者朝廷重視邊陲，議新制度，與民更始。以公可屬大事，當一面，特簡公爲欽差大臣，畀以三省之任，兼行將軍事。封圻之廣，事權之重，國朝數百年來，未嘗有也。今上即位，以郵部司全國交通，知非公莫屬，遂詔公入。綜計前後數年，内襄樞密，外總封疆，今復入管郵傳，統籌全局，朝廷之所以倚任公者，至矣。

顧回憶公之受命而東也，大亂未平，創痍滿目，兩强逼處，鯨呑蠶食。欲收我尺寸政權，無殊奪食於虎口，交涉棘繁，百端待理，而民智物力，又遠不腹地。若目論之徒，不識大體，在在皆足撓行政之方針。吁，其難哉！

我公下車伊始，即問民疾苦。集百執事於一堂，盡通隔閡，厚薪俸以儲才，斷絶苞苴，興學練兵，禮賢飭吏。故數月期年之問，外人變强硬爲平和，巡行旅大，共表歡迎。鹽鹺木植，與間島、洮南之交涉，或收回全權，或抗論經歲，内治外交，一身備舉，此豈等常之政績哉！惜籌邊馭蒙之閎規，築路開礦之碩畫，甫立大凡，未盡厥緒，爲歆然耳。

而今之郵部，又當危疑震撼之秋，處謗詬叢集之地。鐵道官有民有、内資外債之問題喧於朝野，豈旦暮所能奏功。朝廷先後用意，似皆處公以至難。雖然，朝廷惟重視公，故任公以艱巨，亦惟公足以任艱巨，故屢以艱巨任公。聖明燭照，天眷優隆，此豈一二小臣足以窺測者哉！

抑靖更有不能已於言者。昔子産相鄭、武侯治蜀、畢士麥宰普，是數者，皆古今中外不多覯之人物，而政治家所奉爲圭臬者也。顧當其從政之初，皆不免有异論，小民之難於圖始，東西往迹，昭然具在。是以締造之初，群疑衆謗，百折千回，微特凡夫俗吏之不足與謀，即賢哲之士，亦時狃積習，蔽於聰明，肆其譬説，胥惑人心。此李贊皇、孫高陽諸公不得竟行厥志，而吾國進化之遲滯，亦靡不由是。惟夫忠臣碩輔，深識遠慮，灼知道國新民之本，經世宰物之方，政策既定，毅然以一身肩天下之勞怨而不辭，其收效或在數十百年後，賢者識其大者，固未易與沾時譽而圖近功者道也。

郵部職司交通，行政之敏捷，軍事之神速，實業之發達，文明之傳播，咸於是乎賴。夫血脉壅滯，則人垂斃；交通壅滯，則國瀕危。海内士夫，方惑於外資輸入之亡國，而不悟生産事業之功用、條款約章之權界，异口同聲，因噎廢食。迨時過境遷，少有覺悟，而國權之損失者已多矣。天下事可慨者不一端。光緒初年，以李文忠、郭筠仙侍郎之孤詣卓識，倡議築路，竟窘於言官，坐令吾國交通，遲鈍至數十年後，尤爲討論國聞者所嘆息痛恨而不能自已者也。夫桂薑烏附，可以誤生命，亦可以起沈疴，視用之之術何如耳。苟操縱在我，長駕遠馭，寧我用彼，而不爲彼愚。資本取諸甲，人材取諸乙，材木取諸丙與丁，互相牽掣，互相競争，各貢其長，而皆爲我用。遲之數年，全國大通之後，物産充斥於市廛，人材輩出於學校，百工利其用，商賈出於涂，萬里騖轉輪之捷，文軌收大同之效。窮荒絶域，化草昧爲文明；海澨山陬，貢梯航於上國。而謂國家猶憂貧弱者，無是理也。

彼外資之輸入，客卿之借用，何患焉？非然者，諱疾忌醫，吾恐列國之陽言弭兵，陰圖侵略，而以鐵道政策爲前驅，實行其機會均等主義者，將遍及於國中也。

我公揆事圖策，夐絶一時。今者奉命還朝，知必有嘉謀嘉猷入告我后，洪亮鴻業，有以大慰天下之望，不獨使三省人士慰去思之勞也。靖學殖荒落，書不能文，謹隨諸同列後，聊貢一言，以贈公之行。沔陽盧靖序。

慎始基齋叢書跋

光緒丁酉，余宰豐潤，招致蓮池書院梓人刊行《慎始基齋叢書》，集群書之綱領，爲治學之徑塗。次第鋟木者，凡十餘種。余弟慎之，亦在鄂刻《勸學篇》《天演論》數種，會庚子變起，拳匪洋兵先後紛擾，事遂中輟。歲月浸久，板片散佚，近始收合餘燼，運至都門，重爲修葺，編次如右。擬刻之目，附存於後，賡續刊布，俟諸方來。癸亥重九，沔陽盧靖記於天津知止樓。

李軌注揚子法言跋

右《李軌注揚子法言》十三卷，爲漢陽周退舟藏石研齋刻本。卷首有貴築黃子壽（彭年）題跋，持論平允，書法尤極蒼秀。回憶四十餘年前，先生陳臬吾鄂，靖以布衣請謁，先生優禮有加，延見先諸貴賓，下問輒逾晷刻。厥後靖從政畿輔，適先生入覲，尤荷破格賞拔，手書『時讀我書多會悟，通知民事乃經綸』聯語相勖。光緒丙戌，靖留滯京師，李文忠忽遣員相召，延主武備學堂算學講習，後始知爲先生所薦。人事萬變，歲月遷流，先生早歿，靖亦衰朽，生平知遇之感，愧無以報，讀先生遺墨，謹書崖略於此。癸亥夏日，沔陽盧靖識於海濱東山別墅。

四庫湖北先正遺書提要序

辛亥暮秋，挂冠遼瀋，寂處津沽，歲月駸駸，瞬逾十載。少年所治疇人之術，閉户多暇，擬加探討，精力衰弱，視爲畏途。始知精深學術，宜少壯講求，耄年失時，欲治未能，惟涉獵文史，藉遣老懷而已。

余弟慎之，好書成癖，性喜收藏，清俸所餘，都歸廠肆，比年搜集，卷逾十萬，每互相討論，昕夕忘倦。昆弟白首，尚論古人，偶有所得，抵掌歡呼，談經講藝，恍如童時。幾忘世亂之靡極，國憂之方殷也。

靖輒自念，半生竊位，簡書勞人。學術事功，無所表見。倏忽衰朽，顧影惭惶。回憶梓桑，涓埃未盡。竊不自揣，擬網羅鄉賢遺著，彙爲叢刊，步《畿輔》《豫章》之後塵，仿《武林》《紹興》之先例，少盡此生之責，藉抒景仰之忱。顧時局多艱，世變難測，當兹垂暮之年，抱此閎奢之願，能償與否，安敢預期。惟時與慎之再三商榷，選擇程式，考訂雅俗，箋札往還，數盈百紙。蒲圻張乾若，曩同逭暑海濱，示所編《湖北書徵存目》，近復示無倦齋所藏《湖北古今人書目》，又出所藏二百餘種相假，合以慎之所收集者，約可得三四百種。鄉邦文獻，薈萃散佚，蔚然巨觀矣。慎之先就四庫著録鄉賢書目，鈔録提要存目各四卷，自爲札記一卷。又於目下注明某類某本，以便學人。寄余校閲，先付棗梨，亦即以此爲輯刻《湖北先正遺書》之權輿云。壬戌九月，沔陽盧靖序於天津知止樓。

湖北先正遺書序

靖少年妄不自量，私冀樹立，伏處鄉僻，掩陋寡聞。應郡試，見賀耦耕、魏默深兩先生所輯《經世文編》而善之，貧不能得，輾轉借貸，方獲購歸。日夕披讀，始稍窺學術門徑，與夫碩公龐儒經世宰物之方。服習既久，又知天文、輿地、水利、河防、治賦、整軍諸大端，皆以算術爲管鑰，遂屏弃一切，專究心疇人家言。既乏師承，又無力購致群書，徒抱三五殘編，苦思冥索而已。舉世方以帖括爲梯進之媒，靖獨治此艱深隱奧不急之學。年二十七八，尚未能青一衿，鄉人咸匿笑之，目爲狂生，而靖不之悔。會長洲彭公芍亭撫鄂，項城高公勉之督楚學，義烏朱公蓉生來典試，争延攬明算人材，靖謬以『樸學异才』膺特薦，列鄉舉，始獲與當世賢士大夫相周旋。然每念寒畯節縮求學、得書不易之苦，有餘慨焉。

自後叠司民牧，提學畿輔、陪都，莫不斤斤以創設圖書館爲急，并刊刻《慎始基齋叢書》，餉遺學子，俾識徑塗。經營方殷，遽丁國變，辛亥以還，閉門息影，不問世事。獨居深念，壯歲遠宦，倏忽卅年，南望鄉關，眷眷懷顧。當茲道喪文敝之會，新舊絶續之交，水火兵戈，乘除紛擾，往籍湮晦，文獻淪亡，失今不圖，後將無及。遺山《中州》之集，雅雨《山左》之鈔，前哲典型，高風未邈。自忘衰朽，願效涓塵，搜羅鄉賢之遺著，彙爲一省之叢編，啓來學之觀摩，彰九幽之潛德。抱茲宏願，積有歲年，老病侵尋，卒卒未果，至今年始得奮勉爲之。幸吾弟慎之，助我搜討，復承海鹽張菊生，江安傅沅叔，吴興劉翰怡，蒲圻張乾若，潛江甘藥樵，漢陽李星橋，周退舟諸君，各出善本相假，而《湖北先正遺書》第一輯七百餘卷，始觀厥成。

噫！自創議迄今，已五更寒暑矣。雖然，此七百餘卷，特四庫著録者耳，其附存目及存目所未及者，塵霾蠹蝕，爲類尚繁。區區之意，尚擬博訪旁搜，賡續刊布。茲編特嚆矢焉耳。鄉人讀此，當知吾鄂數千年之灝氣英光，流風餘韵，晦而彌顯，久而彌彰。屈原文辭，杜陵詩史，前無古人，後無來者，相與流連歌咏，低徊景仰，憂時憫亂之懷，愛鄉合群之念，油然而生。於以張吾楚幟，發揚光大，躋於不朽之林，非所重賴於後賢者乎？癸亥立秋日，沔陽盧靖序於海濱東山别墅。

古辭令學序

蘇明允取縱横家機智勇辯之術，以爲諫法，一曰理喻，二曰勢禁，三曰利誘，四曰激怒，五曰隱諷，各舉其術之目以爲證。靖少時讀而善之，檢鈔原文，并蘇秦、張儀、魏鄭公列傳，成《蘇明允諫論集覽》一册，藏之篋笥，三十餘年矣。

辛亥國變，弃官遼瀋，蟄居津門，尋討故籍，於《左》《國》《史》《漢》外，兼采孟、晏、墨、韓、莊、列諸子，以及《新序》《説苑》，有與縱横五術相合者，術各增爲十篇，授兒輩讀之，興趣奮發，悦而不厭。復覺縱横之術，尚有詼諧、譎詭、順逆、比喻、勤懇五端，又各選録十篇，合爲百首，名曰《古辭令學》，或亦治國學者之一助歟！甲子立冬後十日，木齋盧靖叙於天津知止樓。

古辭令學叙例

《左》《國》二書，雅善辭令。交好結鄰，行人將命。地利兵謀，蘇秦歷聘。甘羅少年，游説秉政。輯理喻第一。

王孫對鼎，展喜犒師。皇華杕杜，四牡驅馳。秦皇不帝，魯連有辭。子貢奉使，宗社解危。輯勢禁第二。

燭武退師，甘言善誘。顔率解紛，譎齊利口。張儀拘囚，鄭姬援手。异人歸秦，中冓之醜。輯利誘第三。

子産有辭，諸侯是賴。晏子改容，無禮大害。鷄口牛後，設詞狡獪。毛遂歷階，歃血冠蓋。輯激怒第四。

歷數三罪，圉人得生。師慧過宋，議諷公卿。衣冠窺鏡，美麗自明。淳於善謔，妙語解醒。輯隱諷第五。

晏嬰短小，不入狗門。田駢不宦，處優養尊。優孟哭馬，孫叔復存。巫嫗投水，河伯罷婚。輯詼諧第六。

鄭袖工讒，美人劓鼻。芻秣千金，張儀善媚。犀角偃月，陰姬正位。慎子權謀，

三策用智。輯譎詭第七。

釁鼓卜吉，妙在舌端。寶璧文馬，淳於解患。陳珍取譬，秦王改觀。無鹽爲后，

齊國大安。輯順逆第八。

蔽君欺民，國患社鼠。公輸九攻，墨子守圉。白往黑來，狗吠迎汝。出質邯鄲，

三人市虎。輯比喻第九。

諫納莒僕，行父去凶。晉絶秦好，呂相折衝。推闡仁術，牽牛釁鐘。賜書南粤，

帝度雍容。輯勤懇第十。

李子銘先生遺集序

吾鄉李子銘先生，詞賦高才，敻絶里黨，賦性豪邁磊落，清狂自負。所爲詩篇，摹擬太白；歌行似香山，哀艷動人。江漢學者莫不稱誦之。先生善書法，興酣落筆，輒書數十紙，獲者珍如拱璧。苟不屑其人，雖重金索之，弗顧也。先生殁後，身世蕭條，生平著述，大都零落。每欲訪覓遺稿，苦不可得。今年席君襄坪，郵寄先生手書《焚餘詩草》，展卷讀之，欣喜過望。席君保存先輩手澤之功，誠不可没。亟寄余弟慎之付梓，屬以校勘之役。

惟是吾鄉夙稱澤國，數苦水潦。士夫頻年奔走，飢寒交迫，不遑學問，囿於固陋，無所師承。先生獨具卓識之資，負絶世之才，鳳鳴高岡，不同凡響。其所以矜式後學者，爲足多已。藉使先生不困蹙窮僻之鄉，得與當世賢士大夫相周旋，雍容歌咏，當儕於古作者之林，不僅播聲譽於江漢間，可斷言也。吁！孤寒常有以挫其氣，環境不足以展其才，可慨也已。

靖少時妄不自量，鄙帖括不爲，專治經世之學，爲貧賤所窘，又局於疇人之術，鄉人士多非笑之。獨晋謁先生侈口狂談，頗蒙寬假，不以常兒相目，且時有獎誘溢量之辭。光陰彈指，忽忽五十年矣。音容回憶，宛如目前，而靖白首老病，坐廢津門，倏逾十載。學術功業，百無一成，有負先生之期許，愧何如耶！讀先生遺集，尤憮然不能自已者也。壬戌三月，同里後學盧靖序於天津知止樓。

萬象一原演式序

近世算術，以微積分爲最深而最難，又爲格物科學所不可少。吾國五十年來，僅有譯成之《代微積拾級》與《微積溯源》二書。《拾級》簡奧詰屈，海内疇人咸以難讀爲苦。强作解人，如某公之《直解》，擅易其所譯之號，顛倒訛誤，豈徒無益於後生？《溯源》較爲詳備，然不立題，不設數，愈講微分爲何物，愈令人迷惑恍惚而不可捉摸。疇人探索經年而不得其方者，比比然也。項、戴、徐、李之書，其理本多近微積，然鮮用代數式，故言之甚煩，推之甚難，且多言法，而不言理與用。後生小子，讀西書既難如彼，讀諸家之書又不易如此，究烏從而窺微積之門徑耶？更何遑乎格物製器而致用也。

杭州夏紫笙先生爲項氏梅侣之高弟，最究心於曲綫之術，讀《拾級》後，所造益深。南海鄒徵君刻其遺書，稱爲後來居上，洵不誣也。其所著之書，如《致曲術》《少廣縋鑿》《洞方術解》，皆精闢獨到，凌駕古人。而《萬象一原》九卷，尤能匯萃中西，執其一本，以御萬象，吾國疇人家所僅有也。惟其書之缺點，與項、戴、徐、李諸公之書同。

靖承乏上都，塞外事簡，蒙漢語言不通，游牧習俗難改，前欲鼓勵工、藝、牧、礦諸切近之端，懸賞經年，無一應者，又安可與言深微之學理？夏日如年，爰取《萬象一原》，逐術以代數式演之，彌月而成，爲級數百三十有四。其術爲《萬象一原》所未有者，剌取《拾級》《溯源》以及項、徐之書以補之，不佞類推而得者，亦附入焉，都百六十有八式。庶略通代數者，讀此書即可求一切曲綫、曲綫所函面、曲面所函體，一切八綫求弧背、弧背求八綫、真數求對數、對數求真數，如網在綱，更不勞思索而得矣。術增於舊十之二，而文字反簡五分之三，或爲讀夏氏書與講微積者少解其繁難也與！光緒壬寅，木齋盧靖識。

補希堂文集跋

《補希堂文集》，沔陽張陸泉先生撰。先生以博學稱，著述極富，《湖北通志·藝文志》《沔陽州志·藝文志》均列舉其目，所著有《周易口義》四卷、《讀易札記》十卷、《易説纂要》十卷、《讀書札記》十四卷、《書説纂要》十二卷、《詩經纂要》十二卷、《周官説纂要》十六卷，《考工説纂要》二卷、《儀禮説纂要》十二卷、《禮記説纂要》二十卷、《春秋説纂要》二十卷、《大學知意録》二卷、《中庸知意録》四卷、《論語要解》四卷、《補希堂集》二十卷。顧其書均失傳，僅陸立夫先生刻《補希堂古文選》二册。傅君漢亭於敝簏中得舊鈔本，審視爲先生文，多陸刻所無。余弟慎之合二本參校，録其經説有關世道風俗暨表彰節義者，厘爲四卷。余覆閲一過，視陸刻所選嚴而精，可以慰先生矣。丙寅中秋日，同里盧靖謹跋。

聽春草堂詩鈔跋

《聽春草堂詩鈔》八卷，沔陽周鐵臣先生撰。《湖北通志·人物志·列傳》：『周揆源，字鐵臣，道光丙戌進士，官刑部主事。嘗隨侍郎黄爵滋審讞天津、山西、陝西、河南、蘇州、山東案件，人推平允。咸豐元年，授邵武知府。粵寇竄入江右，土匪四起，揆源於郡西黄土關增築城堞，又修建杉關、雲際、鐵牛、火燒山頭、馬陵各關隘，安置炮臺，閩西門户，倚以爲重。四年，署建延邵道，漳州平和縣匪滋事，討平之。八年，克復松溪縣城。同治元年擢督粮道，歷署興泉永道、福建按察使。』

先生長於折獄理民，以廉能稱，詩文乃其餘事。余弟慎之擇録《詩鈔》二卷，以有關政事者爲多，南皮張文襄公所謂『詩中有事者』是也。余覆審一過，付諸手民，爰識始末，以告來者。丙寅重九日，同里盧靖謹跋。

邃經堂詩文存序

光緒乙巳季秋，靖奉委率直隸官紳東游日本，考察學務。頻行，晋謁督部項城袁公，公云：『君東行，宜究彼學校之所以興，與吾所以不振之故。』靖對曰：『此不必出國門而可知者。吾國千數百年，以科舉爲取士之途，今日所試者，制藝、詩賦、小楷耳。萃全國聰明才智之士，悉囿於帖括無用之學，窮困老死而不悔，顛沛流離而不悟，上自臺閣卿相，下至一命之士，咸出於此，美其名曰正途，得者舉國欣羡以爲榮，否則窮愁白首，不齒於士夫。國家若不更張學制，雖日言興學，猶背道而馳也。如水流然，既有長江大河可奔赴，支港細流，其勢決不容暢趨。非塞此愚民謬妄之正途，雖日加勸誘，終不敵數千百年富貴利達之趨向也。』時嚴範孫侍郎在座，深韙其説，謂爲興學本原之論。項城即會商南皮張公入奏。靖到東未旬日，停科舉之詔下矣，此吾國學制改革之一大關鍵也。

顧論者謂科舉不廢，舊軌可循，不至异説歧出，士論庬囂，清社或不速屋，以此爲變法之咎。不知閉關自守之時，牢籠束縛之愚民政策，可以羈縻苟安於旦夕。有清中葉，全球大通，列强各挾其堅船利炮，環以謀我，國土日蹙，民生日艱，此豈空疏泥古之制藝試帖，可以扶危而濟變者乎！今科舉之廢，已二十餘年矣。後生小子，或不知此事爲何物，而身受其毒者，回憶往事，有餘痛焉。

且詩賦制藝之道，不獨瑣屑陳腐，貽誤人才國事，而試士之法，亦粗率簡陋。友人侯官嚴幾道云：『西人觀吾試院者，笑謂：「此貴國掄才之所耶？歐美豢牧之圉，視此猶修潔也。」』集千萬人於一室，以一二人、十數人衡校之，窮日夜，任試以不可全知之題。故文學精深者被屏斥，庸俗者登上第。吾師傅魯丞先生橋梓，其最顯證也。魯丞先生，精於六朝唐賢之賦，擬古諸作，追踪潘、庾，尤工舉業之文；哲嗣寅山，文賦更敏速閎肆，腹稿不加點竄，兼明中西算術，乃均厄於場屋，偃蹇終身。靖困於童試者十餘年，亦幾幾不能自脱。此皆數百年教士之道與取士之法不良之所致也。

先生文孫惕生，爲靖長婿，輯録先生詩文二卷，受而讀之，不啻六十年前，親承耳提面命之時。因追論科舉之制及所以改革之端，以爲先生詩文存序，并付梓人，且爲先生橋梓，一舒抑鬱困塞之氣焉。壬申蒲節門下士盧靖謹序，時年七十有七。

陸文節公奏議序

士君子生多亂之秋，肩天下之巨任，不幸志與時忤，顛蹶以死，猶蒙詬不已者，抑何遭際之可悲也。

道光末葉，海内晏息，大臣泄沓，不爲綢繆未雨之謀；文恬武嬉，養奸滋慝；緑營勇弁，驕惰畏葸；朝無宿將，士不知兵。洪楊崛起，嘯聚五嶺，如鷙鳥猛獸，僄悍迅發不可制。吾鄉陸公立夫，時總督兩江，在豐河工次，聞洪楊將出洞庭、窺武漢，順流而下，慮糜爛東南，請躬率一旅，禦之贛鄂間，厥志壯矣。及師潰武穴，九江不守，安慶繼陷，公猶收殘卒防梁山。奈同僚齮齕，勢孤無援，支持危城，力竭身殲。媢嫉鄙夫，妄肆詆諆，豈始事時所及料哉！

使公不越境討賊，稍俟時會之推移，中興彪炳之業，未必讓曾、胡、左、李諸賢。惟其勇於自任，踔厲直前，欲以忠義爲一世倡，冒洪波，犯巨浪，率疲苶之卒，遏方張之寇，而險詖之人，又伺隙左右，此所以崩絶覆壞，捐軀委命，抱恨於無窮歟！

嗚呼，先軫喪元，孟明挫師，成敗利鈍，兵家之常，非盡由人謀之不臧。君子於此，略迹原心。庶亮節孤忠，不含冤於地下，此則知人論世者所宜知也。公少負令譽，早躋清班，才氣開敏，有經世辛物之量。由侍讀觀察天津，英人構釁，籌辦海防，洞協機竅，聲名震𧟄内外。旋擢雲南巡撫，未逾年，移節江蘇，開府金陵。當時漕、鹽、河三者，爲江南大政，利之所在，弊亦叢焉。公莅事以來，鋭意整飭，於漕則改從海運，平均粮户之輸納，减省旗丁之幫費；於鹽則踵陶文毅成規，推行票鹽於淮南；河務則核實工程，嚴杜浮濫，力返不肖員司冀幸侵蝕之爲。凡國裕民便，不憚敝慮焦思，綜理疏剔，宏纖畢盡，厥效昭著。設遭值承平，雍容華貴，坐躋台閣，直指顧問耳。乃强寇未滅，而大星忽隕，伸之於前，抑之於後，深可慨也。

靖曩念公政績炳蔚，雖末路蹉跌，不應無一言以垂後。每從朋好訪公遺文，鈔得公奏議若干篇，重加理董，都爲五卷，鋟木以行。公之治鹽、治漕、治河三大政，差具於是。他端并可考覽，而嚚嚚謗口，亦將同於蚍蜉之撼矣。是則所以慰既往而詔方來也。丙寅六月，盧靖謹序。

四庫未傳本書目序

仁和邵位西先生所著《四庫簡明目録標注》，張文襄公推爲『淹雅閎通，如數家珍』。文襄督學四川，編《書目答問》時，謂「篋中如有此書，按圖索驥，數日事耳」。今編此書目，費兩月日力，尚未愜當。莫邵亭《知見傳本書目》，亦復采之。繆荃孫編修自謂「寢饋此書中四十年」。邵先生是書之裨益學人，可見矣。

今其文孫伯絅庭長，官奉天提學時，與靖爲前後任，精刻《標注》行世，復於《標注》中摘録未傳本者經三十六種、史二十四種、子四十九種、集二百二十一種，凡三百五十七種，七千四百四十餘卷。靖刊《湖北先正遺書》第一集時，曾就未傳本書目中借文津閣本影印七八種。第靖所印書僅囿於湖北一省，於未傳之本，不過百分之三四，安得世有大力者，廣印行世，亦發微闡幽之盛舉也。但近日講目録學諸家睹此目録，謂百餘年來，抄於文瀾諸閣而刊傳者不少，伯絅亦恐此目出，受人指摘。靖謂此等指摘何足病，凡書之有價值者，不刻板逾多，傳之逾遠乎？

故仍以『四庫未傳本』名，寫而刊之。俾國之好事學人，觀覽興起，廣刊而廣傳焉。

丙寅夏六月大暑日，木齋盧靖序於津門知止樓。

未刊未見未傳本書目序

五十年前，靖在郡城，見張文襄公《輶軒語》《書目答問》二書，喜爲問學之南針。今已逾七旬，案頭猶日檢此册也。曩歷宰豐潤、南宫五六縣，迨提學畿輔、陪都，每接見學子士夫，必以此二書相贈勉，并刊入《慎始基齋叢書》中，以廣其傳。比年與余弟慎之，各藏書十餘萬卷，每月購求，必參閲二書。二書未及者，旁涉校讎目録諸籍，方始釋然。

靖兄弟藏書，雖不及范、毛、陸、丁諸家之富，而陋劣庸俗之本，可決無有也。《書目答問》所稱最精最要最有用諸書，幾多方全購之，亦必瀏覽涉獵而後快，不僅供插架也。惜少爲飢趨，壯爲官誤，垂老閉户十餘年，雖手未釋卷，而精力記憶，兩皆衰頽，絶鮮心得，殊足愧已。文襄《書目》中，每有未刊未見未傳本小注，隨時録出，經六十九種、史四十七種、子十一種、集六種，凡二千二百餘卷，寫成一帙，藉便尋訪。世變方殷，文獻淪亡，或有求得刊傳之一日乎？丙寅夏六月大暑後一日，沔陽木齋盧靖序於慎始基齋。

清代御纂欽定書目序

國變以還，蟄居津沽，日尋舊籍，以遣老懷。余弟慎之，十載廷評，官不遷而事簡，亦日覽陳編，互相商榷。京沽書賈，頻頻踵謁，慎之喜購舊槧，靖則頗搜清代名家校刊本，康乾精刊尤重之。聖祖高宗，享國最永，爲周秦以來所未有，而得天獨厚，賦才尤高，博物好學，勇於興作。百余年間，人才輩起，經史詞章、天算地輿、樂律音韵皆遠過前代。而讀書之多，考據之博，搜輯之勤，校讎之精，尤漢唐至今所絶無，真千載一時之盛況也。

靖謹類次數十年所得康乾御纂欽定諸書，與書賈日來求售者，隨閲而類録之，經三十二種，千九百餘卷；史八十一種，九千一百一十餘卷；子四十種，一萬二千三百餘卷；集二十三種，四千四百三十餘卷，凡二萬七千四百餘卷。而《欽定四庫全書》七萬六千五百餘卷不與焉。嗚呼，盛已！宋時纂《太平御覽》諸書，卷帙號稱極富，然以視有清，奚啻什一之於千百也。況圖繪、寫刻、校讎，又豈宋代可望其項背哉！丙寅夏六月大暑後三日，沔陽盧靖序於津門知止樓。

十三經證异跋

侯官陳璞園、嘉興李富孫，皆漢學專門經學家，其撰著多爲王祭酒刊入《經解續編》。靖撿璞園之《四家詩异文考》，富孫《易》《詩》與『三傳』之《五經异文釋》，與黄岡萬氏《十三經證异》比勘之。《四家詩异文考》與《易异文釋》，較《易》《詩》兩《證异》，條舉相若，惟《詩异文釋》，其援引卷帙，多於《證异》。餘如《左傳》《公》《穀》三經，與《證异》簡繁相差遠甚。况《證异》尚有七八經，爲陳、李所未及哉。至明之四明周應賓《九經考异》，其寥寥更不足道。即如《經學考據》，與顧、黄齊名之船山先生，其《周易》《尚書》《詩經》《四書》四種考异，均僅一卷。《十三經證异》者，真前古所未曾有，後世之不可無之大作也。

蔚庭先生困處一鄉，决不似達官貴人，有門生故吏爲之助。曾文正稱其『用力勤，意摯志虚以求其是』。古昔傳經者咸若是，則矜己忿争，與經文失實者鮮矣。宜都楊君惺吾，稱爲大雅宏通之作，爲治經之管鑰。惜趙學使《湖北叢書》未收，深以爲憾。他如馮登府《三家詩異文疏證》、周邵蓮之《詩考異字箋餘》，卷册雖多，皆局於一經。若應城陳心叔先生之《五經异文》，靖初意爲此書之所從出，不知《證异》繁征博引，光大逾其十倍，可以彌補心叔『援據寒窘』之譏矣。學術功業，既須鄉邦發起有人，尤須繼起有人，豈不然哉！甲子中秋後五日，沔陽盧靖跋於津門知止樓。

植物學講義序

深山峻嶺，松柏千尋，雪地冰天，穿雲蔽日，此朔方之植物也。茶花杜鵑，滿山紅紫，緑蕉翠竹，嚴冬不凋，此南州之植物也。方域寒燠，氣候各殊，黄壤黑墳，土宜攸别。弱女采桑，利被天下，農夫播種，粒食萬方。杞梓楩楠，竹頭木屑，宫室閎闥，舟車運輸，生事所需，咸賴乎是。薑桂朮苓，回生起死，斷莖寸草，積瘥霍然。造物有靈，蘊育無盡，欲窮美備，莫可殫言。

小子誦《詩》，多識草木；《爾雅》箋釋，僅及名詞。伊古以來，專書罕覯，零縑片楮，雜列九流。農醫二家，頗有撰述。賈氏《要術》，旁摭异聞；周藩《本草》，意在救荒；光啓《全書》，規模略具。匯歸總集，俟諸後賢。明李時珍《本草綱目》、清吴其濬《植物名實圖考》，蓋已極斯學之大觀矣。海通以還，相形見絀，考工制器，多假外來。彼邦學人，競新標异，分業分工，益加邃密。解剖以極變化之妙，顯微以濟目力之窮，用能品物繁殖，民殷國富，有由然也。

從子開運，誠篤好學，性喜植物，留學新大陸，專攻生物學。歸國後，任各大學講席有年，頗有心得。余閱其所編《植物學講義》，文字明晳、圖解詳晰，足慰老懷，亟爲印行，以貽學者。余弟慎之，曩官京曹，卜居城東，頗饒花木之勝。家人父子，讀書窮理，藤蔭竹几，互相撰述，至足樂也。

夫經國者不知民生利病疾苦之由，則不能以臨民；理財者不知生衆食寡、爲疾用舒之道，則不能以裕國；治水者不知疏浚導防之法，則不能以興利除害。惟植物亦然，順其性而培植之，去其蠹而灌溉之，皆爲嘉卉良木矣。然非學不足以語此也。昔英人赫胥黎睹植物之繁榮萎落，創爲物競天擇之説，遂啓歐洲大戰之局。此真天地不仁，芻狗萬物矣。不知上蒼好生之德，萬化同春，誠能心凝目驗，别性辨形，本吾儒致知格物之功，爲利用厚生之本，則所被於群倫者，視赫氏殘酷不仁之端，其爲功罪，豈可以道里計哉！七十有五知止老人沔陽盧靖序。

巴岳特夫人五十壽序

宣統初元，靖由直隸學使簡調奉天，識金君錫侯於公邸，年壯氣盛，凌厲蹈發，猶是丙申丁酉間，伏闕上書，悲憤飛揚，不可一世之英概也。英吉青納將軍嗜古瓷，漫游奉天，有旨賞行宫内古瓷三件。古青納往宫自檢擇，野心勃發，取古瓷六事，强指爲三，内務員司阻之，彼鞭杖横加。時錫清帥、程雪樓聞之嘆息，而無可如何。

靖言，宜將宫内珍藏寶物，開放作皇室博物館，并請將文溯閣《四庫全書》開放，作皇室圖書館。外人雖横恣，彼尚知重公益，自泯此蠻野之舉也。錫帥頗驚疑靖言，雪樓深贊爲確當，正擬奏請，公文已具，錫侯以宫内諸物，應屬旗務處承辦，靖以事關公益事，未與計也。事機舛忤，兩館開放皆無成。

國變後，傳聞執事者典守不謹，且輦輸京師，以要媚當局。奉人士來津謁談者，深以當時未竟吾策爲憾。并云阻已無策，祗影印宫内字畫四十餘幀，贈靖以爲紀念。閉户無俚，忽接遼寧皇室博物館函，狂喜二十年前之夢想，忽現於眼簾，亟拆閲之，乃錫侯管理皇室博物館，爲其夫人巴岳特夫人五十壽徵文也。錫侯三十年來，揚歷中外，敢言敢諫，獲罪當國，不稍顧慮，聞皆其夫人同心安慰之力。破亡後，屢遭危亂奇禍，幸得避免，聞皆其夫人偕行戒備之功。而皇室博物館，竟於皇室危亡流離時，得告成遼寧，且於此館中爲其夫人祝壽，决其夫人贊助之力居多也。

靖前見錫侯大著，云《四庫薈要》一書，國變後不知存亡，又聞在奉天擬集資影印《四庫全書》。靖前數年游覽故宮，見《四庫薈要》完全存摛藻堂。影印《四庫全書》，需款甚巨，當次紛亂之時，成功不易。曷若影印《四庫薈要》及四庫未傳之本，費款少而功相等。吾祝巴岳特夫人鼓勵錫侯餘勇，速印成之，并開辦皇室圖書館，令老人東望，更距躍三百也。特舉此兩義，以爲巴岳特夫人壽。知止老人沔陽盧靖謹序，時年七十有六。

賀母蘇太夫人八十壽序

靖四十年前，宦游畿輔，幸獲交武昌張廉卿、桐城吳摯甫兩先生，而摯甫爲同官，與桐鄉勞玉初及靖，皆合肥李文忠公所識拔者也。張、吳兩先生時時稱道其門下賢雋士，靖始得耳武强賀松坡刑部君名，屢展轉致書，延主書院講席。適君先諾他聘，未果。生平嚮往之殷，終以不獲一瞻顔色爲憾。比年避地津門，門人賈君玉偕君公子性存過訪，始獲讀君遺集，偉論閎文，北學巨擘。獨怪君晚歲盲目二十年，而撰著不輟，何雍容閑雅如是。此真前古所未聞，心竊訝之。

今年春日，閱性存爲君夫人八十壽徵文啓事，然後知君之文章足以光曜寰宇，啓牖方來者，所得於賢内助之力爲多也。君夫人蘇氏，遠系出潁濱後，世傳詩書，幼嫻禮教，孝事君舅君姑，善持家政。相夫子數十年，殷勤不少懈，工刺綉織錦回文，與刑部君之文心，斗奇争勝，欲與并傳於不朽。此豈非婦人中之難能而可貴者乎！竊意自古風俗醇樸，政務修明，未始不權輿於家庭。《關雎》之化，推行南國，造端雖微，澤被無既。恐刑部君文章之美，尤不及君夫人之懿德之所感於人者尤深也。

憶靖童時，侍王母杜太夫人側，寒舍廳事，懸朱柏盧《治家格言》，王母指以語靖，自謂終身誦之，且實踐之。王母壽屆百齡，家門稱爲盛事。今刑部君夫人，喜陳文恭公《五種遺規》，驗之身，而諄諄以之教家人，乃知賢母之所以自繩，而得享遐齡者，其揆如一。竊不自量，謹引以爲刑部君夫人祝，且爲性存昆弟頌焉。

庚午三月，沔陽盧靖撰祝，時年七十有五。

傅寅山墓表

君姓傅氏，諱晋，字寅山，湖北沔陽州人。先世以孝友文學顯，具見州志孝行、文苑傳。君考魯丞先生，余師也；君，余友也；君子汝勤，余長女彬質婿也。余與君家累世師友，益以姻婭。君之行事，不可以不傳，乃不辭而表君之墓。

君少承庭訓，敏慧過人，辭賦美麗，制藝尤工。魯丞先生爲一邑大師，沾受薰陶者，皆發名揚績，同輩中獨余與君纍試不售。余喜治經世之學，攻疇人之術，與君有同好。鄉邑無書，互相研討，冥思苦索，里人非笑。余以天算對策幸獲知遇，獵一官以去。君伏處里門，治算不輟，術乃大進。所著書曰《割圓八綫代數解》二卷，《開諸程方簡易法》一卷，《天代合參》一卷，《微積功用釋》一卷。君治經生之業而演勾股，有似戴東原；君工駢儷之文而精推步，有似董方立。惜僻處窮鄉，蘊而不宣耳。余宰豐潤，延君主講經濟學堂、浭陽書院、遵化龍泉文社，造成多士，丕變文風。鄰縣學子，聞聲景附，一時人才之盛，遵、豐爲畿輔最。吾道南來，有趙江漢講學北地之風焉。

余調任多倫諾爾廳，君仍寓居豐潤四神莊，草笠布衣，村居蔬食，雜伍田夫野老間，怡然自得，歷二十餘年如一日，而撰述不廢。時聚村民，講論樹藝，啓迪新知，尊尚倫理，扶植舊德。鄉人感奮，雀角息争。君之歿也，遠近赴吊者數百人，痛哭失聲，如喪所親。王彦方化行閭里，管幼安澤及遼東，不圖叔世人心頽廢之日，乃有此敦風俗、厚人倫之舉。君身體而力行之，嗚呼，可以傳矣！

君生於清咸豐甲寅正月二十六日，歿於民國丙寅五月初三日，享年七十有三。元配柳氏，前歿，生子汝勤，畢業醫科大學。繼配常氏，生女貞一，畢業女子師範學校。孫男文楝。孫女文宜，適醫學博士查良鍾。君年逾古稀，目視細書，神明不絶。歿之日，猶步行田壟間，觀刈麥爲樂。歸未移晷，無疾而終。殆所謂得天獨厚者歟！昔韓昌黎與孟東野爲金石交，屢見於詩歌文字。昌黎身躋通顯，東野則偃蹇行吟，余與君之遭遇，略似孟韓。余固不敢望昌黎，而君之卓行，雅類東野。顧東野年五十，尚舉進士，而君則處士終身，東野無子而君有賢子孫，君可以無憾矣。東野之殁也，昌黎爲《貞曜先生墓志銘》，以垂不朽。竊比斯義，以識吾輩之交誼云。

天津模範小學校長劉君碑記

光緒乙酉，余以天算對策舉於鄉。先師高勉之學使奏薦『樸學异才』，特旨以知縣交直隸總督李鴻章委用，是爲余服官畿輔之始。歷宰名區，屢膺卓异。會朝廷革新學制，管學大臣榮相國、天津嚴範孫侍郎薦余於朝，遂以乙科膺直隸提學使之命。自維謭陋，深慮隕越，日與此邦賢士大夫相周旋。顧余所最敬慕者，天津模範小學校長劉君竺生其人也。今君已作古人矣，鄉人思君，謀所以不朽者，願得余一言。謹述君懿行，以告來者。

君諱寶慈，天津人，光緒甲午舉人，鄉人設模範兩等小學，推君長校事。丙午校舍成，擇各校優秀者來學。君視校事如家事，視生徒如子弟，督課極嚴，愛護備至。擘畫經營，心勞神瘁，如是者三十六年，始終弗懈。先後卒業生三千餘人，有父子同出門下，發名成業者。君之歿也，門弟子遠近赴吊者數千人。嗚呼，君之卓行，可以風天下而勵後世矣。君任事數年，聲譽爛然，大府先後禮聘，延主他校，又或徵辟曹椽，君皆却之，謂爲官吏不如爲小學師之樂也。官府屢議增薪，輒辭不受。學制年有慰勞金，亦終不取。當軸頒獎匾額，他人以爲極寵耀者，君未嘗張懸壁間，其澹於榮利如此。

或謂以君之忠貞所事，設得大用，不將益展其才，乃終身勞役於小學教師，有以是爲君惜者。余謂不然。海通以還，直隸總督自保定移駐天津，屹然爲北洋重鎮。津沽匯滹沱、子牙、南北運各河之尾閭，輪軌交錯，華洋雜處，商賈雲萃，人物殷繁。四方觀光上國者，率取道於兹。文化風教，觀瞻所繫。小學初基，爲大學、中學顓門各校之權輿，而模範小學又爲各小學之表率。造端伊始，孳乳無窮，蒙以養正，是曰神功。然則君所任者，顧不重歟？夫見异思遷，人情所同，高官厚禄，亦人所歆羡，君皆弗顧。是豈庸流所能企及者哉！

君爲範孫侍郎所識拔，俯仰不怍，無負知音。惜余草此文時，侍郎墓木已拱，不及見君教澤遺愛入津人士之深也。

木齋學校校訓

附《基石銘》

誠樸勤勇，吾校之鵠。治學勵行，以此爲勖。援引經訓，抒陳衷曲。闡明四義，剴切忠告。

修齊治平，誠意爲基。正心誠意，在毋自欺。尚友英哲，聖賢爲師。至誠不息，念兹在兹。

地大物博，乃日憂貧。貧之病原，以奢爲因。禹卑宫室，返乎樸醇。履險尚質，古訓是遵。

人一己百，人十己千。慎思明辨，力行爲先。寸陰分陰，滄海涓涓。民生在勤，黽勉無前。

好學近仁，知耻近勇。六藝禮樂，射御相踵。蓬矢桑弧，强國强種。堅貞磨厲，不懾不竦。

木齋學校基石銘

樹基惟堅，誨人不倦。學子萬千，白圭無玷。禹寸陶分，青鐙黄卷。棫樸菁莪，耄齡宏願。

中華民國三十一年六月，沔陽盧靖木齋題，時年八十有七。

附：知止樓雜咏

盧弼慎之

事實已見拙撰《伯兄盧木齋先生事略》者不咏。

江峰杰閣聳巍然，鎖鑰關津鎮楚天。
南接瀟湘北雲夢，鄉心茅埠話當年。

吾家世居沔陽新堤鎮。古稱茅埠，外江内湖，中隔以堤，上建江峰閣。伯兄木齋有志修建明閘，大興水利。

筆耕五世説書香，一水門前是故鄉。
仿佛浣花江上客，蕭疏籬落對祠堂。

吾家門臨湖水，對岸即盧氏宗祠，歷世以授徒爲業。

一門賢孝傳宗黨，世上咸知道德尊。

慈母終身勤諷誦，格言指點訓兒孫。

先祖母杜太夫人壽屆百齡，平日常指壁懸朱柏廬《治家格言》謂兄曰：『功懋，余終身誦此，身體力行。』功懋，兄譜名也。

范蠡輕裝漢水邊，憐才喜結蔦蘿緣。
人驚秦楚通姻婭，應是天心有夙緣。

外祖父趙公斗維，陝西朝邑人，經商沔陽，愛先公才美，以女妻焉。

無端烽火苦連天，顛沛流離劇可憐。
母氏劬勞應不負，佳兒風采媲前賢。

洪楊之亂，先妣趙太夫人避難光化縣老河口，生兄。

研田仍是舊生涯，村叟比鄰四五家。
明月當鐙風掃地，傳經有子信堪誇。

先公遷居仙桃鎮北岸，設鄉塾，自撰《村居八景》，有『大河前橫』『古堤在後』『清風掃地』

『明月當燈』之語，兄隨侍讀。

平生志趣與人殊，少小高懷有壯圖。
喜得兵書十餘卷，編摹觀感异凡夫。

六舅父趙公璠，帶鄉勇剿匪，藏有年羹堯《治平勝算全書》，兄喜閱之。

卓識孤懷有里儒，吾儕兒輩豈屠沽。
先生風義高千古，搜集遺編萬本摹。

亂後家貧，兄沽酒營生，里儒李子銘先生，爲先公摯友，極不謂然。先生詞賦高才，卓絶一世，生平少所許可，喜與兄談。兄刊《沔陽叢書》，覓訪先生遺稿付梓，以報知己之感。

鄉僻群書不易求，漢陽估客再三諆。
翻雕經世文編本，今日猶藏知止樓。

兄應漢陽府試，見《經世文編》，無力購買，多方借貸，始得之。遂蓄宏願，爲後日籌建圖書館之濫觴。生平藏書數十萬卷，悉畀圖書館，惟《經世文編》留存。

十載童場歲月悠，布衣一旦揖公侯。
由來貧賤難殊衆，莫道書生未遠謀。

兄困童場十年，忽以明算受當道知遇。

火器新編付錦囊，群儒舌辯自昂藏。
棘門灞上真兒戲，生鐵飛揚應早防。

兄著《火器真訣釋例》，當道約精天算者數人，與兄談論，皆極傾佩。駐省兵營在閱馬場演放生鐵炮，兄急告臬司黄子壽先生預防，忽炸裂。先生由是重視兄，設算學書院，聘兄主講。

謀國心長語正長，賓僚請謁候官房。
道旁士女咸驚訝，争看書生白面郎。

黄子壽先生禮賢下士，每與兄談移晷。府廳州縣，鵠候官廳，先生自書聯語貽兄云：『時讀我書多慧悟，通知民事乃經綸。』

休戚相關志願償，居官刻意作循良。
舅甥同是親民宰，嘉話流傳溯渭陽。
四舅父趙公璜，官湖北麻城縣知縣。兄初宰贊皇縣，先母喜曰：『可步四舅後塵矣！』

城亡矢志與偕亡，壯語書紳誓不忘。
國事忠心臣本分，高堂白髮泪千行。
兄宰定興、豐潤，先後值甲午、庚子兩役，家書中均有『城亡與亡』之語。

遥憐稚弟滯江鄉，檢點群書遠寄將。
垂老分甘情義摯，友於風雨話聯床。
余少時，兄屢寄書籍相惠，啓示諄諄，晚年復荷厚貺。

騷壇楚國稱盟主，篇什二南都未删。
俯仰鶴樓同感喟，他鄉無此好江山。
兄南旋省親，同游黄鶴磯，兄謂吾鄉數千年獨産文采人物，他處無此雄壯江山。

蘇臺夕照倚闌干，客館歌聲睡未安。
東道欣逢王鶴叟，名園終日竟盤桓。
蘇州旅舍，歌聲通宵，晤王鶴琴太史，陪游留園竟日。

一帆收盡東南美，舟泊杭州日已斜。
畢竟彭郎風味永，山光潭影勝繁華。
先一日游留園，乘輪抵杭，次日游西湖三潭印月，動人遐思。

擬將玉尺量珊瑚，羅致人才俊及厨。
要使憐花憐落葉，莫教滄海有遺珠。
兄任奉天提學使，考試優拔，約余往瀋擬題閲卷，所取皆知名之士。

不甘波靡隨塵海，匹馬長征冰雪天。
三載中丞雙薦牘，平生知遇有因緣。

兄謂：『我作縣令數十年，弟初入宦途，即爲大府幕僚，宜謹慎將事。』余昕夕奉公，周少璞中丞三年奏保异常勞績二次。

一官解脱竟南轅，事蓄翻勞主計繁。
閑讀馬遷貨殖傳，母家傳授有淵源。
兄罷官後，經營實業，工計然之術，頗得外祖父家法。

翠微深處且尋廬，正是微痾息影餘。
終日追隨無倦色，頤和園裏侍肩輿。
兄養痾西山，乘肩輿游頤和園，余步行隨後，人以爲僕隸也。

願將楚寶遍搜求，逭暑東山不自休。
書問往還盈尺許，鄉賢著述付千秋。
兄夏日居北戴河海濱，每日函商，刊印鄉賢著述，盛暑不輟。

昔日東山留別墅，城西今又卜精廬。
士林嘉惠知多少，滿目琳琅富五車。
兄於海濱築東山別墅，近於城西置宅，署曰『知止樓』，闢爲北平木齋圖書館。

孝友家風承祖德，一門雍睦氣光昌。
暮年佳事真難得，昆弟聯吟叙樂堂。
先祖母孝慈，先公友讓，允爲家範。園中有精室，署曰『叙樂堂』。兄年七十、八十，余撰《壽序》；年八十九，余撰《事略》；年九十，余撰《雜咏》。慎之記。

《湖北先正遺書》印成王君鴻甫用皮襲美陸魯望《讀襄陽耆舊傳》唱和韵贈詩讀之不勝今昔之感因次其韵

盧弼慎之

伯兄木齋翁，英年特挺秀。困迫處窮鄉，不爲俗學囿。喜讀經世書，立志疇人究。少壯蓄遠謀，孤高排腐舊。繪地演直弧，談天測星宿。鄉曲寡師資，先覺無出右。火器釋例成，大府徵聘就。曾食武昌魚，黄鵠磯石漱。聯翩到京畿，筮仕辭耕耨。聽訟吾猶人，教民息争鬥。治劇宰名區，政績日益茂。狡敵謀吞噬，烽火侵邊候。勵志雪國耻，拯此炎黄胄。誓與城存亡，堅貞同瑩琇。不畏賊猖狂，毅力天所授。卓异冠群僚，疆臣已入奏。興學謀樹人，治河謀善後。既富而後教，庠序習籩豆。風氣能開先，如水趨下溜。惜哉庚子年，校舍毁堂構。桑土孰豫籌，未能防屋漏。妖孽滿燕齊，戾氣充宇宙。有君而建君，别立阿哥幼。强鄰笑我愚，視之如雛鷇。庸流秉國鈞，奚异自斷脰。海上來聯軍，舉棋無不謬。倉皇出都門，帝后同西狩。歸來猶尋歡，昆明湖山縐。樓臺千步廊，花綱東南購。土木極豪奢，不惜竭國富。

意謂可自娱，誰知亡國驟。兄持歲寒心，終始不變轂。避地滯津沽，謀爲古人壽。楚寶競搜羅，琳琅如錦綉。煌煌陳巨帙，空山列雲岫。經營已數年，辛勤付刻鏤。我亦附驥彰，謬許聯珠寶。一一出兄謀，我寧不自首。我亦妄述作，年歲符顏籀。拙顏監《班書注》成，時年六一，拙著《三國志集解》成書，齒亦相若。履霜戒堅冰，漢亡始竇后。拙作《讀范書〈章帝竇后記〉書後》，謂東漢之亡，應深誅竇后。探本治其源，莫謂儒生陋。伯兄規劃閎，壯心竟莫售。身死纔幾日，忽焉來猿狖。聞自東北來，大都黄口臭。東北流氓學生。文物盡摧殘，北平木齋圖書館藏書及各書版片、房舍、什物折毁作薪。鬼蜮變白晝。千百皆瘋狂，如飲三重酎。盤踞數月餘，文館等廢厩。白骨猶未寒，猝然群凶逅。惡息遠傳來，焦憂令人瘦。一朝付劫灰，言之泪盈袖。

先兄木齋先生學行政績，略具拙撰《事略》及《知止樓雜咏》中，此篇敷陳一二。先兄任直隸、奉天提學事，篇中因限於原韵，未叙入。補識於此。辛卯夏日，慎之記。

徐評：

寫近五十年事，如咏險峻山水，公之有取於險韵者，亦可謂相機行事也。

由搜刻《先正遺書》而類叙歷官政績，由居官而經過變亂，由經亂而表明風節。蓋能讀書，乃能作循吏，能爲循吏，乃能敦崇名節，千條一貫，理有相因。至其章法，變幻離奇，乃從《騷經》脱化得來，以恒蹊常徑窺之，不能盡其妙耳。韵似蠶叢險，詩成鴻翮騫。昌黎昌谷後，兀傲見兹賢。徐沅芷升。

第二編　盧木齋先生遺稿補編

西學書目表跋*

近見梁君卓如所撰《西學書目表》《讀西學書法》，搜羅宏富，評論精當。豐潤僻壤，購求苦難，因授梓人重刻之，以分給生童，俾識門徑焉。查譯書年號，可以别書之新舊，最關綱要。而此目録未采入，因取《譯書事略》補之。有成書在後，爲《譯書事略》未載者，則檢原書刊印之年以補之。無刊印年分者，則檢原書中所論説西年之最後者補之。不可考者，仍闕焉。《譯書事略》俱列西曆，中土人士觀之不便也，改用本朝正朔焉。間有梁君未加圈識，其書爲鄙人所已讀者，亦妄補於目下。

又《合數術》十二卷，華君若汀與傅君蘭雅所譯，法用真數廉法表，多有微積難馭之題，而此術反易，亦算術之别開生面也。林君文伯，前在津門，録其要者，刻成二卷，名曰《合數述》。梁君以微積爲今時世界上之峰極，蓋未睹此術耳。旋當校刊，公諸同好，并識於此，以爲講算術者告焉。

表刻成後，黄君選卿爲書院購來新書甚多，間爲表所未載者，擇其切實有用者，當增其目於後云。光緒丁酉長夏，沔陽盧靖附識。

*整理者按：本文鈔自沔陽盧氏刻《西學書目表》，光緒丁酉（一八九七）長夏沔陽盧氏刻於豐潤縣署，北京師範大學圖書館收藏。

合聲易字自序*

余於訓詁音韻之學，懵無所知。往與吴摯甫、邵班卿諸君子論天下事，咸以謂中國之積弱，由於識字之人少，識字之人少，由於文字之太難，欲自强而變法，須自文字始，心怦然韙之。旋見《萬國公報》録厦門盧君《切音新字變通推原説》，將逾萬言，而未見其書。既又見《時務報》沈君《盛世母音》序與論説八九篇，言以十八筆能切天下音，至奇至神，法又至易，八點鐘即能通曉，惜其表圖亦至今未出，其論説亦詰屈聱牙不可讀。

偶過書肆，得蔡君毅若《傳音快字》，稱其法出於美人凌士禮氏，西國議院與訪事記事人皆用之。以二十四筆爲聲，三十二筆爲韵，咸取象於方圓弧矢，一聲一韵相切即成一字。純熟後連筆書寫，又可以一筆而書數位，故每分鐘能作二百餘字，快與言同，洵足尚也。

惟其書有表無説，雖自云法至淺易，婦人孺子稍知切韵者，不過數日即可通曉。

但須記認二十四聲、三十二韵，緩讀成二字，急讀即成一音。然余取而婉轉呼之，反復讀之，竟猝難諧協。津保遍詢通韵學方言諸君，亦寡有能解其故。蔡君之意，殆引而不發與！

時當盛暑，案牘少簡，慧兒繼夭，種姓先亡，家國交悲，心緒如割。爰取古今音韵諸書，玩索鈎考，夜以繼晷，心有所寄，少解我憂。乃知天下之母音，皆出於阿。故阿、厄、伊、烏、俞五字，爲諧韵之元；嘎、歌、基、姑、居五字，爲生聲之元。阿與厄配、嘎與歌配，故阿、伊、烏、俞四字爲陽韵收聲，厄、伊、烏、俞四字爲陰韵收聲，嘎、基、姑、居爲陽聲字所從出，歌、基、姑、居爲陰聲字所從出。乃去華梵字母與韵母中之重複及有音無字之二，合者得二十三聲母，三十二韵母。字部則本《音韵闡微》《等韵》諸書所論列，其有音無字者，則仿《七音略》等書，以二合字補之，發聲字形、收聲韵形，同取象於方圓六圖。

竊以爲農夫俗子，取是書而讀之，旬日間盡可通矣。明音韵訓詁之君子，更當俯而拾之，豈如蔡氏之露一鱗一爪哉！光緒丁酉長夏，沔陽盧靖識於豐潤縣署。

*整理者按：本文及後二篇均鈔自中國人民大學圖書館館藏《合聲易字》，該書一册，小

楷手書，或爲稿本，其中圖譜及紅色傳音符號爲刻印，首頁右下有『江陰劉氏藏書』及『劉復』兩方鈐印，可知原爲劉半農藏書。

合聲易字後譜説

前譜脱稿，酷暑未退，訟事猶簡，復取韵學家書流覽之。有極精括之論，如云：『古今部分隨母异音，知、徹、澄三母古音與端、透、定相近，今音與照、穿、床相近；泥母與娘母、非母與敷母古音异讀，今音同讀。又中華字母第三字爲第二字之濁聲；梵字母第三字與第一字相近。』反復考校，確當不易，今本其説，於華梵三十六字母中去其相近與濁聲字，得二十四發聲母。其濁音切得之字，與相近之音，各附於本韵之内收聲。韵母本皆生於阿、厄、伊、烏、俞、安、恩、昂、翰、埃、額、敖、歐十三韵，前譜已論及之。

學人於兩合字，既已通曉，三合字即不難意會。今於十三韵母外，餘皆以兩合列韵，以三合切音。泰西快字各有師承，本不一類，有所謂馥蘭迫，又有所謂秘得門與旭得亨，時即中土近制新字者，亦不下五六家，大都字母略别，字形小异耳。今再求簡易聲母韵母，統取象於《方圓發聲諧韵圖》，實衹五六筆耳，簡捷易記，當不遜於西人。且祇有方向辨别之分，無輕重筆難寫之弊，連濁聲附入之字，得一千五百四十八音，加以上、去、入三音，可得音六千一百餘矣。字母較減，得音倍多。明世變之君子，或不以之覆瓿與！餘同前例，不贅論。靖再識。

合聲易字凡例

條一

是書意在簡筆畫、便認識、易書寫，使農工婦孺皆能記聞見要事、土語俗情，以免遺忘。庶智慧日進，靈明日啓，即文人學士日記草稿用此等文字，亦可省工夫十分之九。且字母、韵母皆本祖宗之成法，以括泰西之新意，事取利用，匪我作古。至韵學家辦部分之寬嚴异同，古今小學家論六書之象形、指事、會意，則所弗講。

二

是書首列華梵三十六字母於上，歌、基、姑、居發聲四韵母於下，复將各字母去其重複者列二十三聲母於後。學者須將此二譜向左横呼極熟極明，再看後合聲易字之譜，庶易通曉，原翻切之上一字皆不出此譜之中也。

三

是書次列三十二韻，凡翻切之下一字，皆不出此三十二韻，亦須呼得極熟。考此三十二韻母中，本衹須阿、厄、安、恩、昂、鞥、埃、額、敖、歐十韻，以阿、厄、伊、烏、俞五字配合之，即可該括。特恐學者一時難明，轉滋其疑，故合聲譜仍全用三十二韻，特將鴉、滓、約三十韻原出於阿、厄、伊等十三韻者，録《七音略》譜於後，以備學者於合聲切法純熟後再求精簡。

四

翻切本爲童蒙識字而設，緩讀成二韻，急呼則成一字。乃中土人士不知合聲拼音之法，遂視爲精奥難明之事，竟有終身茫然者。又或明此緩讀急呼之理，而舉古人之反切如『不律』爲『筆』，『不可』爲『叵』，『之乎』爲『諸』之類以示人，不知此等切須以神吻意切之，初學豈能遽曉邪？宜其愈辨，人愈不明也。假如舉『卑乙』切『筆』，『支俞』切『諸』，『普火』切『叵』，『姑翁』切『公』，『枯翁』切『空』，『基因』切『巾』，『欺因』切『親』，『梯烟』切『天』以告人，則頃刻可通矣。此書一本《音韻闡微》《皇朝通志》《七音略》合聲諸切之意，爲學人斬除荆棘，開一平坦之途。（少時讀《輶軒語》音韵條，懷疑於心者幾二十年，今始豁然。）

五

昔人論反切，言上一字必同母，下一字必同韵。此論極確，惟太混含，少發明耳。《音韵闡微》云，反切上一字必取其能生本音者，下一字必取其能收本韵者，似較明顯矣。然究知何韵能生本音，何韵能收本韵乎？今將開口呼諸韵生聲於嘎元、歌元者列爲第九譜、第十譜；齊齒呼八韵，生聲於基元，合口呼八韵，生聲於姑元，撮口呼三韵，生聲於居元者列爲第十一至十三譜。華梵字母本能該括天下母音，今將一切音皆可發聲於嘎元并可發聲於歌元、見元者列爲第十四譜至第十六譜。明乎此，於見、嘎、歌、基、姑、居六元中任擇二十三母，一切音之發聲，皆可以得矣，特呼愈急，舌愈快耳。至能收本韵翻切之下一字，約不出疑、影、喻三母。觀此書所用收聲三十二韵母中，衹昂、厓、敖、額四韵出於疑母，雲、由二韵出於喻母，餘二十六韵則皆出於影母，蓋各韵清聲之字皆收聲於本韵之影母，濁聲之字，皆收聲於本韵之喻母也。知此二法，不獨中土之音之字可以自作反切，即各國之方音，亦可知其拼合之大凡矣。

六

此書以二十三聲母、三十二韻母橫直相切，得七百三十六平音。其有音無字者，用《同文韵統》等書例，以二合字補之，加以上、去、入三音，得二千九百四十四音。仿蔡氏寫法，用直行格紙，左再加一虛綫，書格綫中者爲平聲，格綫左者爲上聲，虛綫左者爲去聲，格綫右者爲入聲，因合聲字四聲寫法多同，用此直綫格紙分別之，以省加圈之繁也。

七

脱稿後見所切之音，尚有遺漏。復作後譜，連濁音附入之字，可得一千五百四十八平聲，加以上、去、入三聲，可得音六千一百九十有二。中華之音，固該之無遺。即滿、蒙、回與西域之音，亦可以切矣。前譜字形，固圓形發聲，方形作韵。後譜用方形發聲，圓形作韵，雖於阿、厄、伊、烏、俞、安、恩、昂、鞥、埃、額、敖、歐十三韵母外，皆以兩合做韵，以三合切音，似較前譜多一筆畫，然多借筆之字，如與切成之元字，雖云三筆，實祇二筆耳。且聲韵拼法筆畫多相連續，純熟後又可以一筆連寫而成也。蔡氏快字筆分輕重，沈氏言不便於用，蓋西人士多用鉛筆耳，前、後譜筆畫皆輕重一律，尤無此弊。如電報照此等字造機一副，既省四碼與翻檢之繁，任將聲韵略爲挪移，即可報密電而人莫測也。此前後譜字形所以略异耳。

八

蔡氏《傳音快字》所以不易明者，固由於論説太少，實由於三十二韵母右列反切，不用直音耳。中土人士於兩合字多未通曉，烏能猝明三合耶？深夜偶暇，取所切七百餘字，每字鈎考古今合聲諸切，録於眉端。畢而觀，每行收聲之韵，與《七音略》實相符合。竊以爲韵母用反切，人難遽明，何如用直音，使人易曉。故取諸切編輯之，補訂三十二韵母直音於簡，雖未知合於蔡氏與否，然以切所列之字，則無不合矣。原書雖云切得七百六十八音，然有字者實祇三百五十有七，亦爲補訂二百十九字本有平音者。原書多列仄音，亦用中華字母次第，改訂於後，以爲海内讀蔡氏書者助焉。

豐潤縣盧大令興辦農學稟*

敬稟者：竊蒙憲台札飭，以上海農學報館所出報册可與中國《齊民要術》等書互爲發明，補所未備，令即悉心考究，勸民舉辦，將遵辦情形具報察核。并蒙本州札發添設農算學堂章程，飭令勸辦稟覆暨轉奉督憲札飭，購閱農學報册各等因。遵察卑縣地多膏腴，昔稱殷富，邇來農政失理，工藝不興，身在畎畝者，大率愚瞶目不識丁之人，不特新理不知講求，即舊法亦鮮通曉。土質不辨其宜，器具不求其利，灌溉培壅不知其方，釀造牧養更茫然莫解，以致終歲辛勤，獲利有限，坐致窮困，有由來也。

是勸興農學，實當代第一要務。卑職前自上海招到機器匠數名，在縣製造扎花、彈花、紡紗、磨油并農學新式小器具，試驗頗爲合用。聽民購使，價值較買外洋者，可省十分之二三，期開内地工藝耕造之風。

兹蒙前因，覆察中國農書，尚易通曉。東西洋農學新法，多兼算、化、動植物之學，中國士民素少諳習。欲行仿效，先須設堂，教授一半年後，稍知門徑，再行由官依法試種。如果實見利益，民必争趨恐後，不令而行矣。

夫專設學堂，需費不貲。卑縣前於本城涇陽書院設有天算格致小學堂，業由津滬各書局陸續購到經史子集二萬餘卷、各種新報外，并購有《農學報》三分，發給在堂生童觀覽在案。擬就該堂推廣、添設農學一門，酌予獎賞，不加膏火，以省靡費。再行籌款，徑向報館購定農學報册二十四分，延請縣屬學術勤奮，略通算學、化學生員王金綬、梁直臣二人，各持一分，擇定城鄉通衢，用土話逐日講説。設有長條木凳，任農夫野老，坐而觀聽。遇有不明者，隨時詰問，由官籌給薪水，不取民間分文。餘報發交鄉鎮明白紳衿，於鄉民聚集之時妥爲講解；一面勸諭紳民自行購閲，務使家喻户曉，開民智而厚民生。鄉民借觀，剋時送還，不准遺失污損，以垂久遠。

惟卑縣原有書院，規模隘小，齋房無多。刻下天算格致生童二十餘人，已户不能容。兹擬添課農學，生童逾多，萬難擠住。卑職現與書院紳董商酌，擬於城北三里許披霞山官地，另建齋房三十間，藏書樓并講堂一座，名曰『格致農算學堂』，以便肄業生童居住。所需經費，據武生石蔭墀等捐助果園一處，變價東錢五千串，照時價合銀六百六十餘兩；監生王功捐銀二百兩；文童王沛霖捐銀七十兩。又卑縣胥各莊河頭脚行每年向有提存辦公一分，東錢六七百串不等，爲致送縣署陋規。卑職到任後，紳民應酬，概行謝絶，此款錢文據紳士王青雲稟稱，共積存銀二百兩，全未動用，擬令呈案，同紳士捐款，均作修建前項學堂之用。嗣後脚行提存錢文，并令按季呈交，永爲購買農學書報暨講報生員薪水之需，不敷之項，另行設法籌備。外所有遵札興辦農學、購報製器、延生講解，并集款建蓋學堂緣由，理合稟請大人察核。再紳民捐助地方義舉銀兩，歷蒙憲恩，給予獎叙有案。此次捐資紳民，可否准由卑職稟請，賞給外獎頂戴，以示鼓勵之處，并請徑批祗遵，實爲公便。肅此具稟。

*整理者按：本文鈔自《各省農事》，《農學報》，第二十二册，一八九八年。

迭微分補草自序*

微積分以迭微分（按：指高階導數）爲最切用。凡馭正負整分各方之二項例及指函數、對函數、圜函數、角函數之級數（按：指這幾種函數展爲無窮級數），求函數之極大極小，無不由迭微分與代於戴（按：指Taylor，今譯戴勞、臺芬、泰勒）、馬（按：今譯馬克勞林、麥克勞林）二公式而得。《代微積拾級》（按：李善蘭與偉烈亞力合譯，一八五九年版，最早中譯的代數與微積分教材）十一、十二兩卷後列各題僅有答式，即間有草者亦簡略不備，其如何求得頗費探索。《微積溯源》（按：華蘅芳與傅蘭雅合譯，一八七四年版）二卷所列六式雖較《拾級》爲詳，然如三式之對數求迭微分亦急索解而不得也。因於案牘之暇，輯二書之術與馬氏、戴氏二公式，逐題爲補演草以便於用此術者。壬寅（按：一九〇二年）七月木齋自識。

*整理者按：本文及後一篇均爲李兆華點校，許康按語，摘自《華蘅芳造氫氣球辯》，《航空史研究》，一九九七年，第三期。

九章代數草自序

光緒乙酉（按：一八八五年），李文忠創北洋武備學堂於天津。録淮軍子弟年力富者，延德國將弁教習之以備干城之選。而算量測繪爲軍事必須之學，西將多非此事專家，又故爲迂折延緩，閱一載而僅授加減乘除。文忠調知之，招靖於京師，令爲算學總教習，同年，姚君石泉、算學老輩華君若汀（按：即華蘅芳）先後皆延聘到堂，孫君曉槎亦與焉。聚《海内》疇人於一堂，朝夕討論，亦一時之盛也。然學徒中深思者固不乏人，年力太長，心不能入者亦多有。楊藝芳，京堂總辦學事，遂請於文忠，另招幼年生徒四十人，算術課程邀靖專授。期年之間，《九章》之外，代數、幾何并能知其概略。功課之暇，舉《九章》幾何之題，命各以代數式演之。三閲月成《幾何代數衍》六卷、《九章代數草》十卷。雖皆疇人亦爲之事，然髫齡幼童能於學習期年之間而成此算草，豈不可大貴哉！宜德將李寶鶩嘆贊賞，謂吾黄人之智慧且有過於西人也。草藏行篋十餘年，奔走俗吏碌碌鮮暇，無克爲諸生校刊。

今暫代理直隸大學堂事，胡直生廉訪索不佞算稿，因先呈此稿付刊。庶解九章者得據此爲治代數之管鑰。溝通會悟，由丙推丁，引伸而觸類，蓋亦賢所樂聞與！嗟乎，事理繁賾，學術奥博，得其道則事半功倍，失其道則窮年兀兀，玩時廢日者多矣。天下事皆如是也，豈區區一算術然哉！光緒癸卯（按：一九〇三年）仲秋沔陽盧靖叙於保定大學堂。

學校司編譯處總辦盧道教育條説五則*

今日爲直隸學校司開教育研究所之第一期，靖得陪末座，幸何如之。惟作吏廿年，學殖荒落，實不足與研究教育理法。惟十餘年之所經歷，東西友人之所談，論教育教授學之所考究，竊以管窺主見，貢其一得之愚，以備來會諸君子芻蕘之采焉耳。非敢云發論建議也。

學生似宜分長幼兩等教法也。幼學生用黑板隨教隨寫，隨講隨讀，便記憶、啓穎悟而省背誦，乃東西各國最良之法。但年長學生似宜略爲變通。聞歐美大、中學堂近日教授新法，每一學堂用講師四五位，每次質疑問難畢，將諸生明日應研究之書寫於黑板，祇寫從某節起至某章某節止，給書令學生在自修室觀覽。明日到學各有疑難，即向講師質問。恐一講師不能應答周全，分請講師四五位，周流學生案几，隨問隨答，講師又隨指其精奥之處考問學生，看果會研究、學有心得與否。竊以爲此法可省無味之講説、遲延之抄寫，於吾國年長之舉貢生監似爲相宜。嘗見教習上堂每每無從説起，蓋經史、内政、外交之書照本抄寫，隨文訓解，諸生即列庠序、登賢書，豈尚不知，而待教習煩聒。惟擇各門學問精要之書，令學生觀覽、研究，一小時間至少總可閲畢五頁至十頁，日課六小時，計閲書三十頁。一年之内，普通學問之書大略可畢，似較黑板教法捷速。至小學生仍以黑板教法爲善。

教習似宜以平日講何學問者，即令教某學，方能用其所長也。如師範學堂所聘日本明農學某教習、善製動植物標本某教習、明理化某教習，所派教功課應即以農學、標本學、理化學爲主。前在師範學堂張鍈緒、高淑琦兩齋長亦同發此議。總辦羅君正鈞亦深以爲然，想再定功課時，必采取此議也。學成卒業學生，亦宜視其所學何學，令授何科。

學生年長者於農、工、電、化、格致各學，似宜先講試驗，暫緩論原理也。昔英之培根，法之特嘉爾皆百年來格致大家，開歐美文明之先哲，而宗旨一則由流而溯源，一則從源而竟委，即名學家所謂歸納、演繹法也。論者謂從流溯源而不得，尚有已經之流可驗；從源竟委而不得，則終身無致用之時。年長諸生如習教育、政治、法律，非先講原理不可。外若農、工、電、化各實業之學，宜先以試驗用法爲重。如農學祇先講土壤、種子、糞料如何分法、選法、製法，工學祇講某物用何材料、用何分兩、用何尺寸、用何熱度、用何器具造成此物，電化亦然。即吾儒先求當然，後求所以然之意也。蓋試驗有速效，年長諸生所樂爲；原理需歲月，速成諸生恐不逮。至少年諸生，自應以循序漸進，不可期其速化，又以探討原理爲要術矣。

學堂書籍、儀器固宜多購、多藏，而愛惜書、器之公理，似宜請各中外教習隨時講明教導也。夫各學堂學生多者六七百人，少亦數十人，如書籍、儀器各生置備一分，萬無此財力，亦萬無此辦法。祇有照各國圖書館、博物館藏書、器之例，每書每器置一分，最要者二三分，以備各生隨時考究。假不明藏書、器公理，人各欲私爲己有，則書籍、儀器永無完備之時，各生學問亦永無觀成之日。要知天下無論人物，聚則其效大，散則其力微。諸生假明群學公例，則必愛惜公家書物，是在各總辦教習隨時講明之耳。

右四端者，大半皆屬形式上之教育也。而教育家最貴者，有所謂精神教育。然義理賾深，非淺陋如靖者所能談。兹姑述其所聞之切近者，備諸公采擇。竊謂『教育』二字最有意義，凡有教育之任者，不徒宜循循善誘，并宜如慈母之保育子女、師弟之間談學講道，雍容和藹，恍若家人，親愛之情，溢於言表。而又尊而不狎，肅而不侮，學行兼優，生徒表率，斯爲上乘。吾國數千年來非無師生授受，然皋比坐擁，如判獄囚，絶無感情，徒令學生望而生畏，尚何能刺激入腦，使易於領悟之有哉？此心理學、倫理學、教授法又在講精神教育者之熟考而深思也矣。

*整理者按：本文摘自《北洋公牘類纂正續編（一）》，〔清〕甘厚慈輯，羅澍偉點校，天津：天津古籍出版社二〇一三年版，第四三八至四三九頁。

通州游歷紳士潘宗禮條陳*

强鄰環伺，時事多艱，生存競争，益形激烈，苟非痛除積弊，百度維新，亟圖自强，斷難久立。宗禮草茅下士，塵懷國憂，謹就管見所及亟宜施行者十三條開列於後，以備芻蕘之采。語云「泰山不讓土壤，河海不擇細流」，苟不以宗禮所言爲狂妄，鑒其愚誠，俯賜采納，則國家幸甚，四萬萬人民幸甚，宗禮雖死之日，勝於生之年也。

宜設女子師範傳習所也。東西各國之所以强，爲其生一人即得一人之用，雖盲啞亦受教育，授以技藝，得自謀生。我國號稱四萬萬人，女子實居其半，爲父母者，既束縛其天然之足，使動轉不能自由，一家生計，惟男子是倚。以二萬萬無用之女子而累及二萬萬男子，俾之謀室家、救凍餒，不暇求學問、急公義。民困且愚，厥致貧弱。天之生人，本無歧視，自古忠義之士，得力於母教爲多。此女學之所以必應興，而女子師範傳習所必應速設者也。强國强種，關係極大，願亟采擇施行。

宜編小學堂淺易教科書也。四書五經爲儒教真傳，斷無廢弃之理。然而，其義精，其詞奥，非蒙童小子所能知。小學堂者，一國教育普及之學堂也，使其有普通之知識技能，非望其求高深之學理也。孔子論小學修身科曰：『弟子入則孝，出則弟，謹而信，泛愛衆，而親仁。』非以讀詩書等經當小學課本也，後儒狃於積習，以爲不讀經書，即是蔑弃聖道。幼稚童子，與言明德、新民、止至善，百思不得其解，徒煩亂其腦筋。同一理也，以文言達之與以俗語達之，難易判然。爲小學堂計，宜分門編成淺易教科書，俾學生一讀即悟，讀一句得一句之益，則普及之效可收。中學堂始令讀經，大學堂可設經學專科以研究義藴，庶幾事求實際，而國粹得以保存。

宜多設實業學堂也。方今列强以兵戰、以商戰、以工藝戰，西儒有言，將來世界由商業競争時代進於工業競争時代。我國商業尚未發達，然人民智巧，不讓西洋，若先進求工藝製造，進入工藝競争時代，可與歐美并駕而馳。通商以來，外溢金錢，幾不可以億兆計，利權日削，脂膏日竭，失今不圖，後將坐困。是宜廣設實業學堂，以樹基礎。夫洋人購我生貨，運回本國，製成熟貨，仍返而售之於我，尚獲厚利捆載而歸，我能自製，其利可知。不然，謀教育普及也，而學堂用品取之外洋；謀整飭武備也，而軍營用品取之外洋。添一新政，即增一漏卮，涓滴江河，前事已可爲鑒。

宜開游學預備科也。游學外洋，固當今之急務。然未預備洋文洋語及我國應有之普通學科，貿然出洋，諸多齟齬。夫一國有一國之普通學科，所以造就國民者也。我欲學其語言文字，勢不能不學其普通學科，學之既久，必將崇拜外國而蔑視祖國。至於費時耗財，猶爲小害。若於省會地方設一游學預備學堂，考選英异之才，延師教以方言及普通學科，二三年間，拔其尤者用官費派出，次者用半官費或令自費，均直入其專門學校、大學校，資費既省，畢業又速。有普通學之根柢，不致惑於歧途，有百利而無一弊。此項學堂應由官款設立，稍加津貼，以廣招徠。將來回國任事，必無嚮者浮躁之行爲。

宜請查官山、官地、海灘以充學堂經費也。西國之所以富强者，以其地無遺利，人無弃材。今謀教育普及，亟須寬籌經費。地方自治，尚未實行，民間籌捐，殊屬不易，惟各處官山、官地、海灘，所在多有，任其荒蕪，轉起争訟。何如查明盡教撥歸學堂，相其土宜，廣興種植。山地則種樹；可耕之地則開墾之；海灘則斥鹵，甚者以之煎硝礦，輕者則開渠瀉其鹽酸之性，亦堪種植。合廿二行省，計劃當不菲，在學堂既可獲經久之益，而生計尤足以養人，何憚而不爲哉？

宜頒預算決算表也。東西各國，賦稅數倍中國而民不怨者，以有預算決算表以明示之也。每歲之末，預算次年國家之歲出入，又決算本年之歲出入，一并列表宣布，俾國民人人周知。東西學者論民間有納稅之義務，即有監察國中財政之任。民知所納之稅，某項用於某處，係爲我謀公益、保治安，非中飽亦非糜費也。中國民豈無良，何以不知愛國。蓋正稅有限，需索無窮，供納於吏胥之手，層層隔閡，如投洪流，上下相蒙，民乃不信。民爲國本，無信則無民也，無民則無國也。日本維新之初，經費支絀，甚於中國，自大隈重信創頒預算決算表，籌款始能擴充。至今日區區三島，進出款項，幾四五倍於我。朝廷擬改立憲政體，實行地方自治，苟不先定預算決算之制，竊恐經費不易籌，新政不易舉，即立憲之基，亦不能定。

宜設市、鎮、區役所也。日本幅員之廣，僅比我四川一省之大，乃變法以來，蒸蒸日上，遂至戰勝强俄。溯其致强之故，則白實行地方自治始。實行地方自治之制，必自設市、鎮、區役所始。日本東京府每午地方稅多至六百餘萬元，外縣亦百餘萬元不等。民所以樂輸不倦者，以知爲地方謀公益也。蓋有市、鎮、區役所與民相近相習，不似吾國官民隔閡之弊。其行政之美意，可以遍喻於民，用款之報告，可以昭信於民，故皆願出私財以濟公用。而本市、鎮、區之學校、衛生、員警、户口、財産、保良、懲奸、徵兵、興徭諸要政，乃能畢舉。

宜改用陽曆也。夫曆者，以便於作事記時爲主，此外無所取義。我國沿用陰曆，三年一閏，五年再閏，推算殊費周章。每年之日，多或三百八十餘日，少則三百五十餘日。作事雖云行夏之時，彼時亞洲尚未全通，遑論全球。孔子時中國限於北温帶一隅，惟行夏之時，四季寒暖適合，今則五洲大通，當吾國春夏，而非、澳已成秋冬，閩、粵行夏令時，漠北正行春令。是夏時於我版圖之内已屬不合，況於他洲。陽曆准繞日之度以定歲，行之百年，永無差忒，作事記時，自形便利。國家經常費用以及官俸兵餉，民間公私簿記，每年皆無差异，與各國交涉文牘賬目，尤省腦力，且免誤謬。我國而欲維新，首宜變此。且王者最重正朔，今兩宫聖明在上，一旦改革及此，各國歡聽，當爲之一震。此極易變易之事也。

宜簡送迎跪拜之禮也。中國官場痼習繁文，極爲無味。服制既多不便，送迎跪拜尤覺煩勞。朴訥任事之人，或以禮節繁難、言語煩絮，至忘其所當言而去，而巧宦遂以嫻應對爲能事。此次游歷日本，見官吏相見，入門止一鞠躬，退仍鞠躬，送者起立而不離其位。私室相見，亦止送至室外，彼此鞠躬而别。中國古時皆席地而坐，相見時不過彼此伏首至席以致敬，如日本今日禮俗是也。既改爲高几坐椅，則拜跪禮當立廢。沿而不改，迂儒俗吏專以卑恭齷齪爲事，先王制禮之精意失矣。中國百度維新，不先删去縟節繁文，必不足以振刷學士大夫之志氣。

宜多設電話，以省往來之煩也。東西各國電話布滿國中，宗禮見日本旅館婢僕粗賤之人，如有要事，皆可以用電話直達於員警署及各官署，此上下之情無不通也。方今文明日進，交通之機關日捷，電話一節，凡都會市鎮之間皆應亟設。官署局所辦理庶務，巡警捕拿盜賊，包探檢查秘事、調取證據，以及工廠、商號要約交涉之件，民間慶吊瑣屑之事，消息靈通，事機不至坐失。更以其餘間講究衛生通性之事。西人謂歐洲一人辦事，可當中國數十人，其安逸樂生，亦非中國人所能夢見，以其有至捷至靈省心省力之利器在也。中國一文牘之傳達，奔走數十人，往還數十日；一票紙之批示，稿簽發行而機會已過；一物價之漲落，比户而不相知；一二語之寒暄，終日而未及達，費時失事甚矣。若遍設電話，得以縮短道里，展長時刻，其增益人民之進步尤大也。

宜設會計檢查院也。國家出入歲額，既有預算決算以昭大信於民，猶恐民之不相信也。東西各國，因審查預算決算之當否，特設會計檢查院。其官直隸於政府，不受他署牽制。中國無預算決算之制，惟各省報銷由部覆核，然徒藉其名爲需索之地，費多則虛亦准銷，無費則實亦予駁。同治初年，發逆初平，湘軍用項報部者，尚需費數萬金，見於曾侯尺牘中，其明驗也。方今維新庶政，用款尤繁，官署、局所、學堂經費皆當有預算決算之報告，即皆當檢查其虛實。西儒有言，大信者財寶也。國費出自民，民不信則國費難籌。雖計臣取便一時，信用既失，久而必敗。故設會計檢查院，而後民信乃堅，巨款乃可籌矣。

宜設培養森林專官也。人繁地辟，天然之林木將絶於世，不設專官以造林則不足於用。况森林有消水患、防旱灾、避瘟疫諸大益。蓋夏季暴雨，山無樹木以吸之，則急溜盛漲，泛濫成灾。若山上多種樹，則深根盤錯，呼收水性，沙礫不至隨流而下，其患自減。至於樹能致雨，尤有至理。夫雨者，係濕氣遇熱而成，故空氣過燥則不雨，樹根能吸收地中水濕，傳達枝幹，由葉間吐出，易致降雨，故樹木陰森之處，夜露必濃，其實證也。人吸養氣而吐炭氣，樹則吐養氣而吸炭氣，故衛生之益最大。山間樹多之村莊，鮮有染疫者。通都大邑，人烟稠密，穢臭鬱蒸，數年之間，必有大疫。推其由來，樹少之故。此次東游，入日本之境，無不毛之山。中國西北多山，濯濯者居其大半。若設專官以培養森林爲事，將見水旱癘疫，不至爲灾。十年之後，材木不可勝用。

宜多設譯書局也。中國近日學界進境甚速，留學外洋者將萬人。然地廣人稠，分之各省，仍見其少，且旅費過巨，於財力有妨。欲求一費省而效巨者，則多設譯書局是。夫留學東洋，年須數百金，即畢業回國，輾轉傳授，獲其益者不過數十人、數百人而止。若各省羅致東西留學學問湛深者，多設譯書局，擇其要者，譯成漢文，廉價發售，則盡人可讀其書，即盡人可獲其益。趁此科舉既停，瀹以新智識使知世界大勢，進化公理以發其愛國之熱誠，裨益當非淺鮮。現在新譯之書，大概寒士粗識東文，借譯事以濟旅費，舛謬不可枚舉。甚者，少年聰明之士，憤於國情，專譯民權、自由之書，大背中國和平變法之良策。若官局分門編譯，散布國中，便無此慮。

宗禮游觀日本文明制度，眷念宗邦，萬端交集。現今科舉已停。新政方興，私心欲有所獻納，隨筆書之，百分不能盡其一二。明知所言皆人人所能見及，惟願實力行之，以救貧弱。人人盡自己之義務，方能保國家之權利。國家不失其權利，人人方能享自己之權利。宗禮爲四萬萬同胞慮，不敢不弃自己之權利，徇於國家之義務。碧海常波，此心不死。祝我國萬萬年。

【附】袁世凱奏摺：游歷紳士潘宗禮憂憤捐軀遺有條陳據情代奏摺

光緒三十二年二月十五

太子少保北洋大臣直隸總督臣袁世凱跪奏：爲游歷紳士，憂憤捐軀，遺有條陳，據情代奏，恭折仰祈聖鑒事。

竊臣以直隸民智未開，選派紳士出洋游歷，曾於上年附片陳明在案。兹據第三期游歷紳士景蔭梁等禀稱，『同游紳士通州廪生潘宗禮，前在本籍，以地方學務爲己任，勞怨不辭。嗣由官費派往日本，於所過山川形勢，筆之日記，語重心長。到東後，除參觀聽講外，自聘教員，學習音樂、體操，昕夕無間，論及東西各國伸張權力，弱肉强食之故，則詞氣慷慨，顏色慘變。所著日記，大要下謀公益，上挽主權，一篇之中，三致意焉。及日本文部省宣布取締留學規則，諸生相率廢學，宗禮謂失之過激，於事無益，憂鬱不知所出。歸國時，道出韓境仁川，睹韓人痛被迫脅狀，聞韓大臣閔泳焕屠腹慘死事，并讀其臨殁告韓人及各國公使遺書有云，泳焕以一死仰報國恩，以謝我二千萬同胞，等語，則聲泪俱下。以爲脣亡齒寒，雖同種同文，夙以保全韓國領土爲言者，其現象乃至於此，凡在鄰國，能不寒心。同游者以爲尋常感嘆之詞，談次各散。繼得宗禮留致同游紳士一函，發視則囑其將日記條陳代呈學務處，始知有异，遍索舟中不得，惟遺履在艙面，方驚其投海以終。時乙巳十二月初九日辰刻也。該紳等與宗禮同游五閱月之久，親見其感憤時局，憂國捐軀，抄録條陳呈由學務處轉請代奏』前來。

臣查故紳潘宗禮愴懷大局，憤不欲生。當士風披靡之秋，有遺世獨立之志，若出其所學，宣力公家，未始不可以救濟時艱，斡旋危難。乃竟慕魯連之蹈海，效屈平以懷沙。雖所行所言，不無過當，而其忠義勃發，亦足以淬勵人心。遺恨無窮，至堪憫惻。在聖世廣開言路，視民如傷，下禹湯罪己之書，恢堯舜同天之量。曾參云：『鳥之將死，其鳴也哀；人之將死，其言也善。』所遺條陳十三事，臣不敢壅於上聞，理應繕具清單，恭呈御覽。仰懇天恩飭下政務處核議，采擇施行，無任感悚。

謹恭折上陳。伏乞皇太后、皇上聖鑒訓示。謹奏。

光緒三十二年二月二十日奉朱批：政務處知道。欽此。

＊整理者按：據盧弼《〈盧木齋先生遺稿〉編後》記載：『又《潘烈士條陳》，爲先兄與李琴湘（金藻）同擬，當時忌諱不敢言者，均托烈士之筆，原稿猶存，未録。』故是篇作者當實爲盧靖與李金藻。此文鈔自《袁世凱全集》第十四卷，駱寶善、劉路生主編，鄭州：河南大學出版社二〇一三年版，第五三八至五四二頁。

日本教育法規序*

近十年來，民智日進，舉國之人，鑒於無教育之國，匪亡斯弱，群爲此懼。士夫諍言於朝，學生呼號於外，僉曰興學。興學輿論所播，風習丕變。

朝廷奮然罷科舉，設學部，下廣建學堂之詔。直省大吏以取法日本近而易行，相與派遣學生習師範，爲興學先導。一時名公宿儒、華胄富紳，或心熱國事，或膻附時好，聯袂東游者，尤絡繹不絶於道。於是官紳游記、學人講義，與夫坊間翻譯之書，雜然百出。雖純駁紛投，瑕瑜互見，而大旨所歸，何嘗非吸收文明，以資學界之取法，而助國民之進化？顧以予所見，言學科者，十之六七；言教育者，十之二三。非精研原理，標教育宗旨之所在，即商榷教法，示教者以管理教授之準的。其言學制者，蓋十不得一。間有言者，而語焉弗精，擇焉弗詳。雖以《東游叢録》爲當代所寶重，讀者尤病其疏略，他何論焉？

蓋教育制度，條理萬端，雖有過人之識，兼人之才，豈能以匆匆數月之功，窺其全豹？夫以中國之大，學界方稚，各行省總匯機關，亟於籌設，安所得確有心得之人爲之經營措置？非取他人之法案而變通之，而參酌損益之，無當也。

靖志此有年。去歲東渡，居留半載，時過其文部訪問，見其大臣以下各僚屬案頭，皆置有《教育法規類抄》一書，其有所答，悉不外書中要例。日本各部皆有法規，是特文部之一種也。編輯者爲總務局文書課，次爲上下卷，上卷分編十七，曰敕語、曰總則、曰普通教育、曰師範教育、曰專門教育、曰實業教育、曰認定學校、曰教員免許及資格、曰檢定教科用圖書、曰學校衛生、曰圖書館、曰學士會院、曰氣象及歷時、曰學位及博士會、曰留學外國學生、曰統計及報告、曰褒賞；下卷分編十，曰官制及處務規程、曰官等俸給、曰公立學校職員名稱及待遇、曰地方測候所職員名稱待遇任免及俸給、曰任免、曰服務及懲戒、曰恩恤各項酬恤、曰旅費津貼及雜支、曰會計、曰雜録，都二十七編。始自明治九年，迄於三十八年四月，其有修改删增，隨時編次，閎博精深，學務之法案，於是大備，亟覓員譯出付梓，以餉國人。又因普通教育、師範教育以及專門、實業各法規尤切時用，厘爲單行本行世。有教育之責者，苟各手一編，吾知於籌設學務之方，必有得也。

雖然，以學識薄弱之國人，出而任事，進而求學，無政法知識，則治事無序；

無名學觀念，則論理不晰。似此條件之文，既未闡明其理由，復不附麗以事實，精奥賅簡，難讀逾常籍十倍。試與此書以資之研究，必其果有得與否，抑非吾所敢知也。然教育進化，雖聖智不能限量程期，又烏知不藉此法規兼程倍道，脱軔而馳哉！

書刊既竟，爲識數語於簡端，留心教育君子幸覽觀焉。光緒三十二年九月沔陽盧靖識於直隸提學使署。

*整理者按：本文鈔自國家圖書館古籍館館藏《日本教育法規》。《日本教育法規》取自明治三十八年（一九〇五）四月日本文部采輯之教育法令，由東京留學生譯出，直隸提學使司顧問及圖書科員修改校勘而成，一九〇六年於天津出版。提學使盧靖總理其事，渡邊龍聖及吴鼎昌任總修校，移譯者有步其誥、王紹曾、傅汝勤、梁建章、齊樹楷、步以韶、步以峻、鄧紹熙、趙宇航、張蘭、於振宗、黎炳文、杜之堂、王宗祐、張恩綬、黄炳言、李毓枬、梁志宸、胡源匯、趙憲曾、陳升之、王爕元、郭鍾韶、王葆真、劉焕、陳光溥、王雙岐、齊立震、璩景濱、孫蔭溪、侯序倫、韓廷釗、韓殿琦等人，分校爲曾傳謨、嵇鏡、馬鑒瀅、劉寶和、陳寶泉、陳清震、張良弼、韓梯雲、張星桂、王錫泉、袁仲峘、周焕文、卞禹昌、張書詔、崔季友、步其誥、王紹曾、步以韶等。覆校爲范延桀。全書共十册，附文部省直轄各部位置一卷，索引一卷，鉛印本，十三行三十二字，黑口，四周單邊單魚尾，國家圖書館、北大圖書館均有收藏。

天津議事會成立之日盧學使代督憲袁演説文*

今日爲天津議事會成立之日，可以爲天津賀，并可爲直隸全省賀，不但爲直隸一省賀，且可爲我中國前途賀。

自客歲預備立憲之詔下，朝野士夫莫不萬口同聲，曰地方自治爲立憲之基礎。於是各省紛紛議創自治，獨天津之地方自治奉旨試辦，實在預備立憲詔旨之前，今果先各省而成立，則發達地方上之一切公益及增造天津人民之幸福者，亦必先各省而收效，故可爲天津賀。爲天津賀者，爲天津之人民賀也。天津之自治既先成立，亦即爲全省之模範，逐漸推廣，定更順利，故爲全省賀。天津既可爲直隸全省之模範，亦各省所急欲仿辦者，是亦即全國自治之模範也。全國之自治成而立憲之基礎成矣，此所以爲中國前途賀也。

且自治爲立憲基礎一語已盡人言之矣。其所以爲立憲之基礎者何在乎？在乎養成議員之資格。蓋立憲之重要問題在立議院，立議院必采兩院制，則下議院之議員必由地方公選。今先試辦地方自治之議會，一以使養成公德心，對於地方上事不視作旁觀派，則漸起其愛國心矣；一以練習政治上識見。蓋我國人向以不預聞公事爲高，故不入宦途者政治上智識有限。今以辦理自治爲練習地步，則將來開設議院不患乏才矣。蓋自治行政與官治行政無一非爲民生計也，故自治議會亦即爲議院之先聲也。由此言之，則議事會之關係如此其大，而皆於今日始之。

吾更有一言爲諸君告者，天下事繼起者易爲力，創始者難爲功。往往一事之初，局外旁觀多事指摘，當局者處震撼危疑之際，每易灰心沮氣，此最易誤事者也。第一當以堅忍二字爲要訣，苟有見地始終以之，平心静氣以圖厥成。迨至基礎已固，成效稍著，享其利、食其福者有人，則旁觀之議自息矣。更就地方自治之理由言之，地方官對於地方上事，每不能細微曲折，無不周到，故由官爲謀之，不如地方上自爲謀之之周密。議員者即代表一地方人自謀之人，亦即其義務所在也。故議員當以知無不言，言無不盡爲盡其義務，必痛除隨聲附和、退有後言之積習，斯則尤有盼望者也。

＊整理者按：本文鈔自《北洋公牘類纂正續編（一）》，〔清〕甘厚慈輯，羅澍偉點校，天津：天津古籍出版社二〇一三年版，第六十至六十一頁。

另按：天津議事會成立於一九〇七年九月。

盧木齋學使告奉天學界書*

使者恭膺簡命，提學是邦，自慚譾陋，夙夜兢兢。瀋陽本屬舊都，教育多由新創，整飭因革，條理繁賾。斟酌時宜，則宜先擇其切者要者，統籌全局，則宜規劃其遠者大者。東西立憲各國，凡行政長官，視事之始，莫不宣布政綱，表明宗旨。使者不敏，竊取斯義，謹布腹心，公諸衆論。

教育宜速圖普及也

教育普及一語，海内士夫類能道之，然言之匪艱，行之維艱。推諉者多托詞於經費之難籌，教員之難得，相率觀望，坐誤事機。然經費支絀，各省皆然，更張之初，又安有如許完全師範？若必俟財幣充溢，人材衆多，恐河清難矣，外人已不我待矣。而況財政不整理，終難充溢，人材不預儲，奚由衆多乎？且教育擴張，豈有限量，學校愈發達，則所需經費愈巨，所需人才愈多，恐吾國數十年中，雖兼程倍道以圖進取，而財幣終虞竭蹶，人才終慮缺乏也。是故爲今日計，人人有化私爲公，先覺斯民之心，則中飽可以祛，冗費可以汰，公款可以清，積弊可以除，祠宇寺觀可以通融修改爲講舍，荒山荒地，可以樹植開墾爲學田，而經費自不難籌矣。人人有天下興亡，匹夫有責之願，則私塾可以改良，教科可以參酌，師範傳習所可以擴張，教育研究會可以多設，而教員自不難得矣。

且奉省教育之普及，似較他省爲易。他省人口繁密，雖學校日增，而就學兒童與人口之比較，恒居最少數。曩歲畿輔學者屢以强迫教育普及爲言，使者則謂爲勢難驟幾。僅以津保而論，就令學齡兒童，咸加以强迫教育，而此數千百之教員，數千百間之校舍，數十百萬之經費，豈一時所能造就、所能籌畫者哉？若奉省則不然，村落寂寥，人口稀疏，學齡兒童之數迥殊内地。當此屢經創痍之後，隨在皆爲觸目傷心之境。果能激發愛國之忱，實行强迫教育之令，而謂教育之不能漸普及者，未之有也。

至若普及之方法，不獨限於學校之一方面，舉凡宣講所之講演、白話報之傳觀、戲曲歌謡之改良、圖畫音樂之觀感，廣立圖書館以擴學識，多設陳列所以資競爭，電影幻燈破千年之迷信，公園會所啓合群之先聲，即玩物嬉戲之微，亦可寓化民成俗之理，使社會之男女老幼，智愚賢不肖，莫不呼吸文明，滌除腐敗，阻力既去，蒙昧日開。較之僅注意學校者，尤廣博切用而效速。

然使者所論，又非因陋就簡之策，乃因時制宜之方。因陋就簡者，敷衍塞責之謂也。因時制宜者，委曲多方求成之謂也。凡我同類，宜諒此衷。

實業教育宜速圖振興也

今世之論者，率以奉天之貧乏爲憂，不知富源蘊蓄，已閲數千年。長白則森林茂密，遼河則航路交通，大陸則礦産豐饒，沿海則魚族繁碩。徒以人事不修，純任天然，遂令地多曠土，人多游民。荀子曰：『石田千里，謂之無地，愚民百萬，謂之無民。』*而况强鄰逼處腹心，生計艱於内地。我弃地利，則他人染指殖民，民乏衣食，則鋌而走險爲盜，興言及此，可爲寒心。

是宜速興實業以救危亡。農、工、路、礦、商業各實業專門學堂，一時多設，故款巨而才難，若小學校中增加初等手工、簡易商業、淺近農業森林學，豈非輕而易舉之事乎？務使小學生徒畢業而後，各有資生之策，即知禮義之防，肇端甚微，所關極大。憂時君子，其可忽諸？

*整理者按：此句出自《韓詩外傳》，張之洞著《劝學篇》曾加以引用。

法政知識宜速圖傳播也

斯學爲立國根本，憲政要圖。蓋無權利之觀念，則任人侮我亡我而不知；無義務之觀念，則甘心背國而不耻，禍患所及，匪可言喻。吾國外交失敗之歷史，皆坐不明此學之故。去年學部考試東西洋畢業生，似獎實業而抑政法，蓋深慮政法學生之多，仕途或冗，意亦良善。然使者則謂，以吾國幅員之廣，他日司法獨立，行政分科，雖數百十倍於今日之政法學生，猶虞不濟，何冗之足云！

若奉省之講此學，則與他省稍殊。蓋他省士夫僅治國内法，猶足以將事。若奉省則密邇强鄰，隨在皆有國際交涉，偶一不慎，一髮千鈞，前車既覆，來日大難。苟非曉暢國際法，洞悉彼我之權界，幾何不再爲人所欺侮愚弄也耶！謂予不信，試證以近數年來所耳聞目擊者，當知使者非故爲危聳之論也。

論者又謂惟强國有國際法，而弱國無國際法。此徵諸事實固然，然苟使我不背國際法，則彼雖狡謀，亦難藉詞生釁。且寧使曲在彼而不在我，庶我得以準據約章，訴諸公理，則於消極方面，或不至再演損失國權之劇乎！

然使者之意，尚有言者。則以政法之學，決非專爲造就官吏之人才。例如城鄉村鎮之議士，郡縣里黨之公民，殖産興業之社員，新聞雜志之記者，在在皆須養成法政之知識，方足以資世用而收法治國之效果。法政之學，豈僅爲官吏一方隅而宜講者哉！

宜寓兵於學以泯外侮也

今日論者皆以練兵爲亟務，是誠然矣。然使者盱衡時局，比較世界各强國之兵額，吾國縱傾歲入之强半，以練三十六鎮之兵，亦決不足以禦外侮。日俄之役，僅限遼東一隅，用兵合在百萬以外。一方隅之戰爭猶然，豈以吾國版圖之大，僅以三十六鎮之兵，而謂可足以鞏固國防者乎？是故今日之策，宜注重國民兵。獎勵國民兵之法，惟有寓兵於學。

論者必謂果行此策，則恐人心惶惑，因不願服兵，遂不就學。不知兒童皆有好武之性，視國家用之之術何如。近年直隸湖北招考陸軍學生，應考者每數千人。彼既知兵，自不懼此。故使者常論，如以一鎮兵開辦之費百五十萬金，用之以添建全省之學校而有餘；以一鎮兵常年之費三百余萬金，補助教育五十萬之學生而無不足。國家多添一鎮之兵，外人決視爲無足輕重，如各省皆有五十萬學生可充兵，外人決退避三舍矣。且應募之兵，及瓜而代。兵家勝負無常，其所恃以爲後援者，終必賴有國民兵。果能人人練習兵操，注重體育，斯人人可爲干城之選。既受國民教育之浞，必勝於目不識丁之衆。德意志之以軍國民强天下，日本之以三島勝强俄，罔不由此。果爾，是國家所費有限，而收全國皆兵之效，事半而功倍，利捷而費省。取威定霸，雄長東邦，定可企足而待，豈第救今日之危弱而已哉！

使者曩提學畿輔時，即力持此論，雖未及實行，然津保暨各府廳州縣之學堂，大多數皆注重兵操。此次東來，曾以此意禀請欽帥，極蒙嘉許，并諭令不徒應有兵操，且宜有兵學。况奉天爲發祥重地，我朝尤崇尚武功，八旗子弟素稱勁旅，值此强鄰交迫，上下勵精圖治之時，而謂可不卧薪嘗膽，枕戈待旦者乎？是則奉天之宜注重兵學兵操，尤爲謹遵祖宗制度，刻不容緩者也。

經費與用人宜格外從節儉而學務方能擴充也

查奉天自興學以來，每年用官款不過四十餘萬金，而在省城學務員司，亦祇百數十人。每接見學務諸君，云辦學之費，較本省所辦各事皆省，似亦確論。況歐美各國有辦一大學而用數千萬金，講師學員多至數百人者。以奉天全省官辦學務之費與所用之人相較，不啻滄海之一粟。使者豈不略知，而尤以經費宜格外撙節，用人宜格外減省，相告誡者，蓋以奉天屢遭兵燹之餘，公私交困，已達極點，而强鄰逼處，又刻不我假。故今日用一錢須當十錢之用，用一人須有兼人之長，或可爲亡羊補牢之計，收桑榆晚景之功。

當日俄戰後，百物昂貴，人才消乏，主計者不能不厚其薪俸，廣羅人才，賢愚雜進，行千金市駿骨之策。今則物價漸與内地相若，投效人員，日益冗濫，苟非撙節經費，無以蘇吾民之困，苟非淘汰冗員，無以拔賢俊之才。且講學治事，各有專攻，農士之不能操刀圭，猶醫士之不能荷鋤犁也。是故以治何種學問者，方能辦何種之事，若自揣力不能勝，當退讓賢者。美錦學制，古人猶難，而況今日分業之繁、事變之劇者乎？

當國家多事之秋，疾風勁草，艱苦卓絶，庶有以挽末流之頽俗，所貴乎士君子者，爲能潔己奉公，廉隅自矢，樹之先聲，立之表臬。流風所播，蔚爲國俗。蓋學界爲立名之區，決非貿利之藪。使者不才，願與諸君夙夜勉省之而已。

右述數端，略陳管見。然使者之意，非謂舍是而外，皆可緩圖，特法宜隨時，勢貴因變，先後次第，理宜預籌。臨時張皇，大局何補？厥綱既立，庶有指歸。遼東學者，苟以使者之言爲然乎，則請同心勠力而共圖之，若猶以爲未當也，則請各抒所見以相告。

*整理者按：本文鈔自《直隸教育官報》，一九〇九年，第六期，第一二一至一二七頁。

奉天提學司盧靖公債解釋 附録*

國家之財政與私家之財政异。私家之財政，在量入而計出，國家之財政，在因出而制入。是以國防之增加、移民之獎勵、航海興業之保護、教育事業之擴張，無往而不需財。綜覽世界各强國之歲出統計，方日加而未有已。此豈盡出於好大喜功、輕擲國帑者哉！毋亦以立於競争之世，不如是不足以立國歟！

顧歲出既日增，而靡知所底矣；而歲入之數，不可以驟幾而與之相埒也。然則計臣調和於二者之盈朒，不幾苦於束手無策乎？曰：是不然，有公債之策在。

歐美各國，無國無債，且無國無巨債。不第有國内債，且有國外債；不第有經常債，且有臨時債。所負之債浸以多，而國家浸以富，生産事業浸以繁，而公債之額浸以巨。既募債以生子，復以厥子而應募，子母循環，潛滋暗長，而一國之富力，遂駸駸乎莫之與京矣。

雖然，持此以語吾國之士夫，鮮有不掩耳而却走者。自昭信股票之信用失，而國内之募債難；自募債償還賠款之端開，而吾民之負擔重；自不肖有司之染指，以致抵押日多，利權日損，而國人一聞借債之言，遂幾於譚虎色變；自埃及有借債亡國之歷史，而憂時之士遂益引爲殷鑒，而視公債爲酖毒。顧同一公債在泰西則利若彼，在吾國則害若此，此其故何哉？曰：是不可以不辨。

夫公債之性質有二：一曰投諸於生産者；一曰投諸於消費者。如吾國曩者之借債償還賠款，絶對之消費者也。又如借債練陸軍、購軍艦，相對之消費者也。絶對之消費，無償者也；相對之消費，雖有無形間接之償，然不可恃以爲國用也。若組織銀行、舉辦鐵路、森林、礦産、種植、開墾諸新政，皆爲生産事業。

生産事業，有償者也。無償之公債，雖少亦可畏；有償之公債，愈多愈足以形其靈便。長袖善舞，奚足慮乎？吾國曩者之公債，皆投諸消費，一失而不可復得。故第見其害，而不見其利。西國之公債，强半投諸生産事業，其爲相對之消費者不過一少部分，故其利多而害寡。非公債之自爲利害，實用之者之自爲利害耳。夫烏附固足以戕生，而亦可以起沉疴而肉白骨；公債固足以亡國，而亦可以轉貧弱而爲富强。試檢閲各國之統計年鑒，莫不有公債若干萬萬。彼歐美財政家所持籌握算，苦心經營者，豈盡昧於事機者哉！誠以裕國用而裨民生，舍是而外，别無調和盈朒之方也。

況吾國數千年來，素以薄賦輕徭爲美德，言加賦即爲擾民。且加賦之難，微特民力不逮，而實與吾國孔孟仁心善政之道相背馳。苟欲改革租賦，必先改革宗教。西國宗教改革時，流血之慘，爲讀史者所不忍道。且所改革者多在空理，吾國改革，更在實際。值國家多事之秋，保存國粹之不暇，又安忍倡此亂端，爲離經叛道言，以禍天下？顧加賦之難已如彼，而新政之待舉又刻不容緩。既不能竭澤而漁，又不能無米而炊。日日言節流而不言開源，所節幾何？恐徒爲錙銖之積，無補丘山之功。

海内特達之士，未嘗不深知公債之利，徒以憚於一時之清議，莫敢發言，坐令寶藏無盡、富源未闢之河山，而日日憂貧。迨外人以强權相侵奪，則又驚惶失措，真可謂大惑不解者矣！

夫生産要素，曰土地、曰人工、曰資本。吾國土地之廣，今猶居第三；人口之繁，甲於天下；徒以資本缺乏，遂致利弃於地，人餒於貧。今猶不輸入外資，非束手待斃之道乎？故鄙人嘗有憤激之言：賦既不能加，債又不敢借，而謂赤手空拳能轉貧弱爲富强，不自取滅亡者，异日抉吾眼、拔吾舌可也！爰作《釋公債》一篇并舉辦法、禁例、辨惑諸條於左，以質諸吾國管理財政者。

辦法四：

（一）募集公債及發行紙幣之金額及時期。定議募集公債四十萬萬，發行紙幣八十萬萬。所募集之公債不必一時借來，免致虛擲子金。且一時亦無此用途，擬分作十年輸入或分作五六年輸入。所發行之紙幣亦不能一時用出，且不可一時用出，因既無相當之準備，且恐擾亂社會之金融，擬分作十年或分作五六年用出。總之，當視募集公債若干，始能發行紙幣若干。必有三分之一之準備，方可分配匀用；又必視所辦生産事業（即公債紙幣之用途）逐漸擴充公債，紙幣始能逐漸增加。

（二）舉辦生産事業之次第。舉辦生産事業當先組織國家銀行，然後以銀行名義募集公債、發行紙幣。公債既借，當首先興築全國鐵道爲不易之策。鐵道既通，移民自易，東三省、蒙古、新疆、西藏廣漠之荒徼邊陲，皆化爲有用之區；隨鐵道之所至舉辦開墾、舉辦森林、舉辦礦産、舉辦種植，數者既興，則工商自發達，人民自富庶。然後舉辦電車、電燈、電話、浄水各種生産事業，其利益當無涯。且鐵道既通之後，交通靈捷，轉輸利便，雖各種生産事業同時舉辦，亦無不可。

（三）公債及紙幣所收之利益。募集公債既爲巨款，當可以五厘借入。以此母本投諸社會，年息當爲六厘，出入之間已獲一厘之利。至若發行紙幣，尤爲無利公債，其收人可名爲純收入，僅除少許製造紙費。今分公債及紙幣所收利益爲三：一曰直接收入之利。即以此母本投諸社會，而社會常年所酬六厘之利，俗所謂『官利』是也，五年之後，年可得二三萬萬，十年之後，年可得五六萬萬。二曰間接收入之利。即各種生産事業贏餘報酬，公家之利益僅以一厘計，爲數不下一二萬萬。三曰關税收入之利。即各種生産事業既發達，則所收關税自多，亦僅以一厘計，當爲收入國税之大宗。總之公家所負之債（含公債及紙幣，公債爲三分之一，紙幣爲三分之二），僅三分之一負擔利子，且其利子僅五厘，而其所收之利益則合公債與紙幣，除以三分之一留充準備金不計利子外，可以三分之二收入利子，且合直接、間接、關税三種計算，年獲八厘，是吾國私收入經濟，每年已可到十萬萬内外矣。試以最簡單之數比例言之，募集公債百元，發行紙幣二百元，其所負年利僅五元，其所收入之利子年可十六元也。

（四）公債償還之方法。所借公債投諸社會，五年之後已可獲利，十年之後明效大見。雖一時償還母本亦無不可，特所投資本恐多爲固定，一時難於抽出。今擬前十年不還本，惟償利。自第十年後，逐年分還四萬萬，且每年可遞減利子二千萬，至第二十年本利還清，且至第二十年時所辦各種生産事業漸變爲有形資本，前此所發行之八十萬萬紙幣亦可變爲真母本，民不加賦而國不憂貧，何憚而不爲哉！

禁例三：

（一）禁借債練兵。今之操政柄者，每受外人無禮之要挾，輒謂强國有公法，弱國無公理，須有兵力以盾其後，欲强國非練重兵不可。外人之窺吾隱者，亦咸以借債練兵而愚誘之。今試問傾吾國歲入之强半，練成三十六鎮之兵，遂敢與列强稱干而比戈乎？況兵無國民教育，其不弃甲曳兵而走者幾希矣！甲午、庚子之役，前車未遠也！故欲練兵而泯外侮，衹有行吾寓兵於學之一策。若借債而練烏合之兵，直速其亡耳。故列爲借債禁例之一。

（二）禁借債購槍炮兵艦。各國槍炮日新而日奇，兵艦日堅而日快。新奇槍炮出，則售拙者廢弃；堅快兵艦成，則楛鈍者用窮。每讀新聞之廣告，租界之商標，攬售吾國槍炮兵艦者居强半焉。無論吾國能有購軍械兵艦之學識者幾無人，多半售朽敗以相欺，即有新槍快艦，吾國民非有十年二十年之學力經驗，而謂即能用之乎？恐不免借寇兵而賫盜粮耳。故海陸軍學校宜早設多設，而槍炮兵艦則决宜緩購。蓋人才非可旦夕成，而軍械則可倉卒購也。故列爲借債禁例之二。

（三）禁借債效歐美一切奢侈之風。吾國自遭庚子變後，留學東西洋者踵相接，雖不敢謂無好學深思、堅苦卓絶之才，然不出十年之學問經歷者，占最多數；在彼已心醉歐風，歸國又猝登顯要，於是指環剛石，眼挂金絲，非洋樓不居，非大餐不食，酒必法蘭，烟必吕宋，油畫滿壁，珍奇盈座，竭農民千百之血汗不足供新黨一旦之揮霍。埃及借債之所以亡國，原因不一，而以飲歐人奢侈之酖毒爲最多。故列爲借債禁例之三。

右禁例三端，苟違其一，借債即無利而有大害。

辨惑四：

（一）辨借債開設銀行有危險之惑。論者每謂開設銀行，多含有危險性質，不知今議組織國家銀行，其所辦事業必確定爲興業銀行之性質，有抵當品可恃，信用憑物而不憑人，自與他種銀行有冒險投機僥幸心者不同。且無論如何，銀行之款總不可移作消費事業，必俟十年或二十年各種生産事業有大利，借款漸償清之後，始酌提母本，移辦間接生産，或消費事業，或分雇各國理財專家爲銀行顧問或大班，亦免危險之一策。然須訂嚴密合同，守我法律方可。

（二）辨借債時損失國權之惑。論者每謂吾國借款，不能不用抵押，即爲損失國權之媒介。如滙豐之操我京榆、京津鐵路權，德華、道勝之操我津浦、北滿、太原鐵路權，其險象寧堪設想，豈可開門揖盜，再蹈覆轍？似亦有據有見之論。然皆爲一偏之説也。夫此等損失，全由於無國家銀行機關。如吾國家銀行機關完備，於各國通商大埠皆立有分行，即可由吾分行發行債票，匯豐、德華、道勝何能爲耶？屆期時，吾付利、償本二事而已。且要知外人之借債於吾國者，并非匯豐、道勝、德華之母本，彼不過整受吾債票，分售於人，彼遂享吾折扣之利，因攫吾鐵路之權。并要知外人之争購吾債票者，并非全信用匯豐、道勝、德華，實信吾政府與公使之關防，且深知吾國土地廣，利源大，國勢弱，既有穩固之理，萬無不償之勢。故八九折之債票，外人每争以十成以外之資以購之。是吾國能組織完全國家銀行，則前者險象皆可解脱，又何懼何慮耶？

（三）辨借債時中飽之惑。論者每謂吾國舉辦各事恒有中飽。此誠固然。然里鄙小民，百錢逋負，争詈不休。富商巨賈，雖數十百緡亦不屑計，其所規劃者大，自不計較錙銖。例如京榆鐵道之損失國權，與招商輪局之叢積弊端，爲人所共知、共相詬病者也。然設無京榆借款失權之鐵道，何從得巨款以修京張乎？無招商局之輪船，吾國江海航路之權恐爲外人奪盡矣，况招商局之股票已漲至三倍有奇乎！中飽弊端，地球各國咸不免，善爲立法防之可也，因噎廢食不可也。

（四）辨借債時折扣之惑。此種弊端原因有二：一由於無國家銀行直接募集，須由外國銀行代爲募集，彼遂得以居奇。若自有國家銀行分設各國，所不能募之於甲國者，當可募之於乙國，彼争應募，其利子自微，其折扣自減。二由於無監督機關。前此辦理財政者，多不明理財之學，率假手於洋行買辦及一二舌人之手；外人又詢知吾國官吏貪利性質，多以折扣均分相嘗。若有監督機關，此弊自易除也。況募公債之性質，折扣多則募積易，操財政者每不慮折扣之大，衹求利息之輕，因折扣雖重，所損失者暫，利息能輕，則沾溉者久也。是折扣并不足爲害明矣！

右列數端，略陳利害。然是教者之外，尤必以洞悉經濟原理、理財政策，以及公債銀行之學術、殖産興業之方針、世界金融之變遷、各國商情之狀態，與夫外交條約、借款合同、國際公私法、内外國民法、商法，莫不宜研究討論。證諸學理，徵諸實用，然後有以指揮裕如，勝任愉快。且必上有不移之政見，下有普通之知識，加以嚴密監督機關，庶幾群策群力，有以共救今日之危局。否則，雖起管商，亦無如此。茫茫大陸，莽莽神州，何也？嗟乎！吾安得高掌遠跖識時之彦，才雄任重救時之賢，而與之共討論揚榷也耶！

*整理者按：本文鈔自《北洋公牘類纂正續編（三）》，〔清〕甘厚慈輯，羅澍偉點校，天津：天津古籍出版社二〇一三年版，第一二二二至一二二五頁。其正文部分亦見於《申報》第一三〇五〇號，陽曆一九〇九年六月五日，宣統元年（一九〇九）四月十八日。《申報》編者於文後有小識曰：『按盧提學此議可謂辯矣！然記者則謂惟生産事業，愈不可借債。大凡生産事業，必有利可圖。外人正眈眈日夜垂涎我中國之權利。一借外債，則其要求幹預必愈力，非特我未獲利而外人已捆載而去，且主權亦恐隨之而去。各省鐵路、礦産借債之害，已有先例。而方今辦理路礦者，又正以集股不易，創議借用外資，竊懼其説之足以惑人也。特録其文而正其謬於此。本館附識。』

新譯《世界統計年鑒》序*

《仲虺之誥》曰：『兼弱攻昧，取亂侮亡。』吾讀斯語，惕焉以思，皇然而悲曰：有是哉！甚矣，弱者、昧者、亂者、亡者，不受天之眷顧，古昔已然，况當競争最繁烈之世耶？當其弱也、昧也、亂也、亡也，其國人决不自知也。設自知之，豈有不思易弱爲强、易昧爲明、易亂爲治、易亡爲存者。其不自知之故，豈不原於無比較，自以爲富也，而不知取世界各國之生産力而比較之；自以爲强也，而不知取世界各國之海陸軍而比較之。幅員雖廣，而不知世界各國領地之日闢，故日蹙百里而不懼；人民雖衆，死亡之速率過於生殖之速率，不知世界各國之户口日增。未與世界各國之輸出品類相較，故物産蕃殖，純任天然而不思改良製造；未與世界各國之五金産額相較，故礦産豐富，弃利於地而不思開采。全國識字者之無多，尚自詡爲文明古國，而不知取世界各國教育之美備以相較；通國貨幣之淆雜，尚欲固守以銀爲本位、兩爲單位之謬見，而不取世界各國理財之政策、貨幣之原理以相較。

交通之閉塞，未與世界各國鐵道郵船之數相較也；吏治之惰窳，未與世界各國政治法律之修明相較也。

其所以不知比較之故，又豈不原於無統計。是故統計年鑑者，合世界萬有之現象、條理而貫串之，放之則彌六合，卷之則縮爲一册，不出户庭而周知天下。舉世界各國之主權、土地、人口、宗教、教育、財政、國防、物産、商業、船舶、水運、銀行、交通，莫不一一收羅簡編，如入室家而數量米鹽，互證參觀，洞若燭照，彼我相形，銖黍不失。離朱無此明，商高無此巧，聖智無此經畫之宏密。雖弱者、昧者、亂者、亡者見之，謂有不驚心動魄，奮然思所以强、所以明、所以治、所以存者乎？雖强者、明者、治者、存者見之，謂有不勵精圖治，益講求其所以兼弱、所以攻昧、所以取亂、所以侮亡者乎？

德美之擴充艦隊，英日之增練陸軍，皆此潮流所趨迫，欲罷不能者也。吾國曩者閉關自治，不知西國之富强。庚子再變，而後粗知之矣。又一例而震慴之。不知某國富强之程度與某國何若，且不知吾之國力，民之程度，與某國相去何若。貿貿然驚訝艶羡其設施，歸而妄行妄效，貽畫虎之譏，受絶臏之害，反爲竺舊者所指摘彈劾，而無詞以自解者，項背相望也。

語曰：『知己知彼，百戰百勝。』吾國今適與相反，幾何其不弱、不昧、不亂、不亡，而不爲人所兼攻取侮者哉！是則統計之學，從政者又烏可以一日緩也。西國政家統計年鑒，歲有其書。靖廿年前讀譯本《列國歲計政要》而善之，嘗惜後無賡譯者。近年滬上譯本率多粗陳，爰取伊東氏是編，倩謝君演蒼先譯世界之部，用付梓人。假吾國士夫治事之暇，案置此册，流覽而借鑒之，庶幾能免於弱昧亂亡，且進而求夫所以兼攻取侮之策。是則印譯此書者之所禱祀而求者也。宣統紀元秋初，沔陽盧靖序於瀋陽棘闈。

*整理者按：本文鈔自國家圖書館普通古籍館藏《世界統計年鑒》。《世界統計年鑒》，［日］伊東佑穀撰，謝蔭昌譯，鉛印本，清宣統元年（一九〇九年）由奉天圖書館印刷所出版，書名頁及書簽題『新譯《世界統計年鑒》』，均爲盧靖所題，國家圖書館、北大圖書館、遼大圖書館均有收藏。

最新世界統計年鑒序*

《仲虺之誥》曰：『兼弱攻昧，取亂侮亡。』吾讀斯語，惕焉以思，皇然而悲曰：有是哉！甚矣，弱者、昧者、亂者、亡者，不受天之眷顧，古昔已然，况當競爭最繁烈之世耶？當其弱也、昧也、亂也、亡也，其國人決不自知也。設自知之，豈有不思易弱爲强、易昧爲明、易亂爲治、易亡爲存者。其不自知之故，豈不原於無比較，自以爲富也，而不知取世界各國之生産力而比較之；自以爲强也，而不知取世界各國之海陸軍而比較之。幅員雖廣，而不知世界各國領地之日闢，故日蹙百里而不懼；人民雖衆，死亡之速率過於生殖之速率，不知世界各國之户口日增。未與世界各國之輸出品類相較，故物産蕃殖，純任天然而不思改良製造；未與世界各國之五金産額相較，故礦産豐富，弃利於地而不思開采。全國識字者之無多，尚自詡爲文明古國，而不知取世界各國教育之美備以相較；通國貨幣之淆雜，尚欲固守以銀爲本位、兩爲單位之謬見，而不取世界各國理財之政策、貨幣之原理以相較。

交通之閉塞，未與世界各國鐵道郵船之數相較也；吏治之惰窳，未與世界各國政治法律之修明相較也。

其所以不知比較之故，又豈不原於無統計。是故統計年鑒者，合世界萬有之現象、條理而貫串之，放之則彌六合，卷之則縮爲一册，不出户庭而周知天下。舉世界各國之主權、土地、人口、宗教、教育、財政、國防、物産、商業、船舶、水運、銀行、交通，莫不一一收羅簡編，如入室家而數量米鹽，互證參觀，洞若燭照，彼我相形，銖黍不失。離朱無此明，商高無此巧，聖智無此經畫之宏密。雖弱者、昧者、亂者、亡者見之，謂有不驚心動魄，奮然思所以强、所以明、所以治、所以存者乎？雖强者、明者、治者、存者見之，謂有不勵精圖治，益講求其所以兼弱、所以攻昧、所以取亂、所以侮亡者乎？

德美之擴充艦隊，英日之增練陸軍，皆此潮流所趨迫，欲罷不能者也。吾國曩者閉關自治，不知西國之富强。庚子再變，而後粗知之矣。又一例而震慴之。不知某國富强之程度與某國何若，且不知吾之國力，民之程度，與某國相去何若。貿貿然驚訝艷羨其設施，歸而妄行妄效，貽畫虎之譏，受絶臏之害，反爲竺舊者所指摘彈劾，而無詞以自解者，項背相望也。

語曰：『知己知彼，百戰百勝。』吾國今適與相反，幾何其不弱、不昧、不亂、不亡，而不爲人所兼攻取侮者哉！是則統計之學，從政者又烏可以一日緩也。西國政家統計年鑒，歲有其書！靖廿年前讀譯本《列國歲計政要》而善之，嘗惜後無賡譯者。故於曩歲倩謝君演蒼譯印一千九百零七年統計年鑒，後復敦勵謝君續譯一千九百零九年之最新者以公諸世。假吾國士夫治事之暇，案置此册，流覽而借鑒之，庶幾能免於弱昧亂亡，且進而求夫所以兼攻取侮之策。是則賡續印譯此書者之所禱祀而求者也。宣統二年春初，沔陽盧靖序於奉天學署。

*整理者按：本文鈔自國家圖書館普通古籍館藏《最新世界統計年鑒》，標題爲原有。此文内容與上一篇内容有不同部分，故亦收録。《最新世界統計年鑒》，［日］伊東佑穀撰，謝蔭昌譯，一册，鉛印本，清宣統二年（一九一〇年）由奉天圖書館圖書印刷所出版，國家圖書館、北大圖書館均有收藏。

新譯世界教育年鑒序*

謝君演蒼前譯《世界統計年鑒》，不佞爲叙而刊之，頗爲海内士夫所歡迎。今又以所譯《世界教育年鑒》請，爰檢閲一通而序之曰：

今之善覘人國者，於其人民之衆寡、兵甲之强弱、槍炮之快利、戰艦之堅厚、土地之肥瘠、財賦之盈虧、交通之遲鈍敏捷、工商之精拙信詐、政刑之疏密平允，固莫不一一調查統計而比較之，而關心最切者，教育一方面爲尤多。入其國，必先查學齡兒童已就學者若干人，就學而能卒業者若干生，中學、專門、大學生徒若干士，官公私所立學校若干所，教育資金年費若干款，生徒平均年費若干金，教員任生徒數平均若干額，師範學校、專門學校孰爲其國所重視，圖書博物館、天文氣象臺設立能否皆美備，出版圖書之種類，新聞雜志之多寡，非皆掌國鈞心世道者所細密調查不敢或忽者哉！

如上教育諸端，假統計而衡量之，皆占十分或數分之優勝。人民雖寡，不敢欺也；兵甲雖單，不敢侮也；槍炮雖鈍、戰艦雖少，不敢侵也；土地雖瘠、財賦雖絀，又安敢藐也？至工商、交通、刑政諸大端，又莫不隨教育盛衰爲轉移。東西哲人近以教育冠名世界，豈妄語哉！豈妄語哉！

吾國庚子而後，教育甫興。憂時愛國之士，負笈遠游，或卒業而歸者，踵相接而項向望，操政柄而執教鞭，革舊習而建新猷，朋呼而響應，雲涌而墳興。即如幽燕、遼沈、樸僿之邦，觀近年統計，就學學子已達二十萬、十萬之衆。短淺之歲月，進步之迅速，豈初興學時所及料然。以吾國幅員之廣，人口之衆，時勢之危，試展德、英、日、美教育年鑒各表而觀之，又豈能無滄海稊粟、太華微塵之嘆且懼耶？

古人云：窮極者必變，剥極者必復。創之者難爲功，繼之者易爲力，天道後起者勝。是全在吾國任教育之責者毋自矜更毋自餒，日置此册於案頭以爲鑒，駑馬十駕、鍥而不舍，又何難與東西列强齊騁於廿世紀哉？使者當日憑軾祀之矣。宣統二年季春驚蟄日，沔陽盧靖序於瀋陽提學使署。

*整理者按：本文鈔自國家圖書館普通古籍館藏《世界教育統計年鑒》，標題爲原有。《世界教育統計年鑒》，［日］伊東佑穀撰，謝蔭昌譯，鉛印本，一册，清宣統二年（一九一〇年）由奉天圖書館圖書印刷所出版，十四行廿七字，黑口，四周雙邊，單魚尾，書名頁爲朱印，國家圖書館有收藏。

北海道拓殖概觀序言*

《北海道拓殖概觀》一書，乃日本經營北海道以種種之實地研究泐爲是編。鄙人與泰州韓紫石司使佐錫尚書治東，以尚書淬意擘畫東省拓殖事，乃督其屬迻譯是書。書成爰爲之序曰：

昔太史公之傳貨殖也，曰利導之、整齊之、教誨之，斯言也，爲古今言商學者之祖。雖然，豈獨商爲然哉！古今言農事者，亦不越乎此矣。

世界號農國者，莫不推中、日、美三國。美之講求農政也，不遺餘力，農人歲産至值美金八萬萬圓以上，其地無遺利，可知矣。日本北海道，七百年前一荒島耳。明治維新以後，置開拓使，闢草萊、除荆棘，經之營之至今日，而田疇之沃衍，物産之殷賑，過於内地。入其境者，嘖嘖嘆羡。夫豈有他術哉？綜其大要，亦不外史遷所云利導、整齊、教誨三大端而已。

夫日本之拓殖政策，即吾秦漢移民實關中之故智也。惟秦漢之移民也，在實邊，强幹弱枝，僅一時軍事之計畫；日之移民也，在裕國，重農貴粟，乃百年生計之宏圖。爲道不同，而收效亦异。

東三省沃野萬里，地曠人稀，其面積數倍於北海道，而氣候土宜，無不相同，所謂天府之國也。乃墾荒令下，數載於兹，大府焦勞於上，士夫呼號於下，而地不聞其加闢，民不聞其加多。其故無他，由於墾者資小力微，朝來暮往，其人即少安居樂業之心，其地斯無物阜民昌之象。

欲救其失，竊謂宜仿彼邦拓殖政策，大擴規模，招徠遠民。於其未至也，則思所以利導之，如開墾給費、如舟車減價、如賦税蠲除、如旅行保護，以及著書鼓吹之法、指導墾種之方，無纖弗至。及其既來也，更思所以整齊而教誨之，如區畫疆界，如開通河渠，如組織銀行，如教育、警察、鐵道、郵電以及種種試驗場，皆闕一而不可者。非然者，農、林、礦、牧機關不備，徒襲移民實邊之空論，雖墾至百年，敢决其無效也。

夫務遠圖者近功不計，興大利者巨資不惜。彼北海道區區一島耳，縻大藏之金錢以億萬計，其用力也多，斯其收效也宏。明治四十一年之統計，一歲之中，産額已達六千萬圓以上，税於國者亦達六百萬圓，勢且駸駸而未有已。信乎富源既闢，百姓足而君不足者，古今中外未之有矣。

然則前事不忘，後事之師。是書也或亦足爲我借鏡之資，他山之助也乎。《記》有之曰：『地廣大荒而不治，士之辱。』又曰：『貨惡其弃於地。』周原膴膴，向所謂天府之國者，我治之則利權保，而主權亦保。補牢之計，未爲晚耳。我不治之，則强鄰乘虚而入，代我而治，是不啻天賦我以富厚之寶藏，而我弃利於地，凡以此爲誨盜之媒也，是則可悲也已。宣統二年八月，沔陽盧靖序於瀋陽學署。

*整理者按：本文鈔自國家圖書館普通古籍館藏《北海道拓殖概觀》。日本北海道廳編，楊成能，謝蔭昌譯，鉛印本，一册，十二行三十五字，小字雙行同，黑口，四周單邊，單魚尾，清宣統二年（一九一〇）由奉天圖書印刷所印。國家圖書館、北大圖書館、人大圖書館、北師大圖書館均有收藏。

東三省出品展覽會開會提學司盧演說詞*

頃聆督、撫憲訓詞及諸巨公演說設立勸業分會之原理及力謀奉省農、工、商業激進之方法，所以爲奉省實業界諸魁哲謀者，備極懇摯，無待贅言。鄙人司鐸是邦，甫及一載，商工情狀，夙鮮究心，强聒言之，徒亂人意。惟默察今日奉省實業界所處之危局，及時惴惴於心目間者，不能不於是之千載一時大會，爲諸君借箸言之。

世界進化之階級，始爲游牧，漸移而爲農業，漸移而爲工商。吾奉今日之狀況，尚在農業時代，未躋於工商之域。每年輸出貨物，以農産物爲大宗，至産豆尤夥，故世有大豆國之稱。顧是尚不足以盡吾奉之地利，使東北、蒙旗各地草萊盡闢，數千年未開之沃壤，土地肥美，其産額更當倍蓰於今日；使吾民智識增進，更進而謀製造、謀轉輸，變易原質，懋遷有無，雖不能遽與世界之工商業相角逐，而於吾奉實業界之前途，不能不作樂觀，有可斷言者。

吾奉北與吉、江兩省接，聞吉省已闢之地，約三分之二，江省已闢之地，尚不逮五分之一。兩省農産物，除由東清鐵路西運出海參崴外，多經奉省南達營口。每歲秋獲，豆粮梱載麇集於南滿鐵道之旁。春日冰泮，松花江之輪舟，尤不足以供轉輸之用。他日吉江地利盡闢，其産物更當千百倍於今日。設吾奉自有製造工場與運輸機關，是不啻居三省之總匯，握三省之工商權，爲東北之一大都會，雖津滬亦無以過也。

吾奉所占實業界之勢有如此。顧自邇年以來，列强之懷抱侵略主義者，稍稍變其政策，不必據占有領土之虚名，惟力争經濟戰争之實力，以鐵道爲前驅，以工商爲後盾。財力雄富者，固足以高掌遠跖，制吾生命，即或其國家富力稍有未逮，亦不惜募借母財，投資於此。彼豈虚擲金錢，好爲多事者哉？無亦以處今日工商競争之世界，而有此絶大之角逐場，無論鹿歸誰手，皆足以雄長全球。彼各國之君公卿相、學士工賈，安得不處心積慮，以謀此土者哉！嗚乎，危已！

吾知今日在會萬衆，視綫所觸、心力所迸，所以大發閎願，爲吾奉定祈天永命之策者，皆將於是時力争之，則是會實司奉省生存淹汰之關鍵，作吾奉實業界協力同盟，以圖進取之息壤可也。

鄙人職司教育事，薄責鄙人者，謂教育界所糜之物力，屬於農工商分利之部；

厚望鄙人者，又謂凡百實業胚於教育，爲農工商生利之母。而以鄙人與勸業趙公之志願，所以承督、撫憲意旨，爲邦人士擘畫者，當先注意於實業教育，以殖經營實業之基，故於農業、工業兩館外，特設教育館，以微示其意。并百計挹注，籌辦農工商高等中學及各項實業教員講習所，爲推廣初等實業小學地步。所望商界諸魁哲深維勸業必先勸學，商戰必先學戰之原理，有以輔綿力之不逮，興廣公私各項實業中小學，以爲從事農工商業進行之點則。异日吾奉開第二次勸業會，教育館之成績優，農、工兩館之成績亦必隨之而俱晋。峨峨長白，代效其靈，天寶物華，挹之靡盡，苟能互相切劘、兼程以進，列强亦當戢其野心，望而却步，是在諸公之心力爲之。謹贈數言，以爲之券。

*整理者按：本文鈔自《勸業會旬報》，一九一〇年，第十一期，第十一至十二頁。

新譯日本教育法規序*

萬國大通，學術競進，試舉一國之學術，無論其如何高尚優美也，苟非兼收并蓄，采取他國之長而變通損益之，則其國之學術，終不能争存於今日之世界。此其理有斷然者。

雖然，國有國之學制，國亦有國之學風。學風者，胎孕於歷史，根荄於地理，源本於民情習慣，蔚然爲一國固有之特色。聖哲复生，有不可得而變更移易之者。學制則不然，寬嚴繁簡，各視其宜，輕重緩急，咸有其序，隨時勢爲變遷，與時運相消息。初非如學風之相沿數千年，一成而不可易者。

善乎日本濱尾新氏之談教育也，曰本國固有之文明皆精神上事，西國之文明皆制度上事，以吾精神用彼制度，是用彼之長，而不爲彼所用。然則尊王也、尚武也，詎非彼所謂精神教育乎？今也遺其精神而斷斷焉考求其制度，無乃買櫝還珠，而爲彼邦人士所竊笑者乎？

雖然，精神與制度離之爲兩物，合之則一事。精神無形者也，制度有形者也，吾而不欲興教育也則已，苟其興教育，則采人長以補己短，舍其有形之制度，更復何所措手哉！

靖學識檮昧，厠身於教育界者有年。乙巳東渡時，過其文部大臣以逮寮屬，詢考其學制，見其案頭皆置有《教育法規》一書，書爲文部所編纂，集彼邦教育法案之大成。昔年提學畿輔，曾囑同人譯之，刊行於時。其書自明治九年始，迄三十八年止，今又忽忽六載矣。其間世界之變態，新理之發明，瞬息萬狀，而教育進行之方針，亦駸駸焉與之俱馳。日新月异而歲有不同，賡而續之，亦學士大夫之責也。爰取明治四十三年以前教育法規，令黄生伯寅、楊生玉波補譯之，體例仍舊，卷帙則加增。竊謂是書也，可與我國奏定學制參觀互證，相輔而行，而或爲當代教育家所先睹爲快者乎！

匪特此也，遼沈爲國家發祥之地，强鄰逼處，興學尤急於練兵。今尚書制軍錫公鋭意興學，注重體育，屢令大小學堂實地練習兵操，期收寓兵於學之效。莘莘學子，沐浴時化，今日菁莪棫樸之士，皆他年腹心干城之選。豈惟有合於尊王尚武之宗旨已哉！而以吾精神用彼制度，庶幾如濱尾氏所謂用彼之長而不爲彼用者乎！此又譯是書者之微意也。海内宏達，幸共教之。宣統二年十月，沔陽盧靖序於奉天提學使署。

*整理者按：本文鈔自國家圖書館普通古籍館藏《新譯日本教育法規》，係盧靖任奉天提學使期間，以一九〇五年日本文部省編纂的《教育法規》（已於一九〇六年由盧靖組織人員翻譯，在天津出版）爲基礎，組織人員增補一九一〇年前新出之日本教育法規輯成，一九一〇年在奉天出版。

歐美教育統計年鑒序*

曩歲謝君蔭昌譯《世界教育統計年鑒》，余嘗序而行之。今孫君世昌又輯譯千九百十年《歐美教育統計年鑒》，書成請序。序曰：

閉關統一之世，文化塞而進步遲；列强争雄之時，文化開而進步速。我國人才之盛，學術之昌，莫春秋戰國。若降及秦漢，稍稍替矣。無他，世界進化，由於競争。競争生於比較，惟其閉關也，故無比較；惟其統一也，故無競争。秦漢而還，有國者煦煦爲仁，孑孑爲義，國内稍形安謐即侈然自足，以爲帝王萬世之治，而以小民之含哺鼓腹、不識不知，稱爲古來盛世之極軌，而種種愚民之政策，莫不緣是以生。愚故貧，貧故弱，弱故亂且亡。嗚呼！此非一朝夕之故也。其所由來者漸矣。

海通以後，萬國偕來，吾邦士夫稍識外事者，莫不羨歐美之富且强。陸軍也、海軍也、槍炮艦壘也，誠强國之具，然試問有一焉不源本於教育者否乎？製造也、交通也、銀行商業也，誠富國之具，然試問有一焉不根柢於教育者否乎？是故不欲知歐美各國富强之真相也則已，欲知其真相，舍教育其奚由。昔公孫揮能知四國之爲，鄭以不亡。然則列强并雄之世，知彼尤急於知己矣。歐美教育，歲必有計。苟取其書而潛心比較之，放之則彌六合，捲之則在指掌；分之可以覘一國學制之特長，合之可以考各國文化之高下。匪特此也。庚辛之際，朝議興學，於兹十稔。乃近讀部頒光緒三十四年第二次教育統計，京外大小學生尚祇百三十萬人。兩三年來，學徒之進增，雖不敢懸斷，要可例推，借鏡以觀，而知彼我勝負之數，固不在疆場，而在學校矣。

抑嘗思之，教育者，國家之主體也，初不以盛衰强弱而分者也。有人類斯有國家，無教育即無人類。非無人類也，蓋有人類而無教育，此林林種種者，木石耳，鹿豕耳，有人與無人等。雖廣土衆民，絶不能争存於世界，不其恫歟！

使者檮昧，忝司教柄，每覽是書，不勝相形見絀之懼。雖然，山海之大，基於壤流，駑馬十駕，功在不舍，吾國之執教育權者，苟常存不若人之耻，而進行不懈，安知不與彼文明先進諸國有齊驅并駕之一時耶？然則是書也，雖謂爲進化之鑒、祖生之鞭、座右之銘可也。願與閲是書之君子時勉之而已。宣統三年三月，奉天提學使者沔陽盧靖序。

*整理者按：本文鈔自國家圖書館普通古籍館藏《歐美教育統計年鑒》，［英］开爾剔編；孫世昌輯譯，奉天圖書發行所一九一一年於奉天發行。

先考晴峰府君行述*

府君姓盧氏，諱瀛，字晴峰，世居湖北沔陽州新堤鎮。吾家自高曾以來，世業儒。王父俊亭公，授徒里門，王母杜太夫人，以孝行稱。沔居江漢下游，匯聚湖澤，時苦水患。府君甫十餘齡，奔走四方，時設講舍，時游宦幕，時營商業，不恒厥居。歲時伏臘，歸省王父母，肅衣冠，拜祖墓，由壯歲至暮年，靡不如是。王母壽九十，府君已逾六十，殷殷膝下，萊衣戲舞，仍如童時。每牽衣話舊，數昔年辛苦，哀哀孺子之慕，幾忘母子之白髮，相於破涕爲笑。孝思純篤，殆有天性焉。

王父生子二，府君居長，叔父仲遠公懋遷有無，侍王父母左右，董地方公益，忍堅苦，然性剛，盛氣凌人不可遏。府君終始優容，怡然相受。叔父歿，苦之痛，友於之厚如此。

洪楊之亂，湘鄂淪陷，府君以書生從戎。冒刃前進，敵將窮追要降，許以厚禄，府君不顧，伏水而渡，履險達岸，終不爲屈。吾鄉名茂才柳伯陽，喜任俠，羅文字獄，親故束手，虞禍及，避恐不速。府君獨慷慨營救，頻遭不測，上書大府，百計申雪，柳卒得釋。

府君自新堤遷居仙鎮，兵燹之後，民物凋殘，時值雨雪，道路濘泥，深至没踝，行旅苦之。府君創修積善堂，運石築道，夜以繼日，擘畫數年，不辭勞怨，里人稱誦，迄今弗衰。晚年遺言，尤拳拳於地方捍河治水諸大端，不肖等奉行無敢忘。鄉里細故雀角，往往構訴公庭，胥吏苛索，資産蕩然，府君苦口勸解，譬喻百端，里人爭議，恒就直府君，各如其意以去。某姓兄弟析産糾紛，饋府君重金，倩爲狀白有司，府君陽諾，而陰盡以金予其弟。兄弟感悟，和好如初。仙鎮設局，徵收厘税，多浮取，府君佐理數年，剔除中飽，公家增收，閭閻無擾。

不肖靖初登仕版，作宰贊皇，府君手書訓誡，屢千數百言，勉爲循良，無念家事。里居儉樸，仍守昔年寒素家風，不知者不知其爲封公也。

綜上所述，凡不肖等之所記憶，舉其一端，已足風厲薄俗，信今而傳後。《周禮》所謂『孝友睦姻任恤，教萬民而賓興者』，非斯之謂與？况潛德幽光，其爲不肖等所未悉者，又不知凡幾也。配趙太夫人。先府君卒。子五：長爲不肖靖，娶李氏；不肖弼最幼，娶傅氏；餘早逝。女三，適李、適黄、適熊。孫男九：長開癸，娶嚴氏；次開驥；次開運，娶徐氏；開津、開瑗、開駿、開周、開正、開書。孫女七。曾孫男二，鼎喆、鼎珏。曾孫女二。

府君貌豐偉，美須髯，魁梧异常人，音如洪鐘。生於清道光庚寅年十一月初二日辰時，卒於中華民國癸丑年十月初六日亥時，享年八十有四。葬於直隸臨榆縣北戴河海濱大東山。先是趙太夫人葬於仙鎮，初擬合葬，道阻不果，非府君意也。書此以識不肖等之罪云。宣統紀元，不肖靖任奉天提學使，誥封府君榮禄大夫，先妣誥封夫人。不肖男靖、弼泣述。

*整理者按：本文鈔自國家圖書館館藏《慎園文選》卷三。《慎園文選》三卷，盧弼撰，一九五八年出版，油印本。二十世紀五十年代，盧慎之將此文收録於《慎園文選》而不入《盧木齋先生遺稿》，或因此文爲盧慎之執筆。然既文末署名爲『不肖男靖、弼』，則今編《盧木齋集》收入此篇，似亦可也。

另按：據盧木齋孫女盧樂山及孫男盧鼎霍二人稱，盧木齋在豐潤爲官期間，曾經夭折前三子，故開癸爲行四，而文中倒數第二段開駿之後，開周之前，當漏行九之開明，而開駿或爲行八之名，今特識於此。

編輯《〈四部叢刊〉提要》序*

滬上商務書館近影印《四部叢刊》，内經部二十五種，史部除廿四史外二十二種，子部六十種。集部最廣，漢魏晋六朝集十三種，唐人集五十八種，五代人集四種，宋人集四十七種，金元明人集三十六種，清人集二十八種，總集十七種，詩文評詞曲九種，合計集部二百一十有二種之多。大約著名之集已刊入十之七八。雖名曰集部叢刊，亦名實相副。都八千五百餘卷，裝訂二千一百册，爲近代叢書所僅見也。

惟其書分六次印寄，三四年來，閉户多暇，書到隨加瀏覽，檢《四庫提要》令何梅舫、賈允通抄録之，冠於其書之首。清代二十餘種，或四庫未收，或成書在修提要之後，靖撿讀原書并各家品題其書者，補提要一卷焉。日月不居，已成十册矣。嚴范孫侍郎見之，謂頗便於讀《四部叢刊》者，因印行公諸同好焉。甲子春三月，沔陽盧靖序於津門知止樓。

*整理者按：本文鈔自清華大學館藏抄本《〈四部叢刊〉提要》，標題爲原書所有。《〈四部叢刊〉提要》，一函十一册，前十册爲抄録《四庫提要》，第十一册《補撰〈四部叢刊〉提要》爲盧木齋所撰，共計清代著作三十一種，提要二十四篇。蓋本欲刻印刊行，後未果，故各館均未見刊印本，僅於《北平私立木齋圖書館季刊》第一期、第二期中節選《補撰〈四部叢刊〉提要》部分公之於衆，節選部分見後一篇。

補撰《四部叢刊》提要 節選*

《亭林詩集》五卷、《校補》一卷，《文集》六卷，四册（上海涵芬樓藏原刊本）

清顧炎武撰。先生初名絳，字寧人，江南昆山人。乙酉改名炎武，自署蔣山傭。入清屢却諸巨公之聘，以康熙二十年卒於華陰。先生於書無所不窺，尤留心經世學。少讀宋史《劉忠肅傳》曰：『士當以器識爲先，一命爲文人，無足觀矣。』即終身謝絶應酬文字。嘗曰：『文不關於經術政理之大，不足爲也，韓文公起八代之衰，若但作《原道》《諫佛骨表》《平淮西碑》《張中丞傳後》諸篇，而一切諛墓之文不作，豈不誠泰山北斗乎？今猶未也。』先生學問著述精神博大，不僅在此十余卷之詩文集，觀其平日之志行言論，其詩文集宗旨之所在可以想見矣。先生詩文集皆身後其高弟潘次耕所編刻，當時書禁嚴，不免多所隱諱篡改。商務書館於其詩集云：前四卷悉依題『蔣山傭詩集』抄本校補，以存其真云。

《亭林餘集》一卷，一册（上海涵芬樓藏誦芬樓刊本）

清顧炎武撰。是集之文，大都關涉宏光唐王時事，潘次耕編刻先生集有所忌諱，删而未刻者。然先生生平忠孝大節，實具見於此十五篇中。先彭尺木得抄本刻而傳之，至儕其集於屈、賈、諸、葛、陸、劉之列。云：『其慷慨傷懷，天性激發，孤忠磊磊，至老不渝，以視屈賈未知孰先孰後。』蓋至性至情感人之深，有在文章之外者。高士王不菴之言曰：『寧人身負沉痛，思大揭其親之志於天下，奔走流離，老而無子，幽隱莫發，數十年靡訴之衷，曾不得快然一吐，後起少年，推以多聞博學，其辱已甚，安得不掉首故鄉甘於客死，此十五篇之文，或少吐先生胸臆之萬一乎！』世人謂王不菴之言，足以表先生之墓，余特録以表先生之餘集。此合肥蒯氏重刻本，較彭刻多陸桴亭一札。

《南雷文案》十卷，《外集》一卷，《吾悔集》四卷，《撰杖集》一卷，《子劉子行狀》二卷，《南雷詩曆》三卷，附《學箕初稿》二卷，八册（無錫孫氏小緑天藏原刊本）

清黄宗羲撰。先生字太衝，浙江余姚人。明禦史忠端公尊素爲楊左同志，以劾魏閹死詔獄，先生即其長子也。當其未受業蕺山時，頗喜爲氣節一流人，又牽纏科舉之習，所得尚淺，患難之餘，始多深造。以濂洛之統綜合諸家，横渠之禮教，康節之數學，東萊之文獻，艮齋、止齋之經制，水心之文章，莫不旁推交通，連珠合璧，自來儒林所未有也。而公之論文，謂唐以前句短，唐以後句長；唐以前字華，唐以後字質；唐以前如高山深谷，唐以後如平原曠野。故自唐以後爲一大變，然文治美惡不與焉，所變者詞而已，不可變者千古如一日也，此足以掃盡近人規模之陋。

故公之文不名一家，晚年忽愛謝皋羽，所處之境同也。其門人鄭梁舉有明一代之文與先生之文而私論曰：『金華之學，有其博贍而無其精深；寧海之氣，有其浩蕩而無其沉摯；姚江之識，有其高趣而無其典實；吉水之養，有其藴藉而無其風華；玉峰之神，有其簡潔而無其雄厚；昆陵之才，有其快利而無其堅凝。蓋原本於六經，取材於百氏，固濂洛韓歐所不能兼也。』雖有溢量之詞，終非阿好之語。其《子劉子行狀》二卷，多至二萬五六千言，爲行狀所僅見。於念臺先生立朝之侃侃，殉國之雍容，講學之精微，發揮盡致。有此奇特之人，不可無此奇特之文也。

《薑齋詩文集》二十八卷，六册（上海涵芬樓藏船山遺書本）

清王夫之撰。先生諱夫之，字而農，號薑齋，湖南衡陽人，舉崇禎壬午鄉試。鼎革後，崎嶇嶺表，既知事不可爲，歸隱衡陽之石船山。築土室曰觀生居，晨夕杜門，學者稱船山先生。

當清道咸之間，吾楚王子壽、魏默深、湯海秋諸先生，薄清談簡樸之文，唱周秦諸子文派，當世以爲高論。豈知明季清初楚之王薑齋、胡石莊兩遺老即此文派之開山乎！石莊之《繹志》，讀之實勝於《中論》《家訓》矣。今讀薑齋先生之文集，平實淵深，不可窺測其涯岸。《石崖先生傳》《譚太孺人行狀》諸篇，至性至情，藹然孝弟之言。連珠廿餘首多見到之語，惜四、五、六三卷皆殘闕，六卷末剩之九昭，自謂遭閔戢志有過屈大夫者，故作之。七、八、九卷之賦贊箴銘，高文典册，著述家言也。至其古詩，道源於三百篇，下仿陶彭澤、阮步兵。近體亦莊重獨造，無一習見常語。時懷興亡之痛，故多凄愴之音。《夕堂戲墨》六卷中落花詩九十九首，夭治織佻之句絶無，不失高人逸士風範。

先生論詩文不主立門庭，謂立一門庭使人學己，人一學即似者，自詡爲大家、爲才子，不知乃教師棋耳。即李獻吉、何大復、李於鱗、王元美、鐘伯敬、譚友夏所尚异科，其歸一也。立一門庭，則但有局格，無性情、無興會，更無思致，自縛縛人，誰爲之解者？昭代風雅，自不屬此數公云云。觀此論可以窺先生詩文之宗旨矣。世人謂先生與石莊、亭林當鼎革之際，於今不可質言也，舉古以曉之。人不可昌言也，舉天以驗之。末流遠失，寓意於經義史懷，三致意焉，是可風矣。

《牧齋初學集》一百一十卷，《目録》二卷，三十二册（上海涵芬樓藏崇禎癸未刊本）

清錢謙益撰。先生字受之，號牧齋，常熟人，明萬曆進士，官至禮部尚書。入清仕禮部右侍郎，充修明史副總裁。沈歸愚云：『牧齋尚書天資過人，學殖鴻博，論詩稱揚樂天、東坡、放翁諸公。明代如李、何、王、李概揮斥之，若二袁、鐘、譚在不足比數之列。一時帖身推服，百年以後，流風餘韵猶足讋人也。生平著述，大約輕經籍而重内典，舍正史而取稗官，金銀銅鐵不妨合爲一爐。至六十以後，頹然自放矣。』

嚮尊之者幾謂上掩古人，而近日薄之者又謂漸滅唐風，褒貶太甚，均非公論。而程孟陽則謂：『牧齋遭罹禍患，愈迫切而文章光焰愈昌大宏肆、奇怪險絶，變幻愈不可測。又且怨而不懟，憂而不懾，得風人諷喻之致，而不失温柔忠厚之意。』

晚以其忠猷嘉謨無由入告者著《嚮言》三十首，愛君之深，憂國之切，溢於言表，而救時匡世之略，已見一班。瞿忠宣則云：觀先生之文，初變於曆啓之交，已而學益博、思益深、氣益厚，修詞持論，崇尚體要，金科玉律，凛然不可易。若諷喻時政、磨切當世，或正而若反，或戒而若頌，微詞譎諫，層見側出，擬機變化，雖作者亦或不知其所以然。先生之詩，以杜、韓爲宗，而出入於香山、樊川、松陵，以迨東坡、放翁、遺山諸家，才氣横放，無所不有。采苓之懷美人，風雨之思君子，飲食燕樂，風懷謔浪，未嘗不三致意焉。其讀杜小箋、二箋五卷，曾文正《十八家詩鈔》《杜詩選》中多采其箋語，足見其窺於工部之旨者深矣。

《有學集》五十卷，十二册（上海涵芬樓藏鄒氏刊本）

清錢謙益撰。牧齋自謂少困於帖括之拘牽，又誤於王李俗學之沿襲，年近四十始得從二三造民老學，得聞先輩之緒論，與夫古人詩文之指意、學問之原本。世網羈紲，日月逾邁，無從摶心屏慮，溯流窮源。牽率應酬，支綴撰述，每一舉筆，且愧且恧，胸中怦怦然如與筆墨舉舂相應。

今所傳《初學集》者，皆是物也。戊寅訟繫西曹，取班、馬二史復讀之，然後少知二史之史法，與文章之蹊徑。自嘆四十六年以前雖讀《史》《漢》，猶無與也。讀書之難如此，况於驅駕古人，欲凌而上之乎？牧齋之退損如此。而鄒流綺論牧齋之詩則曰：『擷江左之秀而不襲其言，并草堂之雄而不師其貌，間出入於中晚宋元之間。而渾融流麗，别具爐錘，北地爲之降心，湘江爲之失色。』論其文則曰：『仰觀雲霞之變，俯察山川之奇，中究人物品類之盛，本之六經以立其識，參之三史以練其才，游之八大家以通其氣，極之諸子百氏稗官小説以窮其用。文不一篇，篇不一局，如化工之肖物，縱横變化而不出其宗。又如景星卿雲，光怪陸離，世所希見，至不自知其所至。信藝苑之宗工，詞林之絶品也。』流綺之佩服其詩文若此。然則牧齋雖立身傾頽於末路，集版銷毀於禁網，專就詩文而論，終不失爲明季清初一大家。文在三魏侯之上，詩亦梅村芝麓之冠也。

《陳迦陵文集》六卷、《儷體文集》十卷，《湖海樓詩集》八卷，《迦陵詞》三十卷，十四册（上海涵芬樓藏患立堂刊本）

清陳維崧撰。先生字其年，號迦陵，江蘇宜興諸生。康熙己未試博學鴻詞授檢討。先生以詩古文詞爲海内推重，與吴江吴漢槎、雲間彭古晋稱爲『江左三鳳凰』。徐健菴尚書云：『其年雖晚遇，京師自公卿下無不藉藉其年名，凡人事往來賀贈、宴餞誦述之作，得其年文以爲榮，𨈬脯之贄溢於堂，四方之履錯於户，初本三唐，而隮唐自恣於昌黎眉山之間。遇花間席上，尤喜填詞，詞多至千餘闋，古未有也。於文最工駢體，嘗部集漢唐宋元及近代文，間擬之爲文。然率不如其駢體所作哀艶流逸。每於叙懷傷往，俯仰頓挫，愴有餘情，庾開府以來一人而已。』蔣永修云：『三十年來海内推陳髯詩古文詞，隆然首稱，無與頡頏者。索筆賦詩數十韵立就，時作記序用六朝俳體，頃刻千言，諸名士驚嘆以爲神。文有散有俳，其俳體自喜特甚，詩馳騁，詞尤淩厲，光怪變化若神，富至千八百首，遲暮得官，不數年孑然邸舍死，天下哀之。』

《惜抱軒文集》十六卷、《詩集》十卷，五册（上海涵芬樓藏原刊本）

清姚鼐撰。先生名鼐字姬傳，一字夢穀，世爲桐城姚氏，端恪公文然元孫也。乾隆二十八年進士選庶吉士。先生幼時即曰：『義理、考訂、文章三者闕一不可爲幟志。』殆受經於姜塢，受古文法於海峰，鄉舉會試罷歸，爲學益力。然自以所得爲文，不盡用海峰法。世謂望溪文質恒以理勝，海峰以才勝學或不及，先生乃文理兼至，所謂厭望溪之理而精之，斂海峰之才而渾之。

享年高，積以學力，迂回蕩漾，餘味曲包，又二家所未有也。方、劉皆桐城人，故世言古文者稱桐城云。曾文正云：『姚先生持論宏通，國藩粗解文章，姚先生啓之也。』先生嘗云：『神理氣味，文之精也，格律聲色，文之粗也。然不求其粗者，則精者胡以遇焉。』又云：『學文之道，始而遇其粗者，中而遇其精者，終則禦其精而遺其粗者。』張文襄至用其法教學治《易經注疏》。惜抱之學爲曾、張兩公重視如此。

若王蘭泉侍郎晚歲集海内人詩，至先生曰：『姬傳藹然孝弟，踐履醇篤，實有儒者氣象。』禮恭親王薨，遺教必得姚某爲家傳。德化陳東浦方伯屬先生曰：『某死，必得先生文以志吾墓。』姚先生在有清一代，其文與詩實爲一大家，海内無异言也。

*整理者按：本文鈔自《北平私立木齋圖書館季刊》第一期、第二期，署名『木齋』，内容與清華圖書館館藏抄本《〈四部叢刊〉提要》第十一册《補撰〈四部叢刊〉提要》所載相同。

第三編　盧木齋先生公牘

天津府自治局覆盧學臺爲選派紳士游歷日本考察自治辦法移文

爲移覆事。准貴司移開案，奉督憲札開，照得上年通飭各州縣籌備公款，選派紳士游學日本，由學務處詳准簡明辦法九條，并續增四條，通行各屬陸續遣送在案。查各屬紳士先後回國，風氣漸見開通，惟人數不多，必須源源續派，以備地方自治之選。應由該司查照上年辦法，通飭各州縣一律限期選派，所有起程次序暨護送員、譯員各節，亦當條列以便遵守。各該地方官俱有推行新政、訪求人才之責，毋任宕延，合行札飭。札到該司即便遵照辦理，具覆切切，此札等因到司。

奉此，查上年選派紳士出洋，係專爲考察學務起見，與此次之預備地方自治者辦法自係不同。貴局現方籌設天津縣議事會、董事會，實行有期，所訂章程將來當推諸全省。此項游歷紳士，其資格、課程及選派方法應如何辦理，方無窒礙，相應移請貴局籌擬辦法，以便核准詳辦等因。

奉此，敝局當即齊集局員籌擬辦法，皆謂考察自治與考察學務難易不同。自治皆以法律爲根本，非研究有素則調查難精。擬請通飭各州縣，曉諭各該州縣紳學商界，遵照開定資格，每州縣公舉三人，按照路途遠近分作兩期，依限送津先行研究四個月，考驗畢業後於每各州縣中擇成績最優者一人派往游歷，其餘二人則令各回本州縣傳習。此選派方法之大略也。至其資格擬分二項：一爲舉貢生員或中學堂以上及與中學堂相當之學堂畢業者，二爲家道殷實曾辦公益事務之紳商。就以上二項人員中選其學識明通而衆望素孚者爲合格，此資格之大略也。其游歷中之調查課程應請貴司酌定，大致參觀以外，宜延日人之熟於自治制度而又有經驗者，每日講習一二時最爲緊要。若府縣會及參事會，又市役所、區役所、町村、役場及各該議會以及各種公立學校，又警視廳、消防署、水利、農工、衛生等組合，勸業、貯蓄等銀行，造紙場、製麻場、釀造所等，皆不可不參觀者。以上參記、聽講兩項尤宜飭令詳細筆記，藉覘學識。如此辦法則選拔既較精確，期限又極整齊。即回縣之二人，門徑既得，將來又得協同辦事，似較完善。聞上年每人由本州縣籌費三百兩，此次人數加多，應飭加籌一百兩，以一百五十兩爲二人在津研究之需，以二百五十兩爲一人赴日調查之需，則所加無多而獲益匪淺，即各該州縣亦尚易於辦理。所有敝局籌擬選派游歷紳士辦法，理合備文，移請貴司酌奪施行。爲此，合行移覆須至移者。

直隸提學司盧擬定通飭各州縣籌備公款續派紳士游學日本考察地方自治辦法

一、宗旨。此項游紳專爲考察地方自治起見，先使在津研究四個月，擇優資送日本游歷四月，回國後各歸本籍辦理地方自治事宜。

二、人數。擬令每州縣各選派三人，若經費充裕能多派者聽，即貧瘠之區亦必照派。其有以他州縣人充數，或以自費及已經留東者塞責，皆所不准。

三、資格。舉貢生員，或中學堂以上卒業之學生，或家道殷實曾辦地方公益事務之紳商，惟必須年在二十四歲以上。

四、到津期限。照上年辦法分爲三期：其第一期天津等五十九州縣於光緒三十三年二月初一日取齊，第二期三河等六十八州縣於四月初一日取齊，第三期承德等二十三處府廳州縣於六月初一日取齊。

五、研究所。按照前限分三期開學，每期四個月畢業。畢業之後於每州縣所派初一日起程。

之人中擇成績最優者一人給咨送往日本。

六、赴東期限。第一期六月初一日起程，第二期八月初一日起程，第三期十月初一日起程。

七、游歷期限。照上年辦法以四個月爲游歷期。

八、課程。研究課程另定章程，到東後以半日爲實地考察，半日聽講學理、講求法政。大學校長梅謙次郎特開一地方自治班尤佳。

九、稽查。各紳到東後由護送員隨時稽查，不得中途改歸他校，歸國時應呈送詳細日記一分由提學司考校成績。

十、經費。每州縣籌備公費四百金，爲三人在津及擇其中一人在東之盤川、學費。若欲多送一人，如專入津地研究所者多籌五十金，并派日本者籌三百金，此項經費應與該紳到津時解送提學司。

十一、預算。每州縣四百金，以一百五十金爲研究所三人之學費，以一百二十金爲在東四個月一人之學費、考察費，以八十金爲津東往返川資，以三十金爲在東四個月一人之衣服、醫藥等費，下餘二十金匯積成數，留爲護員及譯員津貼之用。

十二、護送員及譯員。現在本省監督業已撤回，此項游歷紳士事務煩瑣，亦未便托總監督照料。惟有選派熟悉日本情形之人充當護送員，到東後所該紳等應如何布置之處悉歸經理，即譯員亦由其延請，其護送員、譯員之經費致時酌定。

第一期應派送各處：通州、武清、寶坻、寧河、霸州、固安、大興、宛年〔平〕、涿州、良鄉、房山、清苑、滿城、安肅、定興、唐縣、望都、完縣、蠡縣、祁州、束鹿、高陽、正定、獲鹿、欒城、元氏、晋州、藁城、新樂、盧龍、遷安、撫寧、昌黎、灤州、樂亭、臨榆、天津、静海、滄州、南皮、邢臺、沙河、南和、内邱、任縣、永年、邯鄲、磁州、遵化、玉田、豊潤、趙州、柏鄉、隆平、高邑、臨城、定州、易州、淶水。

第二期應派送各處：三河、薊州、香河、保定、文安、大城、永清、東安、昌平、順義、密雲、懷柔、平谷、新城、博野、容城、雄縣、安州、井陘、阜平、行唐、靈壽、平山、贊皇、無極、河間、獻縣、阜城、肅寧、任邱、交河、寧津、景州、吴橋、東光、故城、青縣、鹽山、慶雲、大名、元城、南樂、清豐、開州、平鄉、廣宗、巨鹿、唐山、曲周、肥鄉、鷄澤、廣平、成安、清河、冀州、南宫、新河、棗强、武邑、衡水、寧晋、深州、武强、饒陽、安平、曲陽、深澤、廣昌。

第三期應派送各處：承德、圍場廳、灤平、平泉、豐寧、赤峰、朝陽、建昌、建平、阜新、宣化、赤城、萬全、龍門、懷安、蔚州、懷來、西寧、延慶、保定、張家〔口〕廳、多倫廳、獨石廳、東明、長垣。

署直隸提學司盧通飭核定各屬勸學總董權限文

爲札飭事。照得去年所派各屬勸學所總董，其號能稱職者固多，其未能稱職者亦頗不少。本月經司并議長、議紳議定，本年各屬勸學總董由地方學界中人就游紳及曾習師範者，投票公舉，以舉數最多者爲合格。其原任總董有被舉者，仍得接充。由地方官臨視，就所舉之人詳報本司，核派至勸學所。總董責任權限宜略加擴充，凡遇地方學界競争之事，總董須持平了結，兩造亦須聽從。其有情節較重，總董不能徑行理處者，須稟明地方官核辦。倘有重大情事，負屈難伸，須上訴學司者，必由本人封固稟函外，將名籍、住址、職業一一注明，請勸學所蓋戳、挂號，并親身到所，親筆簽字作爲符證。如勸學所不識其人，令覓妥保，以便將來查明不實，反坐究辦。其稟仍由本人帶回，自呈或郵遞。及奉到學司原封批回，勸學所即告知本人到所當面簽收，不得耽延、私拆。如在學司上稟無勸學所戳記者，學司概置不理。遇有所稟之事由學司派員就地查辦者，公斷之後，除應得罪名照例辦理外，該委員每日盤川銀貳兩，責令理屈者先行交出，不出者，由地方官嚴追。嗣後，如有勸學所總董辦事毫無成績，或另有劣迹者，准由省視學查報，或由地方學界公禀學司，查明屬實，即由本處地方官斥退，另行公舉。其餘均遵照學部所頒勸學所章程切實辦理。除分行外，合行札飭。札到即便遵照辦理具報。此札。

署直隸提學司盧通飭調和學界札文

爲札飭事。照得直隸學界雖見發達，然官紳、教董、學生、城鄉、新舊之間往往互訐，莫衷一是，既不盡關公益，衹徒逞乎私心。苟不設法消弭，推其終途，且將不止學務受其障害。現與議長、議紳及代表等公同商議辦法，條列於後，合行札飭。札到即便遵照，督同紳董等和衷商辦具報。此札。

計開：

開教育分會。查學部去冬曾定有此項章程，由司印發各屬在案，應即查明遵照辦理。遇有彼此參商及不公允之事，即可就會中排解消弭，毋令紛紛上控。并查照此次整頓勸學所，推廣總董權限，通飭所載收稟蓋戳辦法辦理。

教育會設在城中，於四鄉或鞭長莫及，因而置之度外。宜於每月定期就城內教育會中開四鄉紳董研究會，除研究公益事外，大約控訐居其大半。最當注意即於此際設法消弭之，會罷不決仍可繼以函牘，務以得解釋爲止。

控訐之由起於權利，權利所關不外款項。今議查照此次通飭，中小學堂、勸學所用三聯單辦法，用錢者不管錢，管錢者不用錢，詳細出入，按月宣示，以釋群疑。若按月不宣示，或宣示而不詳細，其曲在用錢者，會長可稟明地方官奪其權利。

以上如有未盡事宜，可以隨時增益。地方官、紳如有見解，亦准稟明核奪增入。

署直隸提學司盧通飭酌并初級師範學堂札文

爲札飭事。照得各處初級師範學堂設立幾及百處，成才亦頗不少。惟地方財政有限，故辦法多從簡易。且小學勸辦維艱，故多師無從安置。現與議長、議紳各代表公議歸并及暫不歸并辦法，條列於後，合行札飭，札到即便遵照辦理具報。此札。

計開：

初級師範學堂學生已畢業二三班，尚無處安置者，准其暫行停并。

初級師範學堂功課極不完備者，准令停并。

初級師範學堂經費極不充裕者，准令停并。

歸并之法，就平日造就師範生所費之資妥商歸并，府直隸州辦理亦可集資聯合他縣而爲之（但必須以完備爲主）。以上歸并辦法。

俱備者，免予歸并。本司查明屬實，且詳請獎勵其獨立（功課完備一條，但指初級完備而言）。以上暫不停并辦法。

如有未盡事宜，應隨時增入。

學臺盧札飭各屬及各勸學所教育會釋明初級師範停并辦法文

爲釋明初級師範學堂停并辦法恐涉誤會事。案查本年二月間，本司同議長、議紳及各屬代表員會議，將各州縣初級師範設備不完、財力不充、師範人少及已畢業兩三班尚無處可派者，酌量停辦，并入府、州、廳初級師範學堂，以期完備等因，通飭知照在案。乃據連月稟報，往往誤會，宗旨衹在『停』字一面著想，而置『并』字於不問，是誤以本司加意求備之心，視爲省事寧人之舉也。

夫學齡童子，每一州縣平均當不下二三萬人。若爲教育謀普及，非每州縣預備教員三五百人決難敷用。而州縣中之能饒有財力者甚少，一切設備必多草草，設備草草，則所學必無幾，所學無幾，則所授亦可想而知。非特不足動人歆羨、生人敬慕，反轉啓人輕藐、招人詬病，此中影響殊於學界大有障礙。若從而截止，不再爲本地儲師資，是又因噎而廢食，懲羹而吹齏也。自應由各州縣酌擇該學堂尚可力臻完備者，酌量擴充辦理。其無力長此獨立者，即准酌停。并須將該堂一切用費除去酌留數成辦理他項教育事，其餘款項每年湊成若干數，加派若干生，送往所并之府、州、廳初級師範學堂肄業，庶幾不負此一舉。至所并之府、州、廳初級師範學堂，既萃集各州縣裁停之款，則經理此事者，尤當添置講舍、增廣學額、公選教董、延長學期、多購書器，以爲各州縣廣儲初師地步。否則，無以塞其責而鉗其口，應其求而慰其望也。除分行外，合行札飭。札到即便查照，妥商辦理，迅速具覆。切切此札。

署直隸提學司盧通飭改良高等初等小學辦法札文

爲札飭事。照得各處辦理高等小學切實者固多，敷衍者亦正不少。至鄉村初等小學往往有徒懸牌額，雖有若無者。現本司會集議長、議紳及各屬代表議定改良辦法，條列於後，合行札飭，札到即便督同教董等妥籌次第辦理，切實施行。切切此札。

計開：

實行宣講，須多添名譽勸學員兼任其職，各就本處勸設學堂。於學堂缺點切實勸戒，多方導引，以消阻力而易推廣。

每年各堂開樂賢會一二次，柬請學生父兄來堂茶會，互觀成績之進退，聯絡家庭之教育。前經通飭務須實行。

每春、秋二季集合各堂開觀摩會一次（查束鹿辦法），以期交換知識，增進技能（運動會亦如之）。

實行强迫教育須先有預備，預備之方約有數端。除議事會、參事會，區役所立成後，應預備之簿籍：一、户籍簿，二、婚姻簿，三、生歿簿，四、移徙簿，五、財産簿，六、學生年齡簿。至經費之籌畫、學堂之建築、師範生之養成，尤預備中要之要者也。

高等小學堂學生均遵照部章，每人月繳學費三角至六角。在堂用膳者，日繳膳費照時價酌定。如預先呈明每日用膳一頓者，准其減半，均五日一繳。

每飯必由堂長、學董監食。如有司事及厨役減損膳資以及不潔諸弊，即可當時察出罰辦，無得由學生發難。

初等小學課程，在風氣開通處所，原應遵照奏定章程辦理。如遇鄉僻處所畏難者多，擬每日功課不過四小時。共授修身（讀經在内，合講）、國文、算學、體操四科，以爲試行，俾易從事。

各堂小學生非届畢業時期及被斥退、并患痼疾、家族外遷者，不准半途退學。其無故退學者，查其到堂久暫，分别官費、自費，照學部新章辦理。

各堂小學生不准任意告假，并於季考時查取假簿所載有無多寡，注明分數單内，合并計算，務遵考試奏章辦理。

多開半日營業學堂及農隙學堂，即派本地初級師範并傳習所畢業生充教員。查日本教育初興時代，曾有以高等小學畢業學生充教員者，亦可仿照辦理，但須補習教授法方爲妥善。

勸學員董、教董、司事之子弟必强之使入學堂。

高等小學經費之算法、用法，查照中學堂改良之方法一律實行。

此外未盡事宜，應隨時斟酌增加；地方官、教育會長、監督等亦得條陳意見，稟候核遵。

直隸提學司盧通飭改良中學堂辦法札文

爲札飭事。照得各處中學設立有年，尚少完備，現經本司并議長、議紳及各代表會議有應行申明、亟圖改良者，分别條列於後，合行通札飭知，札到即便遵照，會同省視學及教董等切實辦理具報。此札。

計開：

中學監督應由學界公舉二三人，禀請地方官揀派。

監督薪水現暫仍舊，俟學部頒發新章，再行遵守。（教員薪水亦然）但此時給薪至豐不得過三十金，至廉亦不得少於十金。火食准由堂給，向不在堂食宿者不給。

英文教員由司擇派，薪水亦暫仍舊，火食亦然。惟不在堂住宿者，凡私室中火食一切用度不得向學堂備給。教員自帶之跟役，雖住堂，不得向學堂支給薪工火食。

漢文教員由司擇派，薪水亦仍其舊，火食等項均查照英文教員辦法辦理。

司事止可用一人，薪水至多不得過八兩，火食等項均查照上項辦理。向來較少於此數者，仍照舊辦理，不得加增。

監督調查學生應留幾班，每班應派幾人，與教員商酌停勻，不得三數人另占一班。

學堂課程：外國地理、外國歷史，用英文；中國地理、中國歷史，用中文。算學及理財可用英文。其餘修身、博物、理化、體操、圖畫等用中文，不得偏重一面。

學生用書籍、筆、墨、紙等一律自備。前經通飭在案，切須實行。

中學堂經費有向歸官署經管者，有向歸監督經管者，今擬凡學堂經費，不歸官亦不歸紳。將前賬結清，餘款概行提出，公舉殷實可靠商號存儲。以後各屬解款，及學堂向有租息，一切隨到隨發，交其經理。如能酌奪地方情形，令出薄息更好。無論何人，須持官紳蓋戳三聯票方准支付。官紳應與該商號定立章程，如無此票支取者，官紳、學界概不承認。

立正月預算、年終決算兩表，屆時商承地方官及教育會評決，即行公布。除零雜費用外，一切薪水，每月望日按期支領，不准預借、預支。照章報銷用謄寫版謄寫，到處榜示，俾上下周知，不至懷疑爭訟。

立三聯票單，一留學堂存根，一留衙署備案，一交商號。見票單發款。臨支用時，先呈由地方官及教育會蓋戳，然後持至商號照支。年終由教育會檢查決算認可後，詳細榜示城鄉各區通衢并報銷，本司不可厭煩。

預算之時，須另提出若干以備預算之不敷及臨時用度之費。然必地方官及教育會核明允許方可動用，以杜妄費。以上四條各小學堂亦應照辦。

此外未盡事宜，應隨時斟酌增加，地方官、教育會長、監督教員等亦得條陳意見，稟候核遵。

署直隸提學司盧通飭派遣師範畢業生辦法文

爲札飭事。照得各處初級師範畢業生，除保定、天津兩堂尚有派遣外，其餘大半閑居，紛紛乞派，甚或争控不已。此其故：一由程度之稍次，二由於興學之不易，三由於薪水之稍昂。今與議長、議紳各代表擬定辦法條列於後，合行札飭，札到即便遵照辦理。此札。

計開：

此項學生未畢業之先，應由本地官紳預籌設立初等小學堂若干，所以備分别安置，推廣教育，毋庸向本司稟請分派。

考畢業時，應分爲最優等、優等、中等三項，以便分等擇地派薪。其下等應令補習三月，最下等自營生業。

薪水即按三等分派。每月每員最優等以大錢十六吊爲度，優等以大錢十二吊爲度，中等以大錢八吊爲度。如地方委實財力支絀，而又不能不立學堂聘請教員，准再量減。至火食每月酌送大錢兩吊，其餘一概免送。其薪水、火食等項均按日計算，免扣小建。

教員中如有教授精良、品學增進者，准由中等遞升至優等與最優等，其薪金亦與之遞增。如有教授疏懶，品學日退者，准由最優等漸降至優等與中等，其薪金亦與之遞減。

前次通飭條載，初等小學教員薪金十四兩，火食四兩，雜費二兩，原就津、保兩處成案酌擬此數。并經聲明，各處財政情形不同，應准斟酌增減。現查此項薪數外屬均難辦到，轉於教育普及并教員希望大有妨礙及不浹洽之處，應將此條作廢。津、保及各處前訂初等小學教員月薪多有逾於此定數者，自揣財力尚可措拄，并礙於聘訂在前，不便更張，應准照舊，免生枝節。

未經習過師範之現充本地舊教員，應令入初級師範學堂或傳習所加習半年，再行派充。

舊教員加習師範畢業後，欲仍本回堂充當教員，仍應候由地方官酌量派充，不得强事爭控。

如有未盡事宜，仍准隨時稟商增易。

學臺盧詳擬選派日本廣島留學高等師範辦法文并批

爲詳請事。案查直隸歷派赴日學習師範大半速成，以應急需。其長期諸生，時多遷校，亦不盡習師範。現時直隸各學堂中等以下教員固不敷用，中等以上教員尤虞缺乏，借才异地，修脯日增，年復一年，漏卮奚塞。况師範關乎國民教育，尤非客卿所能久爲代謀，亟宜改圖，綢繆未雨，以杜教育權傍落之漸。先後與日員渡邊龍聖、師範監督羅守正鈞等熟商，擬就保定師範學堂最優級四年生班内，擇尤續派赴日留學廣島高等師範，各專任二三門以爲主科，計派習倫理、教育兩科二人，地理、歷史兩科二人，物理、化學、數學三科六人，博物一科四人。約計每年學費五千六百元，川資等費千四百元，由司籌撥。廣島日用較東京所省實多，今仍照東京學費一律發給，俾諸生用度稍裕，可安心嚮學，而書籍、旅行各費，萬不准額外支用。學成回國即備直隸高等師範學堂教員之選。异日凡中駟以下，各外國教員即可無庸續訂，祇須擇留一二高師以補吾一時不能擔任之科。其校地則因東京之浮囂，不若廣島之静實，弃彼就此，無任遷移，既有益於媠修，亦可節夫經濟。如有半途遷校，或改修他學者，俱停發學費，并追繳從前公家學資。業經再四商度，群以謂不可緩之圖。擬俟奉批允准，即於暑假畢後趕緊於四年師範生最優等者寬挑二十餘名，加修東語半年。除將粗擬辦法各條先行開上，餘俟該堂年終選定，再將名册及未盡事宜分别續呈外，所有擬派留學日本廣島高等師範，以備直隸高等師範教員之選緣由是否有當，理合備由具詳。爲此詳請憲臺鑒核。伏乞照詳訓示施行。須至詳册者。

督憲袁批：據詳已悉。挑選優級四年生出洋學習高等師範以備教員之選，實爲目前要舉。摺開辦法寬嚴得中，仰即如擬辦理。此繳。

安平縣爲添建高等小學堂招考學生貼補學費詳請提學司批示立案文（附再禀）并批

敬禀者。竊維各國學校，其修業費均出學生，獨中國則仰之公家。教育家謂，有損該學生之志氣，且長此不改，公家財力有時而窮，將何以冀教育普及耶？然當風氣未開，自不能不資以火食加以津貼以鼓舞之。至風氣已開，則接濟更難，學堂不能廣設，學額必不能擴充。卑職去歲秋杪履任，高等小學堂僅二十餘人，各有津貼。卑職體察情形，毅然裁去，逐加甄別，除升學、退學外，僅餘十四人。乃出示招考，應者百六七十人。以齋舍不能多容，録取三十八人。其未與選者，至啜泣而歸。嚮學之殷，已可概見。嗣後，各堂學生履次來禀求入高等小學，情願火食自費兼能貼補學費者，絡繹不絶。總以此間高等小學係舊日書院改設，因陋就簡，不特齋舍無多，講堂亦有人滿之患。躊躇至再，不克周轉。迨本年春間，叠次邀集紳董籌商添建講堂三楹，齋舍十間，浴堂一間，門房一間。學堂距文廟不過數十武，并商允雷訓導，將明倫堂略加修葺，改作講堂，而舊日講堂全改爲齋舍，似此變通改作，每堂均可容六十人，於管理、衛生各法亦俱相合。適三月二十五、六兩日舉行運動大會，當場諭令，此後招考均須貼補學費，維時學生鼓掌相應者，至千餘人之多。猶恐風氣初開，貼補學費肇端於始，用是權衡其間，乃酌令每學生一名每月繳學費京錢五百文。於四月二十六日招考，專取初級小學肄業一年、程度合格、年齡在十二歲以上、十六歲以下者，屆期報考至三百餘名之多。分堂考試科學，及格者百二十餘人。覆試專考漢文，録取九十人。送堂者六十八人，餘作備取，聽候傳補。閏四月初三日，一律送堂肄業，就六十八人中擇尤選入舊班，餘作新班，共百二十人。作兩堂授課，其舊班仍歸正教員李燦雲照常授課，而以學董張生子誠暫充副教員，專教新班。張生曾經肄業省城師範學堂，得有修業文憑者，去歲即幫同董教員上堂授課，正臘月又幫辦傳習，士林翕服，伏乞恩准暫充本堂副教，以順輿情而資訓迪。一俟經費籌足，再行稟請憲派。所遺學董，有去歲查學員趙榮章曾經畢業警務學堂，於教授管理夙有研究，堪膺其選。此次貼補學費，均出至誠。雖爲數甚鮮，然由此風氣一開，各堂響應。不特各學聞風可抒公家之財力，抑且學額加廣，可期教育之大同。可否將此次學生貼補學費録登官報并《教育雜志》，以廣名誉而開風氣，出自憲裁。除添設講堂、齋舍工程另行據实造報，一面督同學董教員認真教課外，所有添建高等小學堂、貼補學費，并添派副教員、學董暨拍照新班合影緣由是否有當，理合稟陳大人查核訓示祇遵，實爲公便。

敬再稟者。前以稟設初級師範并附設模範小學情形，蒙憲臺批開，稟摺均悉。安邑初等小學直屬最有名譽，如師範生人數太少，可否令已派傳習之教員抽令加習，以期深造而裨學務。仰即查酌情形辦理可也。所擬章程大致周妥。模範小學最關緊要，該邑前金令曾經禀明於該倉設初等小學一所，究竟是一是二，仰仍查覆等因。仰見憲處於提倡學校之中，寓綜核名實之義。感悚莫名。

查金前令於舊倉設立公立初等小學一所，其官立初等小學一所假城隍廟偏院開設。本年奉飭設立模範小學，當以堂舍不容分布而經費又復支絀，即就官立、公立兩堂挑選學齡程度之合格者三十名，作爲模範小學，附設舊倉，與初級師範同院，以供實地練習。仍用去歲官立小學經費，而公立初級小學又添招足額三十名，移設城隍廟偏院。前禀漏未叙清，合再聲明，伏請憲示批准立案施行。

學臺盧批：禀及合影均閱悉。該縣添建高等小學堂、招考學生、貼補學費辦法，甚爲完善，從此財力節省，學額增加，教育普及，胥於是賴。張學董准充副教員，俾教新班。查安平不過中治，初等小學學生至四千餘人之多；高等小學投考學生限以年齡，仍復達三百名以上，風氣大開，直駕津、保。以上本司實深欣慰。此次令學生貼補學費，尤開他屬之先聲，准登《教育雜志》及送刊官報，以昭激勸而資觀感。再禀各節亦閱悉立案矣。此繳。

署直隸提學司盧札飭各屬擬定各學堂學生自費章程文

爲札飭事。案奉宫保批本司詳報遵擬自費學生一案，蒙批詳摺均悉。所擬章程第二條『准納保證金，其數由各堂自訂』句下，應添『約以應繳學費六個月以内爲准』一句。第四條『入學應交之費』句，『入學』二字下應加一『時』字，餘照行，仰即通飭各學堂一體遵照，此繳等因。奉此，除分行外，合行札飭，札到即便遵照辦理。此札。

附録詳文一件：

爲詳報事。光緒三十三年二月十五日，奉憲臺札開，照得直隸各學堂自費生往往到堂數月，輒以資斧不繼爲詞，或請咨本籍備款，或請與官費一律，在公家經費有常，焉能人人而悦之？推原其故，皆由該員生等就學之始，本無一定宗旨，亦未預算時期。雖寒士遠道來游，緩急亦所時有。但以必不可得之數，冀幸圖成，乞請紛紛，徒滋煩擾，甚非所以峻志節而齊風氣。應由提學司妥訂章程，或於入堂之日先繳若干月，以免後悔。合行札飭，札到該司即便查照辦理，此札等因。奉此，查此項自費不繼學生，其中路遠家貧者，誠未能免，而托詞希望官費者，實居多數。殊不思東西各國學校，除去初等小學外，凡大、高中、高小等級，無不繳納學費之學生，亦無强迫貧民入學之學堂。故外國學生有受傭賣報以供學費者，具見學生自有納費之義務也。

宫保宏開教域，掃除一切省籍界限。凡各學堂學生一秉大公，來者不拒。但覬覦官費，雖在籍學生亦不能違例通融。况公家學款有限，日久其何能繼？茲遵札擬定章程六條，如蒙采擇，請飭由本司通飭各學堂遵照辦理。所有遵擬自費學生章程緣由，理合備由具詳，爲此詳請憲臺鑒核。伏乞照詳施行。須至詳者。

擬定各學堂學生自費章程：

凡直隸各學堂自費學生，一律遵照學生納費奏章辦理，無本籍、外籍之區别。學堂招考自費學生，由本地方官備文申送，投具結狀存查，或由勸學所、教育會擔保。外省由督撫咨明札行，方能收考。如未及覓保，或文結遲到，准納保證金，其數由各堂自訂。

除定章可不納費之學堂外，其餘各堂概不收不能納費及不能納費至卒業年限之學生，此層應於入學願書注明。

入學應交之費，即於入學之日交清。

久假不歸、半途退學之學生，應照奏章嚴加罰處，并通行本籍、外籍各學堂不許再行收録。

學生入學以後，請咨本籍備款，或請與官費一律者，一概不准。

學臺盧詳核擬北洋師範學堂專修科畢業獎勵文并批

爲詳覆事。光緒三十三年五月二十六日奉憲臺札開，據北洋師範學堂監督李守詳稱，竊查奏定優級師範章程立學總義章第五節：外國高等師範學堂於公共科、分類科、加習科外，另設專修科及選科。專修科係審察各地中等學堂最缺乏某種學科之教員，因特置某種學科，召學生使專修之，以補充其缺乏。選科係爲其人願充中等學堂教員，欲選習分類科中之一科目或數科者，如於本學堂教授時刻則無妨礙，亦許其學習此等學科，應俟將來酌量情形再爲推設等語。是專修科與選科皆爲優級師範學堂所應有，且細繹部章，專修科較選科課程更爲完全。惟上年學部酌定選科課程，咨行各省試辦，而專修科課程未議頒行。卑學堂開辦之始，念及專門教員之缺乏，謹師其意，特設專修一科。科目分爲五門，擇中學較有根柢者，分門肄習。預科半年畢業，本科二年畢業。詳細章程悉已仰蒙憲臺奏咨在案。

乃查此次部頒師範獎勵章程，選科定有畢業獎勵，而專修科如何獎勵未經議及。伏念朝廷培養師才優加鼓舞，專修與選科畢業同爲師範，似不應獨令向隅。雖卑學堂尚無專修科畢業之人，然不早酌定獎勵，無由振其精神，將何以責其成效？刻值學務發達之際，各省優級師範似亦不乏此科。擬合詳請憲臺查核，咨請學部比較選科與專修科原定程度，則專修科獎勵是應較選科爲優，酌量增訂專修科畢業獎勵章程，咨行各省，俾有遵循，是否有當，理合備由具申，詳請憲臺酌核批示遵照等情，到本督部堂。據此，除批據詳已悉，該堂專修科畢業獎勵，候行提學司先行核定，詳請咨部核覆此繳等因印發外，合行札飭，札司即便查照辦理等因。

奉此，查部定優級師範選科新章計分歷史地理、理化、博物、算學四類，與奏章分類科相似，而以養成現今最缺乏之學術爲主，實與奏章專修科之性質相同。至與奏章所謂之選科，則其名同而其實异。本司研究部定新章大致如是。至北洋師範學堂成立在未奉部章以前，係遵奏章專修科辦理，實與部章所定之選科不相背馳，其畢業獎動自應請照新定之選科獎章辦理。惟部章頒發，奏章尚未取消，凡新舊衝突之條文，似應請咨學部明白宣示，俾各省知所遵循。李守拳拳加意實在乎此，所有遵札核擬北洋師範專修科畢業獎勵辦法緣由，理合詳覆爲此，詳請憲臺鑒核，伏乞訓示施行，須至詳册者。

督憲袁批：據詳已悉。仰候咨明學部查照覆核。俟覆到再行飭遵。此繳。

直隸提學司盧詳覆遵擬學堂會計章程文并批

爲詳覆事。案奉憲臺批定州稟學堂糜費過巨，擬委學正按月稽查榜示，以重公款，請示遵由，蒙批據稟已悉。學務款項自應核實稽查，但向由學董經理，所舉學董必係衆望允洽，經官核准之人，若不得人，即當另舉。該牧請以學正稽查等情，學官如不得人，與學董何异？所擬通飭各屬照辦之處似未妥善，仰提學司另擬學堂會計章程，通飭遵辦，務使用款之人與存款之地分而爲二，互相稽察，尤以慎選深明學務之人充當學董爲要。并即轉飭遵照，此繳。等因。奉此，查此案前據具稟到司，當經批駁在案。奉批前因覆查各處學界偶起競争，因款項者十之七八，是非明定界限，用款者不存，存款者不用，而又有人焉按月會計而檢查之，無以照大信而息群喙。自奉批後，集議數次，咸樂赞成。并請采用三聯，俾辦法各蓋圖戳，互相鉗制，較之出納僅委一手一足似可持久徵信於人。

兹謹擬章程十條另摺開呈。除前批業經行知外，所有遵擬學堂會計章程是否有當，理合備由具詳，爲此詳請憲臺鑒核。伏乞照詳施行。須至詳者。

督憲袁批：詳摺均悉。應如所擬辦理，仰即通飭各屬一體遵照。此繳。

通飭各屬前派教員回堂投考及留用安置辦法*

提學盧學使曾於丁未通飭各屬，略謂直隸優級師範學堂本年（丁未）年终畢業者一百八十餘人，照章儘先派充各屬初師中小學堂教員，俾盡效力義務。其以前所派各屬教員，除擇尤連任及品行不端不計外，或簡易科義務年限已滿，或程度相較尚差，或教授成績平常，均准於光緒三十四年正月某日回堂投考，歸入相當班级，以資深造。如有不願回堂，或考未及格者，仍可從事於地方學務，其安置之地位如中學堂文案兼庶務等職員，如高小董事、副教員，如初小正教員，及勸學員、宣講員等，均堪斟酌選任。

又如各該屬教育會副會長、勸學總董等之不合資格者，亦可儘此班。教員年已逾四十者，公舉而選用之，似较彼善。於此以上，或由本府廳州縣選學，或由鄰府廳州縣選用，均聽其便，但不得因此誤會宗旨，强事紛更，致興争訟云云。

*整理者按：本文鈔自《各省教育彙志》，《東方雜志》，一九〇八年，第五卷，第三期，標題爲整理者所加。

直隸提學司盧札飭各屬學堂防弊辦法文*

學使又以近來直省學堂處數日見加增，良由各屬官紳提倡勸導之力，然基礎雖立，缺點尚多，苟不隨時維持防範，往往成效未收，弊端已出，实爲教育界之隱憂。因據省視學之調查，暨各屬學界官紳之稟報，擇其切中現在學堂普通之弊端數事，札飭各屬先事預防，以圖教育之完全發達。其條項如下：

各屬學生凡在外滋事者，多在廟會及戲場，所與衝突之人，多係警兵差役。推原其故，实因學生三五成群，舉止語言諸多不慎，然在平民，尚不敢與爲計較。警兵差役等多粗率無知，往往出而干涉，致釀巨案，殊爲學界隱患。以後凡各屬學生，無論是否星期，不准赴會看戲，以肅校風，而免外侮。

建築校舍，苟不適宜，於管理、教授、衛生等均受莫大影響。故東西各國於此事頗極經營。本司前曾仿製學堂建築圖，刊登《教育雜志》，飭令仿照建造在案。其已經落成及就書院廟宇等改修者，固不得不因陋就簡，擇要改善，以爲節省經費之計。其從新修造者，自應查照該圖，詳細規晝，以期合式。乃近據省視學之禀報，仍有獨出己見，沿用五上三厢等舊式者，非如廟宇即同書院，虚糜巨款，諸多不便，实爲可惜。嗣後凡創建校舍，亟宜仿照改良。

各屬初等小學，據一覽表所報，雖日見增加，及实地查視，其多數均未添備教科書，遵照奏章教授，徒有學堂之名，其实與私塾何异？以後應由勸學所切实周查，開示學部審定初小教科書目，勒令查照購備教授，其有不克遵辦者，即不得認爲學堂，雖缺勿濫。

學堂經費，不得任意挪用，須交妥实商號存儲，用三聯單辦法。一切用款，尤須榜示通衢，以釋群疑。叠经通飭在案。近據各屬學界士紳之禀報，其未能切实舉行者仍屬不鮮。亟宜從速遵辦，以保學款而息人言。

聚多數青年於一堂内，管理員必須隨時查視，遇事指導，方能整飭校規，養成良善之習慣。各屬學堂往往因管理員不能住堂之故，學生出入無時，夫役任意偷惰，以致諸務廢弛，遂呈腐敗現象。此後有管理之責者，務須常川在堂住宿，以重職守，不能者退職。

管理與教授，二者互相維繫，故管理員與教員必須猜疑盡釋、和衷共濟，庶幾克獲实效。若分晰過清，各不相涉，或權限不明，互相侵越，日久必至意見參差，諸多齟齬，全堂胥受其影響。以後宜力除此習，以收協同贊助之功。

最宜嚴爲防範、預行杜絶者，莫如學生聚衆散學一事。其原因皆因向時風氣不開，招考難得其人，入堂以後，管理人員遂多方遷就，漸漸養成傲慢驕縱之習慣，一加約束，輒以散堂罷學相抵制。此種囂風，萬不可長。以後遇有此事，除照章追繳在堂一切費用，不令回堂外，并遵照部章通知各處，不准轉入他堂，仍由本地方官飭令該生等父兄嚴加管束，以示懲戒。

*整理者按：本文鈔自《各省教育彙志》，《東方雜志》，一九〇八年，第五卷，第三期，本文與上一篇相连，篇首之『學使』即上一篇篇首之『提學盧學使』，標題爲整理者所加。

前司盧詳報移交學務公所旁購地留建水産高等商業美術三學堂之用文*

爲詳報事。案查直隸學務公所餘地，自圍墻後由北而東而南，迤邐至錦衣衛橋東河沿止。除中段由籌辦直隸諮議局購去十二畝零外，尚餘地基三十九畝九分九厘八絲。本年十月，在迤北新蓋磚瓦房三幢，共計大小四十二間，轉賃與直隸教育圖書局印書處。此外餘地，則留爲建築水産、高等商業、美術三學堂之基不再撥作他用，以免不敷建築。除移交外，理合備文補報立案，以垂久遠。爲此詳請憲台鑒核，伏乞照詳施行。須至詳者。

*整理者按：本文鈔自《直隸教育官報》，一九〇九年，第四期，第三十一頁。

前司盧詳報移交津城西門外如意庵王道士明三報效地畝文*

爲詳報事。案查津城西門外如意庵王道士明三報效廟地三十九畝八分六厘，前經委員勘收在案。此地當時擬築體操音樂傳習所，後因該所另在學務公所改建，遂於今夏劃出一段，另蓋灰房一百九十二間出賃商民，所獲租資即留爲公所圖書館添購書箱之費，均由會計科經管。除移交外，理合備由補報立案，爲此詳請憲台酌核，伏乞照詳施行。須至詳者。

*整理者按：本文鈔自《直隸教育官報》，一九〇九年，第四期，第三十一頁。

前司盧詳報學務公所助入教育圖書局股本并將賃與該局場屋之資歸作蓮池圖書館經費文*

爲詳報事。案照光緒三十二年學務公所員紳等發起組織直隸教育圖書局有限公司，公籌集股，當由本司允在息款項下提洋貳千元助作基本金，藉資提倡。本年在公所後餘地内，劃出西北一隅約二畝二分有零，建造磚瓦場屋三幢，大小四十一間，賃與該局作印刷之場所，由息款項下撥入工料公化銀三千兩，不敷之數由該局資本金内撥付。此項賃資，定議自明年正月起算作爲保定蓮池圖書館常年經費，俾資存立。至賃資若干，因交替倥傯，未經决定，應由新任學司集議協訂，再行具報。所由公所助入教育圖書局股本，并將賃與該局場屋所入賃資，歸作蓮池圖書館經常費緣由，除移會外，理合備文補報立案，爲此詳請憲台鑒核，伏請照詳批示立案施行。須至詳者。

*整理者按：本文鈔自《直隸教育官報》，一九〇九年，第四期，第三十二頁。

前司盧移交本公所自保遷津并入新所後添置傢具等件文*

爲移會事。案照學務公所自保遷津并移入新所，歷年添置傢具什物，除破廢不計外，所有現存各件，由會計科雜務員查明開具清册，請移交前來，擬合移會，爲此合移貴司，請煩查照施行。須至移者。

*整理者按：本文鈔自《直隸教育官報》，一九〇九年，第四期，第三十二至三十三頁。

直隸提學盧通飭查學員禁止饋遺文*

爲通飭禁止饋遺事。案查本司向章，查學各員均由司酌給車馬費，并令所至，暫就各學堂駐宿，以便考查，每日膳費均照尋常供給，舉凡官衙饋遺，一概屏謝，如有明知故犯，一經覺察，與受同科，疊經通飭，遵照在案。誠恐舊新代嬗，禁令未諳，沿李桃瓊瑰之文，忘薏苡明珠之謗，實於學界前途大有關礙。合行通飭，爲此札飭。仰即轉行各屬及各學堂勸學所一體遵照。此札。

*整理者按：本文鈔自《四川學報》，一九〇七年，第八期，第二頁。

第四編　盧木齋先生信札

盧木齋致汪康年札

二通*

穰卿仁兄大人箸席：

屢於貴報中讀大箸及梁、麥諸君閎論，輒以爲明白利害，透析人情，雖賈太傅、蘇文忠不足道也。至采録新政，翻譯東西各報及各電音，一洗報館瑣屑杜撰之弊。尤足使守舊者流稍知外洋各國之情形，或恍然能悟真不彼若，從此改弦更張也，幸何如之。惟是職守攸羈，難親至滬上一聆偉論，深用悵悵耳。頃敝友柳澤農過滬寄函，據言得晤諸君子，備聞麈教，傾吐膈肝，并寄下務農會、《時務報》各章程，及現譯東洋農學各書目，又傳鈞諭，令捐微末，以助鴻圖，聞之欣慰曷勝。竊維農事爲工商之本，著效又極速，三十年來識時務諸巨公，獨缺而不講，舍本而逐末，置易而圖艱，宜其法愈變而國愈弱也。中國農書若《齊民要術》《授時通考》《農政全書》《蠶桑輯要》等編，大率二千年之陳法。近代而又東之高閣，無復有舉以告鄉農者。致五京方里之地利，秘不盡闢，生計日蹙，國勢因之以不振，良足惜矣。

閣下慨然以講求新法、益民智慧，而拯民顛危爲己任。吾知於農學一事，獲效尤捷，挽頽局必尤大也。弟鄉愚僻處，欲變成法，在廣見聞，欲廣見聞，在設報館。祇此一端，所費已巨。天下事經始之難，微獨局中能言之，即旁觀亦有知之者。兹因郵便，寄呈洋銀二百元，明知一滴之泉，難以爲海，然衆狐之腋，即可成裘。所望閣下速爲翻譯，刻成報紙，快爲流布，使海内農民得早一日知有便捷之新法，即能早救一日之困窮，易荒蕪爲肥熟，轉瘠薄爲膏腴，衣食有餘饒。由此而振興學校，擴充商務，定轉瞬可期也。臨穎盼禱，不盡欲言，敬請道安，諸惟垂察。愚弟盧靖頓首。

再，敝處現添設天算學、格致小學堂諸事，締造籌款，萬難兼之。案牘紛拿，粗擬有學規章程一扣，附呈臺端，即乞大筆削而示我。此亦天下之公義，想不客氣而見拒也。《農學報》出後，亦乞徑寄敝署。

再，敝處前在天津文美齋定全年《時務》三分、《知新報》二分，又在北洋西書局定全年《時務報》二分、《知新報》兩分，异日能否隨《農學報》徑寄豐潤縣胥各莊火車站，交坐路捕役速送縣署，以免延擱之處，并祈酌示。

再，舍弟慎之捐助《時務報》費一百元，内子李氏捐助不纏足會資五十元，請一并查收。至舍弟應分看《時務報》册與書籍，請寄湖北省城經心書院，沔陽盧弻爲感。

再，敝友柳澤農如仍在滬上，可否即留辦《農會報》筆述譯書等事，俾資練習？亦乞閣下與蔣、羅二君酌商示復。前聞貴報已派至七千餘分之多，近數月來當更加推廣。曷囑派報諸君將閱報銜姓、里居各録一册送貴報，或分省，或分姓記録，以備不測時號召勤王之用，何如？

再，會字無古今中外，皆屬極美之稱，獨中國則有會匪、會黨之禁。《農會報》可否即名爲《農學報》？務農會可否即名爲農務公司？亦乞諸君子酌奪。

再，前閱蔡君毅若《傳音快字》，其文字之簡實爲中土所未有。惟論説太少，懷疑數端，即乞貴館諸君子函而教之。一、中國反切，上一字必同母，下一字必同韵，如『姑翁』切『公』。蓋用見、影二母之子，必不能用見、影二母徑相切也。此用二十四聲母，三十二韵母，果能徑切，則真直截了當矣。然此書首一字爲他，即ㄅ，爲『的阿渣』切，呼即不合，此何説也？其不解一也。如數字連書篇中，如ડ，本字爲『的些』，而此命爲『東西』，查『東西』雖爲二母之子，然二母之子甚多，此何從知其爲『東西』？又何以定其爲『東西』也？又『們』字下之ㄱ，命爲麽，此書如徑用母，此又何以知其爲麽音也？不解二也。又如三十二韵母中，如

ㅁ之右列『阿渣』切，左列『揸茶花瓜馬巴沙』七字，右切乃O之音，此無可疑也。查左列此同韵，又不同韵之七字，果何意耶？豈此七字爲ㄱ之七音耶？不解三也。查此書之序跋凡例，俱以緩讀二字，急讀一字爲説，以發語語餘爲解，然用此法，以呼《音韵闡微》，切諸無不合者，而獨於此書名字竟少合處，豈蔡君此書，雜有方音耶？不解四也。又字音相等表云，去古法字母之重複者是也。然查端透與知徹，幫明與非微，古學本重複并列。而此書反并取之。又『不』字本爲非母之子，『是』字本爲禪母之子，而此書取與幫審相等，不解五也。又合口呼十四種切音韵表，亦全不解其法。查此書本爲淺易而設，而反多疑義如此，豈書有未竟與？抑引而不發與？統望高明賜教。或即以函轉詢蔡君賜覆爲禱。（因不知蔡君行踪，故瑣煩貴館，乞諒之。）

再，鄒君所譯地圖，其樣章乞寄我一分。股票究需洋若干，懇隨示知，以便匯上。

再，閱貴報章程云，用二號字模。覩所派之報，又似用石印，究竟活字與石印，孰優孰便？鉛字用全幅字模，需價若干？石印手摇小幅機器需價若干？滬上容易購否？

又務農會章程云，西國之犁深至五尺，每具價不過十餘元，亦求閣下代購一二具，因便寄我。

靖再叩。四月廿三日。（五月初七到）

穰卿、伯斧、叔蘊三兄大人閣下：

奉惠復并各收條、《農學報》二册、地圖一紙，敬悉一切。敬惟撰述日富，聲望益隆，爲祝爲頌。弟知短才拙，承乏渂陽，徒抱杞憂，無救民困。現擬翻印各種新書，如算術、農學之類。北地刻工既拙，而出書又遲，福函云，石印神速精美，誠是誠是。惟石印工人北地難得精者，昔在津門，見汪紫淵石印《經世文編》，工匠動輒停工，又非印萬册不劃算，擬懇貴報代購鉛字，頭號、三號、五號各一副。字形如新譯印西文地圖之工整，未知上海有現成者否，如照前擲下單價能够得到，即請撥冗飭紀速代購定示我爲感。統須銀洋若干，即匯上。西文地圖弟處訂購一份，其兩次應交四十五元，今一并匯上，請查收。初次圖即請飭紀用油紙包好，交西學官書局，送北洋武備學堂監督史季芝兄轉交㴝署。前蒙寄來之報函，俱已污濕，或請即交蔚盛長帶津亦好，費神容謝。鄙見有數端，久欲陳之於貴報，案牘鮮暇，遲遲未果，今略言之，乞采擇焉。

讀《農會博議》云，日報不能降爲旬報，旬報不能降爲月報，是既欲核實有物，又能倉猝而成，蓋戛戛其難也。愚有一意，祇須立一報會，將各報館聯爲一氣，出報日期略爲挪移。如貴報逢一出報，《知新報》則改作逢三，《農學報》改作逢五，《湘學報》改作逢七，《廣仁報》改作逢九。以後鄂學各報出，（現梁星海諸君已有此議）則請在二、四、六、八、十各日出之，遇有要緊軍國交涉大事，貴館知之，或報已出，遲至十日再議、再報，恐事成而不可轉移，即電告明日出報之館，請速登諸報。他館得要事亦然。或可醒當局者之迷，而動秉鈞者之聽。是旬報而有日報之用，雖不再設日報可也。此意於各報館無損有益，於交涉大局尤有益。彼族視中國人民政事如散沙者，民群之議先自報館起，事易行而獲效速，或亦消侮之一端乎？未知諸君子以爲何如也？

各報館既連爲一氣，立有報會，宜夥派一二人在軍機處、總理衙門密探政府交涉各要事，如有弊端及受洋人賺騙之處，即速刊論於報，以期執政醒悟。或以當鳴鼓之攻，南北洋及海疆與洋人有交涉者，亦須照上行之。

軍機大臣與各章京、總署各大臣與總辦各司股之員，每報先送一本請閱，不取報資。

有要事，旬報内添刻傳單。

商量盛太常，凡報館電報軍國交涉要事，不取資或資稍減。

梁君《變法通議》宜早全刻之，減價出售，使守舊者之心早化。如短刻資，出之於我。

報後要破例刊告白，查告白爲報館利源所在，貴報不刊，是自塞其利源也。雖貴館意不在利，然與其各處勸捐，何如自開大利源乎？特不可如申滬各報，不分美惡雅俗是非而濫登耳。如出有新書、新器以及軍械，價值優劣，似宜刊之，既有裨於學人，又免當道受外人之賺其利，即可取辦譯書、立學堂諸大事。

翻譯各報宜分事或分國，不銜聯，庶分之爲散報，合之即爲一編。前見貴報云，不能恰盡此紙，恐白行太多，實事反少云云。然鄙見以爲，每月三萬本皆不能成書，何如頁空數行，所費少，而所全仍多乎？況每册論説仍不能刊完也。請諸君子合全局裁之，此亦爲天下惜物之一義耳。

再，前函所詢《傳音快字》未蒙復示，甚念念。弟近於案牘之暇，略考古今音韵之書，其收聲韵母似祇需用十三字發聲，字母似祇需用二十字聲韵，二者總不過十五字。然弟於音韵之學，素未入門，各國方音尤茫然莫辨。老大從事，舌鈍心呆，兩合字尚無隔閡，三合、四合字呼即不准。异日稿成，尚求介紹沈、蔡二君指正之。蔡書二十四聲字母是否竟用字母？亦仍如等韵，用某母之子切之。乞諸君子速即見示，禱甚禱甚。

再，敝處添設天算、格致學堂章程，未蒙削正擲下，甚念。文既蕪雜，意亦欠周密，萬勿登諸貴報，徒爲通人所呵也。切囑切囑。敬請撰安，諸維惠照。弟盧靖頓首。

卓如、儒博兩先生均問安好末另。

擬切韵字母十五音録左，中土音似可賅括（各國方音不敢妄論，但未知與沈君有相合處否也？）：阿、戹、伊、烏、於、安、恩、昂、鞥、埃、額、敖、歐、嘎、歌。（六月廿五日到）

*整理者按：本文鈔自《汪康年師友書札》，上海圖書館編，上海：上海古籍出版社一九八六年版，第二九八一至二九八七頁。

盧木齋致袁世凱電文 一通*

光緒三十二年七月十八日（一九〇六年九月六日）

宫保鈞鑒：

凌守據津商務總會紳董禀，上海商務總會來電，奉立憲之詔，滬上商學界敬擬二十一日懸旗歡祝，乞提倡照辦。紳等查立憲諭旨爲中國自强基礎，滬上既已懸旗歡祝，津門商學界應否照辦，請宫保示遵。靖。嘯。印。

附録袁世凱复电

光緒三十二年七月十八日（一九〇六年九月六日）

盧學司：嘯電悉。可准懸旗歡祝，但宜安静爲是。望轉告巡警局段道知照。凱。巧。

*整理者按：本文鈔自《袁世凱全集》，十五卷，第二八二頁。

盧木齋致周學熙札

一通*

緝之仁兄同年大人閣下：

昨奉環雲，誦領一切。具見大君子虚懷若谷，謙抑下人，采納芻蕘，感佩無似。特弟辱蒙過愛，又將遠行，爲公爲私，計當知無不言，言無不盡，庶有以報高深，敢再貢所聞，以瀆清聽。

尊函言前次投票公舉董事某君，某君得股權若干云云。弟去年未及與會議，今年會期之日，午後甫由南來，然質諸與會股友所言，與尊函似相歧异，恐係執事遠在都門，傳報失實。又據洪翰湘觀察來談，某經理兼董事月受公司三百金之重薪，自去年迄今，僅至公司兩次，預會議唯唯畫諾而已，不徒未盡董事之義務也。又據公司員司某君某君言老同年辦事勤勞而迅速，無不令人佩服，惟已請示畫行之件，此間日日上公館請示，畫稿反較北京爲难，且以罷於奔走爲苦。又據與會股東言，當開會時，徒有布告，并無訪論，全是吾國官場吩咐習慣，與公司性質相反，此退後之所以嘖嘖有煩言也。凡此諸端，雖不無過當失真之詞，然與尊函所謂爲公司久遠、規模發達無極之意，似乎可備采擇，故不辭繁蕪，再瀆臺端。然弟尤有言者，所貴乎士君子者，爲能先事籌防，旁諮博采，然後有以立於萬全而不敗。故當公司分紅最多之時，在淺見者必忻然色喜，以爲大利可恃，固不必深謀遠慮，求疵索瘢，且以嘵嘵者之爲多事。容詎知商業競爭，變幻無常，每當高興之時，即伏失敗之機，迨屆時始徐圖改革補救，爲計已晚。天下事大抵如是，不獨一公司爲然。質諸高明，謂爲何如？弟近數年，於吾兄所辦諸實業，無不竭力贊助，敬之慕之，故不覺言之戇也，尚祈不吝玉音，惠而教我，幸甚感甚。再公司選舉值年董事及辦事細則，亦祈示我，俾弟轉達各股東，庶昭衆信而釋群疑。弟日内行將東徂，倚裝匆匆，不盡欲言。

*整理者按：本文鈔自劉行宜《盧木齋、盧慎之兄弟》，《天津文史資料選輯》第十七輯，中國人民政治協商會議天津市委員會文史資料研究委員會編，天津：天津人民出版社一九八一年版。

盧木齋致北平市社會局函 一通*

呈北平市社會局爲木齋圖書館遵章設立董事會，懇乞准予轉請備案由。

呈爲籌備北平市私立木齋圖書館遵章設立董事會，懇請准予轉請備案，仰祈鑒核事。

竊聞自强之道，不外作育人才，而作人之方，端賴振興教育。方今東西各國，互起争雄，物質文明，日新月异，至能驅遣水火、駕馭風雷，握海上霸權，執環球之牛耳。人皆知其以兵力强，而不知其以智力强也；人皆知其以機械戰，而不知其以科學戰也。當群雄競争之日，正我國積弱之時，若無拯救國難之遠圖，萬難促進文化之發展。木齋有鑒於此，竊抱杞憂，於是有木齋教育基金會之組織。此會成立，凡文化事業，力所能爲兩者，莫不以教育基金爲之，於是有南開木齋圖書館之建造，自是而後，又有天津義租界，及河北元緯路木齋學校之設立。自幼稚園、兩等小學，以至中學，莫不賅備。

夫精衛，一微禽耳，尚有填海之心；愚公，一村農耳，猶抱移山之志。而况木齋爲今世之幸民，亦社會之分子，一息尚存，不敢自逸。近以平市學校林立、人才淵藪，萃文化精華之歷史，占社會教育之重心，竊不自揣，有所附益。遵照部章，延聘董事，設立北平私立木齋圖書館籌備處以策進行。耄年悔過，矢衛武延賓之心；會友以文，完放翁老學之願。雖鴻都石渠天禄之藏，已琳琅而滿目，而匹夫土壤細流之助，期閭巷以横經。

所延董事諸君，咸曾服務社會，或久從事教育，均有專門學識、辦事經驗，海内知名，四方之望。木齋一介儒素，非衆志不足以成城，八旬老翁，非多才不足以善後。謹擬定北平市私立木齋圖書館籌備處簡章及北平市私立木齋圖書館籌備處董事會簡章各一份，并籌備處董事會董事名單略歷，呈請鑒核備案。并請轉呈市政府、教育部賜予備案，實爲公便。

謹呈北平市政府社會局

附呈北平市私立木齋圖書館籌備處簡章一份

北平市私立木齋圖書館籌備處董事會簡章一份

北平市私立木齋圖書館董事會董事名單一份

中華民國二十三年十二月。

*整理者按：本文鈔自《北平私立木齋圖書館季刊》，第一期，第七十五至七十六頁。

盧木齋致賈廷琳札 一通*

君玉賢弟左右：

前蒙枉顧，失迎爲歉。竇君先生書牘册頁已跋後送上，并送上近刊《湖北先正遺書》第一輯，計七百二十卷，訂百八十册，裝十八函，同請鑒存。得暇過我，暢談爲盼。

手頌，日祉。

兄盧靖拜啓。十月五日。

*整理者按：此係天津藏家二〇一七年十月購於海河舊書市場，據王振良先生提供照片整理録入。君玉爲賈廷琳字。竇君爲毛慶蕃字。賈廷琳爲毛慶蕃摯友，毛慶蕃曾任天津道、直隸布政使，爲盧木齋同僚。賈廷琳以毛慶蕃書牘册頁請盧木齋題跋，盧木齋回復此信并贈送其《湖北先正遺書》。書牘册頁及跋文今已不可覓。

附：吳汝綸致盧木齋札 二通*

答盧木齋 正月十五日

并科舉於學堂，弟亦力主此議。但欲列之此次合約，則事不相涉。若謂借外力以成之，則中國百政廢弛，豈能盡借外力？且改科舉不能遽興國也。改科舉以後，育才之政尚多。若我所立之學堂，仍用中國人才、中國政公，則仍止敷衍具文，縱得外力而改科舉，於育才仍無分毫之益。若學校中事事皆借外力，恐此次約章，不能具載。又鄙意所慮失自主之權者，不在科舉學校一事，恐其由此而一切之權盡失，則利少而害無窮，是速亡之術也。學校縱得人才，亦徒制於主持者之壓力，與印度、埃及等耳，豈能出而有爲於世乎！縱能出而用世，亦英、俄、德、法之人才耳，豈能尚屬中國乎！國雖危亡，但使能歸自主，尚有復振之望；自主權失，則遲速一歸於滅。此下走所私憂過慮，而謂此中機括甚微，不可不慎。

至來示所謂殺僇黜陟之權失，此則歸之戰例，非平時盡如此也。海關則我借才异地，未失權也，厘金未入他人之手，此後恐須裁革。賠款議定，各國恐須代理財政。此因賠款未清，代祛弊蠹，亦尚不爲失權。竊謂吾國實無能除財政積弊之人，若有其人，彼亦必不越俎，故曰不爲失權也。尊論借外力以改科舉，誠憂時憤激之危言，可自陳説，鄙意未安，故不代陳。美人近得小吕宋，亦豈真心愛中國者！

台從豈即日成行乎？

又 正月廿二日

改廢科舉一事，誠當務之急。風氣未開，恐仍前頑固。尊論必欲列入此次和款，此乃我自治之事，彼無所用其要求，勢難列入。即如來示所擬數語，仍係責成中國大臣，大臣中誰能力任此事？我徒托空言，彼亦不因載在條約，催迫使辦，以其於彼無利害故也。

又如所擬五年以後，内政外交，應用學堂考列高等之人襄理，十年以後，應全用學堂出身、已經歷練之人。竊料作育人才，縱事事得法，亦不能如此之速。即使成才真速，欲國家盡弃舊人而用新士，此則萬難辦到。士無賢不肖，入朝見嫉，此風豈能驟變！蓋非有秦皇、漢武之爲君，商鞅、李斯、王荆公之爲相，未以掃除而更張之，而欲以條約數語鉗制，而使之必從，豈可得乎！西人於外交之策，極爲分明，凡彼我交涉之事，歸之約章，若他國内政，自非藩屬，絶不過問。

來示謂此次草約，以行新政爲綱。查草約并無此語。其云總理衙門必須革故更新者，謂欲改换總署堂官，止用一員，非指改行新政。此雖内政，然與懲禍首、理關税、抵押厘金諸事，皆在彼此交涉之列，非科舉學校之比也。來示引華盛頓、畢士馬，以爲人才之效。吾謂有華盛頓、畢士馬，然後能振起人才；且有此等英雄，亦不必載内政於約章矣。

至學堂報館，勢必開辦，但敷衍與否，不得而知。若變科舉，則赫德近有條陳，亦不主其説，蓋難言之也。不具。

*整理者按：此二通信札当作於光緒辛丑（一九〇一），鈔自《吴汝綸全集》，〔清〕吴汝綸撰，施培毅、徐壽凱校點，合肥：黄山書社二〇〇二年版，第三册，第三三五至三三七頁。

羅振玉致盧木齋札 一通*

盧大老爺：

示悉，书一包拜收，謝謝。俄約事聞簽字，不知信否？明日擬渡江一訪問再報。此局若不挽回，則方來之憂不堪設想矣。此請慎之先生道安。

弟玉頓首。

前日承枉過，適至署，旋即返舍，而尊駕甫去，悵惘何已。承賜大著，容盥讀以開茅塞。先此敬謝，虔請慎之先生道安。

弟振玉再拜。十九日。

*整理者按：本文鈔自《匡時二〇一七年春拍圖録》，二〇一七年，第一五二頁。

另按：此信當寫於光緒二十八年（一九〇二）前後，中俄簽訂《交收東三省條約》前夕，彼時盧木齋或剛去職豐潤縣令，或履新多倫同知，尚未升任道員以上，故仍以『大老爺』相稱：官場舊例，道員以上不稱『大老爺』，稱『大人』。另，一九〇二年年末，盧木齋丁母憂奔喪回籍，此行似易於拜會羅振玉。

王亦曾致盧木齋札

一通*

木齋仁兄大人閣下：

己亥之冬，在徐州由義善源票號交到手翰，敬悉一切，兹承厚惠，慚感無量。當時肅具謝函，并附小兒算草一册呈教，即由該號附寄。嗣值庚子之變，想前件未必達到矣。後復托金陵寶善源（即義善源一家）寄津轉呈兩次蕪函，大約亦未交到。上年閱《縉紳》，始悉榮任多倫諾爾，乃托都中友人轉寄一函，嗣復原件交還，云閣下業經瓜代，無從投遞，爲之悶悶。

近始從貴同鄉林君處得悉總持保定大學堂學務，以通才培植後進，自較各省學堂遠勝，欣抃無量。聞公館仍在津門，堂上必大康健，令郎愛已有幾位，貴班當已晋太守觀察，諸深繫念，尚希詳示之。

弟庚子歲奉江藩札調金陵學堂中文教習，壬寅又奉蘇藩調至蘇府中學堂，又奉中丞添派稽查省府兩學堂，月薪共得七十金，已較首盤爲過，况算年得，在故鄉於私計固甚得矣。惟於學堂絲毫無補，捫心殊自愧耳。子女共有九人，向平之願，勢必難了。前年六月偏右中風，凡四十日而愈，然右臂終無力，舉輕若重，今猶然也。幸强飯不异曩時耳。

時局屢變，杞憂之切，知彼此同之。貴堂功課經閣下厘定，自必簡當，可否摘示大略，俾得與此間督辦商酌改良是幸。前惠函中示及曾在豐潤興辦農學，未知後來者能不廢否？今保定學堂諒必兼重實業，蘇省則全未言及此也。

手此奉布，餘俟續陳，即請升安，諸惟荃照不盡。

弟王亦曾頓首。甲辰正月十三日。

倘蒙惠復，請郵寄蘇州盤門内滄浪亭對面蘇府中學堂。

*整理者按：本文鈔自《匡時二〇一七年春拍圖録》，第一九九頁。

周樹模致盧木齋札 一通*

木齋老道兄同年左右：

夏間道出津門，備承東道之雅，得爲永夕之談，剪燭論心，猶有當年經心學舍風味，快慰真不可言。比想文翁之化遍於國中，安定之規傳爲世法，解除宿痼，提闡新機，爲禮失求野之謀，收經正民興之效，不能不望之大賢矣，翹企翹企。

弟以朽材謬竊時譽，因其推挽之故，處之盤錯之交，受事以來，日夕廩廩，誠恐顛越，以辱親知。前因勞眩觸墻，致傷額部，經旬卧閣，百念如冰。老將至而不知，功未成而思退。棘荆滿地，蒲柳望秋，公視此境，謂可娱玩否也？

經營東事須大手眼，智周乎六合，慮及於萬年，力破拘攣，徐圖補救，或可收桑榆之效，免禾黍之嗟。若復委蛇瞻顧，一却一前，數米量鹽不出翁嫗之計，引繩切墨日爲文吏之言，恐陸沉之事不遠矣。前明辦遼事，部臣牽掣，言路交哄。以吾楚熊襄湣之賢，致有傳首九邊之慘，長城既壞，國亦隨之。此亦最近之馳念，不可不引以爲鑒者也。今之任者，未必芝岡，而朝端舉措，當鑒明事。公老謀深淺，不以愚言爲謬否？倘因羽便，有以教我，臨楮無任拳拳。

年愚弟周樹模頓首。

*整理者按：本文鈔自《匡時二〇一七年春拍圖録》，第一八八頁。此信年代當作於光緒三十四年（一九〇八）冬，是年夏，盧木齋已經獲知即將赴奉天提學使之任，但尚未赴任。同鄉、同學又是同年的周樹模過天津，與盧木齋作竟夕之談。而周樹模此信中亦多談及自己經營東北之經驗，彼時周已是黑龍江巡撫，作爲封疆大臣，遠離京城，故多有感慨。文翁爲漢時蜀之文翁。安定爲北宋創湖蘇教法之胡瑗。熊襄湣爲明代名將熊廷弼，芝岡爲其號。

盧弼致盧木齋札 三通

覆伯兄木齋（十七年十月十五日 戊辰九月初三日）*

承示以南開大學圖書館事相屬。弟十餘年來，日親簿録，兄創盛舉，理宜執鞭。略加尋思，頗懷躊躇，謹舉數端，藉陳衷曲。

蓋此日典籍，异於昔時，兼儲古今，旁搜斜上，必識异國之寶書，方能中西之通匯。不宜一也。四部區分，由來已久；宏綱既具，最便學人；稍加參酌，即可實施。而西游學子，欲以藍皮之體例，加諸綫裝之陳編，足固削矣，履亦不適；所見既殊，難於强合。不宜二也。子政校秘府之書，孟堅膺蘭台之選，皆由當時篤好儒雅，推崇經術。即以近事而論，有李文忠之器量，乃禮聘黄子壽於蓮池；有張文襄之宏通，始延攬繆藝風於畿輔。若呼之使來，揮之即去，有類雇募，比諸輿台。不宜三也。仁先、退舟學行兼茂，一則三月，一則期年，離群索居，曲高和寡。不宜四也。

總此四因，未敢唐突，有負嘉招，敬謝不敏。

*整理者按：本文鈔自盧弼《慎園啓事》卷上，國家圖書館藏。

寄伯兄木齋（十八年 己巳十月）*

連日檢查新購大本《古今圖書集成》，冠絶前古之巨編，我亦分享其一，可謂厚幸。回憶往年官署售此書，即函兄購藏。後與書估屢議不諧。近始購定，計五百二十八函，書值四千四百元。閩人林幼梅所售。檢理卷帙，舉家合力，弟婦勇於任事，清查過半，閲時六日，理董萬卷，亦云勤矣。是書纂輯宏富，包羅萬有。《御覽》《元龜》望而却步，《文苑》《廣記》自鄶無譏。《永樂》一書，侈於前代，依韵排列，義無足多，此則總匯群流，囊括藝府。禮樂兵刑，極衣冠文物之盛；考工製器，窮古今圖繪之精。吾輩來自田間，昆弟各藏其一。貽經教子，足以自豪。走筆書此，兄當爲一快也。

*整理者按：本文鈔自盧弼《慎園啓事》卷上，國家圖書館藏。

覆伯兄木齋（二十五年十一月十二日）*

《四部叢刊提要》已檢閲一過，完全無缺。子部僅一小種醫書，集部亦僅一種不著名之小集，有無提要，無關大旨。若以經部數種未纂成提要，形式嫌不一律，不知書録、解題、經義考所云，即提要也。條列原書，經義考即如是。弟意《文獻通考》中《經籍考》似可采。書中誤字，季香已校正，《清人集》兄已補全，可謂完璧矣。弟近覆閲《國志集解》，初屬稿時，頗有左右逢源之樂。此日覆校，形同機械，可笑之至。

*整理者按：本文鈔自盧弼《慎園啓事》卷下，國家圖書館藏。

賈恩紱致盧木齋札 一通*

承惠名花，勉賦長古一首，以爲此花典要，遣小孫録入長幅，以付裱裝。惟肇和因畢業忙碌，不克剋期交卷，裝裱亦稍需時間。兹先録呈底稿，用博木翁先生一大葫盧。

小弟恩紱頁稿

王生念典工詩，亦有和作，不日當送到。又及。

*整理者按：本文抄録自《中國書店二〇一七年秋季書刊資料文物拍賣會（三）彩箋尺素——近代名人書札專場》圖録，二〇一七年版，第五十九頁。

嚴修致盧木齋札 二十一通

木翁先生大人执事*：

十四日奉到惠書，未及即復，十六日晤芸生，具述尊旨，深服我公慮事之審。前書論開明專制及教員應定等級、定鐘點各條，曾以示榮、張兩公，皆深以爲然，擬次第議行。（奎翁薪水不得乎上，亦不得乎中。）承詢處中用繁、薪水應如何裁減。謹按去年正月總計，由學務處開支之項，全年須三十二萬金。其後宫保意主擴張，嘗謂弟經費不足，俟可另籌。又曾言商、電兩項，可有八九萬之譜。鄙意薪水數目之所以多者，其故有三。

代塾之款：黎、嵇、李三君之薪水，係代法政、師範兩學堂；林、卞之款，係代天津小學塾支。

乾修之類：保定總稽查徐觀察，去年由寶方伯課吏館改章，徐觀察辭差，寶方伯爲求諸宫保，使改學務總稽查。方伯初云不由學務處支薪，及奉院札，而則仍由處給。科學館停辦，閻太史辭差，宮保極力留之，遵又添總稽查一席。潘觀察之爲官書局、排印局稽查也，歲支百四十金。潘既去此差，本可裁撤矣。楊蓮帥則力薦王藎臣司馬於竇方伯。方伯商諸弟，而諾之裁其薪之半。廣平校士館之裁也，高太常無事，孟侍讀言之於宮保，宮保命學務處爲之謀位置，此去年八九月間事也。去年周仲宣往署缺，故以王調津，而以稽查之事讓於高。以上三人，皆處閑曹，然無裁撤之法。聞保定有設國文館，請高、閻兩公主教之說。將來或可省乎？

員司額支之款：甲辰冬、乙巳春之交，逐漸核減，每月約省數百金。逮移津門，以物價昂貴，酌增薪水，然猶省穡而加之，未嘗敢驟益也。

*整理者按：本文作於光緒丙午（一九〇六），鈔自《嚴修手稿》第十六卷，《甲辰、乙巳、丙午信草》，天津圖書館編，天津：天津古籍出版社二〇一二年版，第一一九〇三至一一九〇五頁。

木公大宗師大人閣下*：

前復一書，計登簽典，杜立甫兄來都，復奉手書，敬悉一切。杜君位置甚難，恐負雅命，如何，如何！十三日詔旨，公聞之喜，可知也。此後設施關鍵，全在教育，似當純用進取主義，力謀教育普及。直隸係天下觀聽，幸我公有以作先。之餘不一一。

此請教安！

治小弟嚴修頓首。七月十七日。

*整理者按：本文作於光緒丙午（一九〇六），鈔自《嚴修手稿》第十六卷，《丙午信草》，第一一九九二頁。另信中所言『十三日詔旨』，爲清廷預備立憲之詔。

木翁先生大宗師大人閣下*：

昨接惠書，祇承壹是。江庸君本係北洋指調，今年春夏之間，學部因需員太急，亦調江君來部。函電催迫，至再至三。督帥在京時，榮相曾面言之。宮保言但爲我留嵇鏡、黎淵，他人悉可相讓。比江君到津，榮相又專電催促。宮保初尚遲疑，數日前又接第二次電，已允讓無异説矣。天津爲弟桑梓之地，北洋師範之設立也，弟又與聞經始之議，誼不容漠然視之。第思有伯芝爲監督，有箸薌長教務，基礎已極穩固，以視學部，大有尺多寸少之別。學部議設法政學堂及優級師範學堂，開辦有日矣。法政學堂僅恃一林肖項，師範僅恃一范静生。此兩人者皆兼部務，静生又兼研究所通譯。静生夙有咯血之症，最忌發言太多，到部未久已患咳嗽，徒以不得替人，扶病爲之，歷數月而病猶未瘳。故此番借才，誠出於不得已也。宮保如再問及，乞我公代爲婉陳是幸。（此次來函所述宮保之言，似在宮保電許榮相國之前，既許以後，未必再問矣。）

王秋皋、澤澄何日來部，并希代爲函催，至以爲荷。專此希复，祇請台安，諸希垂照不備。

治小弟修頓首。十二日。

再，昨接舍侄來禀，言宮保捐助私立中學堂建築費五千金，已由公處發交領訖，遜聽之下，感激不知所云。似此破格提倡，政恐曠世不一遇也。容即肅函鳴謝。我公晋謁時，先祈代爲道意。至我公之維持兹學，苦心愛護，尤令人終身銜感。唯有切托張監督核實經營，以期仰副宮保及我公之盛意。

附此申謝，再請冬安。

弟修又叩。十月十二日。

*整理者按：本文作於光緒丙午（一九〇六），鈔自《嚴修手稿》第二十二卷，《嚴范孫函稿》，天津圖書館編，天津：天津古籍出版社二〇一二年版，第一六六七六至一六六七八頁。

木翁先生大宗師大人閣下*：

連奉惠函，并頒賀簡，企瞻風矩，景慕愈深，比惟獻歲迎厘，允符頌祝。承詢畢業諸君擬保官職一節，查八月十五日學部奏考試游學生折内載明，京外衙門可就所分之科分别調用，加以試驗，奏請録用實官等語，是保給官職係屬奏准之案，無可疑義。至就京職一節，昨聞榮相云，外省保京職者向不經見，或專折特保，竟邀俞旨亦未可知，一交部議，則必格於成例云云。弟意以爲，但能藉手展布，京外亦無甚殊异，未知我公以爲何如？敬希據述轉達是幸。

專此奉復，敬請升安，祗賀年喜。

治小弟修頓首。十二月廿七日。

*整理者按：本文作於光緒丙午（一九〇六），鈔自《嚴修手稿》第二十二卷，《嚴范孫函稿》，第一六七〇七至一六七〇八頁。另《嚴修日記》丙午年十二月二十七日就此信記載：『寫致盧

木翁信稿，復黎、嵇諸君保官職事。』

木翁先生大宗師大人閣下*：

前復一函，知登簽典。榮相昨言，王劭泉曾經學部奏派，充五城學堂監督，嗣因北洋大學收回教育權事尤重要，故以相讓。惟僅有諮調之案，未經入奏，似宜由慰帥便中附片奏明方妥。我公晋謁時，請即代達是荷。芹香函述尊慮，學務籌款一節，容商榮相，容後奉聞。祇請教安，并賀節喜。

弟嚴修頓首。五月初二日。文報局寄。

*整理者按：本文作於光緒丁未（一九〇七），鈔自《嚴修手稿》第十六卷，《自起信草（丙午至庚戌）》，第一二〇六八頁。

木齋先生大宗師大人閣下*：

初六日復上一緘，計邀垂簽。東文學社改設之直隸小學堂，因虧款太多，且日人盤踞不去，無從整頓，年前弟與張執中商酌，決意停辦，仍聽日人接管。北洋月給之二百金，從此停發，經函商督帥，俱已允行。聞執中已向我公面述，不必復贅。此後可少一番交涉，且於經濟界亦有小補益。惟舊日學生，間有學力頗優者，未便聽其廢學，且該生等皆不願再入日人所管之學校，志趣如此，尤未忍置之度外。

復經弟與執中商量，擬分遣保、津兩處，分別插入東文專修及天津之翻譯儲才所，俾資深造，且可收异日之用。聞執中亦向我公道及，除應到保定之若干人由執中自行辦理外，計可入儲才所者十一人，另單抄呈，敬乞量爲安插。如蒙許可，尚乞示覆，即當轉致該生等刻日前往。該所章程并望抄示一通，一并轉告。至東文學社月領之二百金，向由運庫發給，即係從前天津問津、三取兩書院之款。今東文學社既已停廢，能否撥充他項學務之用，或即撥爲儲才所津貼之用，應請我公與輯之都轉妥商辦理。

再，威縣劉嘯東孝廉吟皋，曾在保定農業學堂肄業一年，畢業後派赴日本習速成師範，於三十一年夏畢業回國，經農業學堂指請，仍充該堂教員。去年嘯東來京謀事，經紱臣參議派充師範講習科教員兼管理員。年終講習科畢業，該孝廉遂置閑散。該孝廉學力尚優，譯有論理書，人亦穩練，擬請我公留意爲置一席。聞順德中學監督李君銜照現欲辭差，未知已有替人否，并希裁酌示覆爲幸。

特此奉商，再請文安。

弟又啓。十九。

*整理者按：本文作於光緒丁未（一九〇七），鈔自《叢修手稿》第十六卷，《自起信草（丙午至庚戌）》，第一二〇八五至一二〇八七頁。

木翁先生大人閣下：

前呈一椷，當蒙充鑒。王少泉辭兼差一事，曾代托仲仁兄設法轉圜。小莊自津還，知我公與仲兄均極作難，而少泉叠次來函，仍執原議爲詞，且弟誠無以難之。再四思維，惟若不由弟武斷，此局難無定時。謹擬辦法如下：

北洋大學堂教務提調仍以王少泉專任。鄙意薪水仍照院札之教，統回大學堂支領。而少泉謂院札所分派者，大學堂僅二百金，擬俟六個月後，如果蟬聯，止照二百金支領。（六個月云云者，以少泉初就此席之時，與蔡預約七條，内有六個月內作爲試辦，不領薪水一條，故云然。）究應如何，公可毅然作主。保定高等學堂西文功課，約張伯苓作爲名譽稽查員，每季赴保考察一次，每次以一星期爲度。（丁氏赴保稽查，歲亦不過數次。）其西文科學課程由伯苓商同少泉酌。每次送往返夫馬費七十元，由提學司致送。各府中學堂派省視學中通西文者、科學者周查其課程，即由省視學商同少泉、伯苓兩君酌定。薪水即由公酌定。丁氏時薪水月五百金，川資歲百四十金，照以上辦法，則較前可以節省。省出之數，均應提歸提學司。

少泉所奉院札，應請我公代求換給一札，止令充大學堂教務提調。伯苓充名譽稽查，似宜加以禮貌，可否由公給予照會，請卓核。以上各節，不敢謂面面妥恰，惟熟察事機，如此則有益，不如是則窒礙不行，請我公就近與仲仁先生一商。然後再請帥示，如無异説，敬候示下。當將少泉所奉院札寄呈，轉請换給也。

專此奉商。敬請台安！仍候示覆。

治小弟嚴修頓首。十二。

再啓者，近日風聞保定高等學堂監督有撤换之説，未知確否？燕泉於教育一道考究最久，心得最多。學校司設立伊始，規定一切，功不可没，高等學堂近來添换教員，厘定功課，條教井井，漸次改觀，遽覓替人，正恐不易。幸公有以護持之。

*整理者按：本文作於光緒丁未（一九〇七），鈔自《嚴修手稿》第十六卷，《自起信稿（丙午至庚戌）》，第一二二五〇至一二二五三頁。

木翁先生大公祖大人閣下*：

前覆一緘，計邀垂簽。王少泉大令專辦大學提調，聞帥已俯允。微公之力不至此。兹將原札寄繳，仍求大力代請换給一通，至叩至叩。即就近發交本人尤妙。燕泉觀察深通教育，辦高等學堂條教詳明，爲方伯所稱嘆。近聞有短之於帥前者，而我公默爲護持，得以無恙。主張公道，非公其誰。尚祈始終維護之，人才至難得也。

肅此奉布，祗請教安。諸希垂察不宣。

弟嚴修心叩。廿三。

*整理者按：本文作於光緒丁未（一九〇七），鈔自《嚴修手稿》第十六卷，《自起信草（丙午至庚戌）》，第一二〇五五頁。

木翁先生大宗師大人閣下*：

初四日奉復一緘，計登籤典。昨又奉到惠函，飫聞高論，欽佩無似。原函轉呈榮相，亦贊嘆不置。已發丞參堂核議矣，容後奉報。茲將會計司收條一紙寄上，祈察入。先此肅復，祗請教安！

治小弟嚴修頓首。正月初六日。

外一紙。

*整理者按：本文作於光緒戊申（一九〇八），鈔自《嚴修手稿》第十六卷，《自起信稿（丙午至庚戌）》，第一二二六六頁。

木翁先生大宗師大人閣下*：

秋臯還京，接奉手書，承惠寄《教育法規》譯本三十部，分貽學部同人，非第爲考究學制之資，且足爲統一政見之助，受賜多矣。除弟自留四部外，餘皆分别轉送，均屬道謝。兹列清單寄請察閲。肅復并謝，祇請教安！三月初三日

大堂 丞參堂 參事廳 總務司 審定科 普通司 專門司 實業司 會計司 司務廳 圖書局 督學局 官報局 調查局 八旗高等學堂 大學堂 勸學所 榮中堂 達侍郎 喬左丞 李右丞 孟參議 林參議 袁局長 徐局長 徐國子丞 以上各一部。

*整理者按：本文作於光緒戊申（一九〇八），鈔自《嚴修手稿》第十六卷，《自起信稿（丙午至庚戌）》，第一二二八三至一二二八四頁。

木齋先生大公祖大人垂省*：

辱荷華翰，洎圖書館章程，拜誦之下，敬諗籌畫周詳，規模宏遠，至深欽佩。弟自慚謭陋，莫補文明，前以家藏圖書公之學界，方懼了無善本，貽笑通人。乃蒙推廣擴充，設爲專局，益事搜采，恣人覽觀。屬在我邦人士，無不泥首拜大君子樂育之盛心，屬在部氓，同拜嘉惠，豈獨弟一人之受賜而已。敬謝敬謝！

承寄《法學通論》，已屬審定科詳加校閲，别以一册交寶侍郎轉送憲政編查館

供參考之用，已欣然携去矣。餘容續陳。專此奉復，即請勛安！餘維霽照不宣。

治愚弟嚴修頓首。三月二十二日。

外有副篇。

*整理者按：本文作於光緒戊申（一九〇八），鈔自《嚴修手稿》第十七卷，《戊申、乙酉信草·代拟信草二》，天津圖書館編，天津：天津古籍出版社二〇一二年版，第一二六二五至一二六二六頁。

木翁仁兄親家大人閣下*：

台旆莅津，重聆教益，忭幸良深。惟行色匆匆，未遂攀轅之請，令人悵歉耳。比審勛福兼崇，慰孚頌祝。礦案尚未發表，聞資政院提議時，贊成北洋辦法者十居其九，業經具疏入告，第未知輿論之效力何如耳。

前談弟之至友尹澄甫大令濰，聞已晋謁崇階，優蒙眄睞。是人操心制行，爲弟生平所最傾服，恒師事之，新學尤所留心。公若收入藥籠，弟敢以百口保其忠於所事也。

又前與李伯芝合薦先師徐相國之孫世兄名圭芝字琢如者，曾赴西洋游學數年，通曉英文，在津當蒙延見。渠現有意徑來奉天，聽候賞予差委。弟則暫止其行，許以函詢尊處，如已有相當位置，奉示之後即遵照前往。究竟能否玉成，尚希賜覆，以便轉告。瀆瀆不安。惟求鑒諒。朔寒劇烈，請惟珍重。

專此，敬請勛安！

治姻小弟嚴修頓首。十一月初四日。

*整理者按：本文作於宣統庚戌（一九一〇），鈔自《嚴修手稿》第十七卷，《自起信草（庚戌、辛亥）》，第一二八一四至一二八一六頁。

木齋仁兄親家大人閣下*：

開年以來，久稽箋候，伏想道履康勝，定符頌私。兹徑啓者：敝同鄉劉聰彝舍人居瀋數年，感公知遇，頗覺意氣發舒。聞去歲鄂中電調，公以深資臂助，諄切縶維，聰彝紉公倚任之殷，誠不忍恝然他就。惟鄂中工次籛學使，原係性庵右丞分校春闈所得士，與聰彝爲世兄弟，契合最深。此番相須甚殷，必得請而後已。在次籛，既有借才之意，不難顧懇於師門；在聰彝，雖有戀舊之誠，不忍顯違夫嚴命。頃者，專函見屬，托弟函致臺端，如其稟牘到時，務希諒其不得已之下情，俯賜批准。竊思我公左右濟濟多賢，求一替人，或非難事，而鄂中爲公鄉里，得一熟諳學務之人贊助其間，從此日起有功，揆諸我公眷懷桑梓之心，當亦深爲嘉與也。不揣冒昧，輒爲代陈。是否可行，尚希卓酌。

專此奉布，敬請勛安。

姻小弟嚴修頓首。三月十九日。

*整理者按：本文作於宣統辛亥（一九一一），鈔自《嚴修手稿》第十七卷，《自起信草（庚戌、辛亥）》，第一二八九一至一二八九三頁。

木翁仁兄親家大人閣下*：

前誦環章，祗聆清誨，藉悉政躬曼福，式符誦私。頃者首夏清和，良辰上吉，公子舉成人之禮，德門飾親迎之容。松柏女蘿，忝婚姻之攸托；庭階玉樹，欣福祉之駢臻。惟寒門尚域鄉風，恐弱女未工婦式，欲斅周詩之宜家室，必如魯語之學舅姑，惟側聽乎義方，庶漸嫻於内則。重勞教導，曷任禱祈。專肅奉賀，并達下忱，兼請勛安。餘希涵察不備。

治姻小弟嚴修頓首。

*整理者按：本文作於宣統辛亥（一九一一），鈔自《嚴修手稿》第十七卷，《自起信草（庚戌、辛亥）》，第一二九一六至一二九一八頁。

木翁親家大人閣下*：

前月上書，計呈察鑒，比想勛定綏吉，慰符頌私。文郎雋予賢婿擬於閏月二十前後偕小女啓行，先至瀋垣省覲庭幃，再赴日本預備入校，想已有家稟上陳矣。少年光陰，尤最可寶貴，閑散送日，誠非所宜。抵東後自可專心嚮學，學不至有曠廢之慮。庭訓周詳，至爲欽佩。弟里居無狀，氣苶志衰，玩愒惰偷，不堪筆述，未知高明何以教之。

兹敬商者：弟所經理民立第一小學堂，其發起倡捐之人，原係長蘆總商王竹林、李子赫兩君。常年經費或由兩君分任，或由兩君代募，維持接濟，已歷十年。今年蘆商債務大起風潮，王、李兩君首當其衝，家産蕩然俱盡。兹校遂生經濟問題，大有岌岌不保之慮。該校開辦以來，逐年展擴，學生容二百五六十人，雖未十分完備，而纍年畢業學生升入他堂者，成績尚居優勝。若聽其因費絀而中止，未免可惜。兹擬仿日本學校募集基本金辦法，爲一勞永逸計。除將弟捐助他項公益之款約三千餘金商請當事，移緩就急，撥歸該堂存儲作爲基本金之起點外，但爲數甚微，所闕尚巨。非廣求將伯、仰藉衆擎，難期集事。因念我公於敝省學務，功倅再造，滿城桃李，悉經手自栽培用。敢不避瑣瀆之嫌，籲請登高一呼，俾得維持勿墜。捐啓等件，由該堂堂長李舍親春田親面上呈。倘蒙傳見，面詢一切，并面諭一切，尤爲成幸。

另有致熊秉三都轉一函，托其贊助并托其乘間向次帥一言。秉三與弟氣誼深投，或不漠視。更得我公九鼎一言，愈足以資取信則。受賜之厚，不僅一二人之私感而已。

書不盡意。餘惟涵察，敬請勛安。

治姻小弟嚴修頓首。六月三十日。

＊整理者按：本文作於宣統辛亥（一九一一），鈔自《嚴修手稿》第十七卷，《自起信草（庚戌、辛亥）》，第一二九四九至一二九五二頁。

木齋親家先生賜鑒*：

上月由家信中接奉惠書，并寄示哀啓，讀悉一一。讀哀啓一過，益嘆姻伯大人德行純懿、肝膽照人，非時賢所能企。銘墓之文，必須名手，修已久拙於爲文，此體尤所未工，不敢應命。及近文章之美，莫過於貴同鄉饒公漢祥。黎黄陂之公牘，海内傳誦，皆出饒公之手。親家試以鄉誼往求之，何如？

東京想當通信，前接小女来信，因同居之人數漸少，意欲另覓新居，未知已覓妥？近者小兒智開完婚，夫婦已均東渡，同居人數稍多，或即不遷亦未可知也。

弟居英京，一切粗適，足慰關注。

專此奉復，敬請禮安！

弟修謹啓。二月三日。

*整理者按：本文作於民國甲寅（一九一四），鈔自《嚴修手稿》第十七卷，《辛亥至甲寅信草》，第一三一四八頁。

木齋親家、少泉仁兄大人台鑒*：

前蒙允助留日南開學校同學會每年華幣五十元，感激無似，業經通知該會，并將本年之款照數墊寄，兹接到東京覆函，屬爲致謝。收據一紙，敬悉察收。此款惠還不拘遲早也。

二月十日。

*整理者按：本文作於民國己未（一九一九），鈔自《嚴修手稿》第十九卷，《己未信草》，第一四三七六頁。

木翁親家大人台鑒*：

前承手示，遂即函致子均舍弟，若獲復函，還呈垂閲。伊云既□其二，無不遵命。待伊新春來津面商，想不爲遲也。

特此奉達，敬請晨安。

一月十三日。

*整理者按：本文作於民國辛酉（一九二一），鈔自《嚴修手稿》第十九卷，《庚申、辛酉信草》，天津古籍出版社二〇一二年版，第一四二七六頁。另從當年一月五日嚴範孫致信嚴子均函可知，盧木齋在天津日租界秋山街新購住房一所，地基三畝有零，正南面有地半段廣約一畝，係嚴範孫堂弟嚴子均所有。盧木齋欲作價購買，或以地置換，轉請嚴範孫代爲商議。

木老親家大人惠覽*：

別來旬月，遥想怡順養遵，定符私祝。兹陳者：梁任公携眷擬往海濱避暑。借㵐墅暫住，弟已函諭智開接待。惟恐任公到日，智開已歸，看房劉升又不識字。擬懇親家派人往告劉升，令其招待并預備一切。如㵐墅不敷居住，親家如有空閑之房，并企匀借一所。

八月十一日。

*整理者按：本文作於民國癸亥（一九二三），鈔自《嚴修手稿》第二十卷，《癸亥、甲子信草（乙丑附）》，天津圖書館編，天津：天津古籍出版社二〇一二年版，第一五三九五頁。

木老親家大人閣下*：

昨承手示，佩悉一是。陸生奠敬即日送交，并將親家尊函給陸生閱看。渠得此款接濟，節關可以穩渡，自不必另求介紹矣。收據一紙呈閱。

專此復謝，敬請晨安。

六月二日。

*整理者按：本文作於民國丁卯（一九二七），鈔自《嚴修手稿》第二十一卷，《信草（起丁卯陽曆四月，訖戊辰陽曆九月）》，天津圖書館編，天津：天津古籍出版社二〇一二年版，第一五七八三頁。另據当日《嚴修日記》，陸生名斗南，六月一日盧木齋致信嚴修，送陸斗南令堂奠分七十元。此爲嚴修回信。

木老親家大人賜覽*：

久未謁教，想動定安和爲祝。崇化文會前承列名發助，得以成立，現經考取學員二十餘人，日内拟即開學。此會宗旨，先示以讀書門徑，擬每人先治《書目問答》一部以爲指導。敝處尚存貴陽刻本，唯不足十本，不敷分給，親家校刻之本，如有存餘，擬懇賜給多則二十部，少則十五本，以便得人領一部。如蒙俯允，即希交孫女仁清帶下，尤爲感荷。

十月廿五日。

*整理者按：本文作於民國丁卯（一九二七），鈔自《嚴修手稿》第二十一卷，《信草（起丁卯陽曆四月，訖戊辰陽曆九月）》，第一五八三七頁。

附録一　盧木齋先生事略

補祝盧木齋先生八十晋一壽序

賈恩紱

沔陽盧木齋先生，四十年故交也。客歲乙亥，先生正八十，稱觴天津，匿不以聞。今丙子，又晋一矣，一二親故外，仍鮮知者。翌日知之，而期已逾。余與先生忝爲文章道義之交，自謂知先生深者，莫如余知之深而悉；其致壽之由者，亦莫如余久欲以文爲贊，以祝難老。先生名倘不見余文，世俗方兩歉焉，况余文又迥异尋常泛諛之詞乎？且也非遇覽揆之期不以壽者，世俗可祝哽祝噎，豈期限之足拘？爰畢吾説，用彌文字之憾，又奚爲而不可？

蓋余之初識先生於豐潤也，先生年方强仕，其天算之精，循良之績，海内莫不聞。未幾，拳匪構變，國狂燎原，先生厲禁之，闔境匪徒莫敢逞。顧内則土匪蚩氓，外來驕兵悍將，蜚語萬端，首尾應和，於是燒學堂，焚藏書，岌岌不終日。有某縣佐，亦祖匪者也，語余云：『今晨盧令丁祭，昌言曰：「吾誓死於正命，决不聽神以幸生也夫。」』義民群起而仇之矣，反曰得正命，誠异聞哉！』冷其齒以去。鄉以先生爲恂恂學人爾，驟聞某言，始驚嘆悦服，知先生毅力宏大，其不測有如此者。是夕，先生以手札見屬，云後此衣冠墓銘，惟公是賴，它無置念者，惟藏書數十簏，請代贈本縣學校，吾子孫幸存者，畀以應讀之書數百卷足矣。誦之殊難爲懷。顧先生自變生後，陽陽如平時，從無惘惘之色。今兩札猶在，如匡居談笑，牢落感傷之意不露毫端。死生亦大矣！如先生之自安義命，了然去來，生平所僅見也。

今登上壽矣！黄髮鮐背，豈爾時之所及料；榱題崇階，豈爾時之所屑計；劉《略》班《志》，又豈爾時之所暇訪斠哉！今皆得而兼之矣。自吾觀之，先生浩然之氣，直養無害，後此之所獲，正前此之所弃，與佛氏舍盡取盡之義正同，壽考烏得而不長乎？非然者，中有所不足，則氣先餒；無義道以相配，則神先摇。氣餒神摇，則美先盡。巨變當前而安之若素，斯遐福曼壽之預徵已。壽先生者多矣，述績學、頌循良而不及乎此，無异遺本而求末也。先生亦淡然自忘之，吾知其葆此貞固者，益未有艾矣。試懸吾言，俟它日爲之徵。弟賈恩紱拜撰。

又，公處庚子之變，危險萬狀，而不悚不慹，陽陽如平時，此在持養有素之君子猶或難之，公居恒恂恂一書生，及臨危遇變，慷慨從容，視若固然，此等神勇，實走所目擊，服膺數十年，耿耿不忘，逢人輒道，獨未嘗與公一言及之，恐不識者以面諛誚我。今皆垂垂老矣，小嫌無庸置意，而於公不能無疑者，此在公行狀中不能謂非第一大節，往見公生壙銘中無一語及此，公竟淡然忘之矣，在公固尤可佩，而旁觀終疑爲輕重失倫。頃檢舊存尺牘，公之大節凛然，鬚眉畢現於故紙堆中。兹特送呈，以博公之大胡盧，稍暇當與公痛論往事以爲快也。再呈木老。紱再頓首。

外《同人集乙册》*：

佩卿先生如晤：

奉福書薄贐，蒙齒及，益增慚恧。濟生丁内艱，前送賻儀，道路修阻，不獲致，四十金兹送存尊處，亂略平，祈轉交爲感。昔子瞻兄弟，各以墓志相屬；曾文正、胡文忠當粵匪倡亂之際，身家性命皆置度外，惟此幽壙之銘，時殷殷互托焉。鄙人學既荒落，含羞忍垢微員中十餘年，又碌碌無可稱道。然在此間六年，不無一二事合於古人者，幸而能臨危致命，則衣冠之墓銘，惟吾兄與濟生是屬也。呵呵一笑，敬請撰安。祈候

玉福

弟靖頓首。六月三日。

再者傷亂之世，金玉錦綉皆在所不惜，惟書籍數萬卷，乃靖二十年心力所聚集者，若一夕散亡，極爲骨痛心酸，擬全送入書院或分送與閣下，未知能與各紳董設法保全否？叨天之福，小兒輩得一綫之存，异日衹求諸君子給與應讀之書數百卷足已。區區過慮之端，伫候好音不一。

靖再叩。

*整理者按：《同人集》爲賈恩紱自選往來書信集，盧木齋此函因賈恩紱珍藏而得存。後此信曾單行本影印，即《沔陽盧木齋先生手簡》，天津圖書館、國家圖書館均有收藏。《手簡》單行本中，賈恩紱於影印盧木齋手札後作跋文曰：『此次拳匪之亂，宋慶之兵過豐潤境，城紳信拳匪者嗾令宋兵將新建經濟學堂及藏書樓全拆毀，并取所置之書數萬卷盡毀之，彼時萬分危險，銜署性命頃刻不保，故有前與佩卿兩函也。』

木齋老人八十壽序

甘鵬雲

鄉先生旅居舊京，其學行爲鄉邦後進所矜式者，夙推鄂中三老，謂樊樊山、左竹勿、周沈觀三先生也。自三先生即没，則盛推木齋老人，而老人之所設施，尤爲閎遠，其生平志事，惟兢兢以增進文化、造就人才，引爲一己之責，不以顯晦而易其心。以此鄉人同聲稱之無异詞，以爲無愧古人也。老人持議力主變革科第利禄積習，蓋老人夙抱澄清之志，自其少時深病舉業壞士風、錮人才，不足應世變，輒薄而不爲，而專致力於經世有用之學。又力主博采歐西物質文明以匡我不逮，故於西人器數之學探討尤勤，頗欲以所學見諸實事，而耻爲空言。會朝廷鋭意興學，項城袁公派遣老人東游調查學務，老人建言曰：『舊習不去而欲興學，其道無由，此不待調查者。』袁公韙之，上其議於朝，而停罷科舉之命下矣。人皆知此舉爲疆臣奏請，而不知其動機自老人發之也。

老人有深識，凡國家之禍變，輒燭照於未然。自甲申越南一役，海軍挫衄，老人恤然憂之，亟上書大府，力請破文法、整軍備、籌國防，『外患迫矣，不十年恐煩兵事』。未幾而中日之戰起，老人之言驗矣。戊戌政變，新舊交訌，老人慨然曰：『此變法之障也，朝端水火，可以定國是乎？』未幾遂釀成太后訓政之局，六君子殉難，新政停罷，黨禍興矣。守舊者快之，而老人之憂更甚，語人曰：『亂機其伏於此乎？』時老人方宰豐潤，實倉庫、繕城隍、勵部民、詰奸宄、備非常，旰夕不遑也。不一年而拳匪難作，舞刀持戟，橫行都市，獨不敢入豐境。外軍深入，京畿塗炭，獨豐潤晏然。識微於幾先，而備豫不虞，故一邑免蹂躪之慘。凡此，非所謂瞻言百里者歟？

老人憂國之不競也，力主自强。以爲自强之根本在儲才，儲才之根本在教育，故生平於教育，性命以之。其都講北洋武備學堂也，胥群士而淬厲之，所成就獨多，其杰出者至能任巨艱、膺重寄。段祺瑞、王士珍、馮國璋之流，其尤著者也。自後歷宰壯縣，提學畿輔、陪京，莫不以振興教育爲首務焉。其宗旨謀普及、重實際，其方法籌基金、遴教師、嚴教規，所至有名績，政聲翕然。手定教條，各省學官多取以爲法，莫不推老人爲教育家之斗杓也。

雖然，任職居官，舉其職而官無曠，固其所耳，不足爲老人异。至若退歸林下，身既隱矣，非有責任可言，而提倡文化之盛心，至老而不衰，是則可稱异者也。湖北先正之遺書，湮晦久矣，老人廣搜而刊布之，都一千幾百卷而猶未已，盛矣哉！視歙之鮑、粤之伍、金山之錢何多讓焉？表章昔賢以嘉惠來學，其功偉矣。津門設木齋學校，南開設木齋圖書館，揮斥巨金不惜，猶慮其未周也。復於北平建立圖書館，廣儲群籍，以餉寒畯，用意殷勤甚厚，裨益社會無窮。

罄己所有而專務利人，孰肯爲者？環顧方内，此等盛舉豈曰無之，然大都舉以衆擎而已，其能不假將伯之助，獨力任之如老人所爲者，有幾人哉？此鄉人所由獨賢老人，而以爲非凡所及也。

乙亥二月二十五日，爲老人八十雙壽攬揆之辰，鄉人旅舊京者登堂稱祝，屬予爲文侑觴。予與老人知厚，老人弟畜予，不敢辭。老人嘗語予曰：『留錢財遺子孫，是遺子孫禍也，我不爲！我但竭力爲文化事業，了我夙願耳。』其謀慮之深遠如此。老人夫婦皓首齊眉，蘭玉盈階，孫曾繞膝，家門鼎盛，真所謂富貴壽考、康强逢吉者矣。傅惕生所撰《叙樂堂記》述之特詳，故予略而不言，而但撮舉老人生平志事與其所設施質言之，以爲老人壽。老人閲之，或許予爲知言矣乎？愚弟甘鵬雲頓首拜撰，姻愚弟胡鈞頓首拜書。

盧木齋提學八十雙壽頌并序

錢葆青

繄古升平之世，休運龐鴻，民風醇厚，天清地淑，日晶月華。每多黃髮之臣，人無夭折之患。雍雍穆穆，吁其盛歟！顧五福不言富，三祝貴多男。名爲造物所忌，壽爲天地所難，兼之者，亘古爲稀。矧在末世，今觀我同年木齋提學，嘉貺畢臻，并世無兩，其人乎！其人乎！

君居於沔沔大邑也，文學彪越，有名於楚。光緒中葉，國家多故，鋭意求賢，時江漢人材群以經心爲淵藪。君以寒素，獨好深沉，慨然有志於經世之學，不屑爲章句儒。覃思疇人，精孯火器，與泰西争長，翹然异於人。項城高勉之督學拔君冠其曹，而長洲彭芍庭中丞奇其才，延上座。適義烏朱蓉生侍御典鄉闈，以天算策多士，而經心上舍諸生咸沾溉於君，拱手推君爲第一。君果獲雋，海内無不知君之學之名矣。會督學以人才特薦計，偕走京師，樞府召試，以知縣發北洋。合肥耳其名，促赴天津提調武備學堂，兼充都講。所謂『北洋三杰』，名盛當時者，皆校中佼佼人才，餘子且遍海内，爲今麟鳳矣。

尋出宰贊皇、豐潤，撫多倫諾爾，興利剔弊，兢兢於興學、治水、惠工、通商諸大端，尤以搜求典籍，廣開書庫，嘉惠士林爲幟志。庚子之變，畿輔雲擾，君適宰豐潤，以君教澤覃敷，民智開而防維備，四境晏然而不驚風鶴，爲直北諸邑冠。項城袁公疊章論薦，以异數晋提學，海内榮之。君則輶軒所至，披榛采蘭，甄拔异材，開通風氣，畿甸學風爲之一變。量移陪京亦如之。先後於保定、瀋陽各建圖書館，於天津南開大學出私財建書庫，置書十數萬卷，費十數萬金而不恤。至刊行《湖北先正遺書》數百帙，餉遺學子，惠贈友朋，尤爲吾鄂之創舉。時君年且八十矣，眷念故都文化斐然，而科學儀器尚付闕如，慨發宏願，别辟廣厦百數十間，籌輯海内外精製爲兩館，以補國力所未逮。君之志慮深沉，規撫宏遠，其年之高、力之强、任事之勇且定，爲近世士大夫所罕匹，而其救國之忱、散財之義與夫擘畫之精且當，揆諸古今中外得幾人哉？

今年二月二十五日，爲君八十雙壽之辰，白髮齊眉，内外孫曾四五十人。一門雍肅，玉樹蘭芽，瑜珥瑶環，於斯爲盛。君則丹顔朱履，鬚髯若銀，王母木公，神仙不翅，此身此世，直如羲皇上人。彼都人士咸謀稱觴，君復欿然擯謝，不欲於國事蜩唐之日稍涉鋪張，可謂抱璞守真、處膏不潤者矣。葆青與君交餘五十年，曩有以文爲壽之約，白首如新，曾無蔕芥，步塵回首，能已於言？邦人君子，共以此爲兩友之誼金石不渝者，幸已！儻有以諛詞誚讓者，則非葆青所敢知。君其掀然大笑，爲晋一斝乎？復爲頌以侑斝。頌曰：

沔水之陽，文雅淵藪。北夢南雲，胸吞八九。中有异人，鈎河摘斗。生也應運，奇其無偶。學窮亥豎，實發幽蔀。高步京畿，馮翊左右。百里士元，首屈厥拇。朱旆軒軒，佩玉瓊玖。樸棫作人，若木在楺。金匱石室，掌故典守。貧饋以粮，羸哺以穀。七略四部，學府之鈕。樹人百年，鑱碑萬口。先聖在天，斯文有後。文武弗墜，天與厥壽。世之靈光，天之黄耇。巨柏長松，眇爾蒲柳。白髪齊眉，木公王母。内外孫曾，同根若藕。偕老之福，得天者厚。風日聚京，大小垂手。對酒當歌，維辰及酉。使君壽考，杏花春酒。歲在乙亥仲春百花生日，年愚弟錢葆青頓首拜撰并書，時年七十有七。

伯兄木齋先生八十雙壽

盧慎之

曩歲乙丑，伯兄木齋先生壽七十，弼曾撰文爲頌。日月居諸，荏苒十載，今歲二月二十五日，伯兄晋壽八十，舉家欣幸，群從子侄以弼年輩稍長，伯兄懿德知之較詳，願藉吉語以侑嘉賓。敬維伯兄生平學行大端，前文略具，無俟贅陳，姑舉近事足以矜式方來者，謹摭要言之。

吾家世居湖北沔陽新堤，先大夫始遷居仙鎮。仙鎮地濱漢水，水自襄樊而下，匯納衆流，至下流而益蕩決曼衍。春夏水漲，爲患尤厲。本鎮舊有護街堤，往往受水衝擊，竟成澤國。先大夫慨然憫之，以爲非建修磯不足以殺水勢、固堤防，籌議經年，有志未逮。伯兄毅然捐資，終成其事，今所謂盧公磯者是也，可謂善承先志者矣。吾沔處江、漢、沱、潛之會，居民大都業漁務農，自謀菽粟不遑，學問杰出之彦代不數覯，間有述作，多付洪流，考獻徵文，良不易易。伯兄曩者既刊行《湖北先正遺書》，萃全省之菁英矣，復搜集一邑之名著，刊成《沔陽叢書》百數十卷，蔚然巨觀，彰先民之潛德，啓來學之觀摩，簡策流傳，同垂不朽焉。

伯兄少有大志，好閱戚繼光兵書，又喜治經世之學，乃究心疇人之業。家貧無力購求，鄉曲僻陋，亦無可借讀，深以學子求學之艱、得書不易爲憾。比年寓居津門，捐資十萬金建築木齋圖書館於南開大學，復以數十年所收藏數十萬卷畀之，匪特盛德仁心昭兹來許，即豪情壯舉亦足以激勵後學矣。

伯兄嘗論救國之危、化民之愚，惟普及教育之一策。曩司直隸、奉天兩省提學，增闢校舍，擴張學額，惟冀無人不學，勉爲强國之基。罷官以後，猶持此志未忘也。時局多艱，世風日下，或張大學之虚名而風氣墮壞，或因款額之侵蝕而功廢半途，或藉爲政治夤緣之階梯，或假爲牟利營私之媒介，欲以覺世牖民而反爲蠹民之具，大爲天下所詬病，此真賢智所不及料而最引爲痛心之事者。伯兄憂之，自以第宅一區，創辦木齋學校，命三侄女定生主校事。不特力挽頹風，且年捐巨資以宏造就，俾莘莘學子成爲不凡之民，异日足以肩天下之重任。其非願力之宏廓，詎能有是哉？

弼嘗竊論人當少壯之年，往往奮不顧身、勇往前進，所謂少年氣盛，人生之朝氣也。及至年齡衰老，晚景頹唐，事業功名多置度外，所謂我躬不閱，人生之暮氣也。乃觀吾伯兄，年已八十矣，而其建樹之雄偉、籌略之遠大不減少年，此豈古今人所能及耶？抑又聞之，人情於暮齒之年，每多爲室家之計，閱歷已深，徘徊却顧。而伯兄則刊布遺書，惠及先哲；鞏固河防，澤流閭里；闢文館，興黌舍，其利被尤無窮。凡所設施舉，無一不爲公者。殆所謂先天下之憂而憂，後天下之樂而樂者歟！惟其有利賴百世之心，自應食康疆壽考之報。《詩》云：『樂祇君子，福禄申之。』其伯兄之謂乎？謹拜手以頌。中華民國二十四年夏曆二月，同懷弟弼撰文敬祝，侄男開運敬書。

叙樂堂記

傅汝勤

外舅盧先生既建木齋圖書館於天津之南開大學，慮其未周也，復於故都購得前清光緒朝河道總督成孚氏之私第而建北平木齋圖書館，以廣文化。館之西偏，成氏之舊園也，壘石爲山，引水爲瀑，佳木异卉，列植交陰，亭臺池榭，極游覽之娱。其宴息之所，則曰叙樂堂，尤曲折有致。成氏之初以『叙樂』名是堂，意旨何在，莫由知之，今之於先生則甚當也。

先生蚤歲有澄清之志，而家屢空，治學之外，尚須兼顧事畜。洎乎通顯，惕厲中外，未遑寧處。近則退休林下，又常以國事爲念，屢數萬鎰，振興文化。其生平殆無一日不在憂勤惕厲之中。初未嘗有幾微之逸豫也，今得此幽適之地，游焉息焉，倚樹而聽流泉，臨池而觀魚戲，吟哦長廊之間，啜茗槐蔭之下。怪石林立，狀態瑰奇，可供玩賞；雜花异草，四時競妍，燦然悦人心目；禽鳥飛鳴，悠然往來，物象意趣，仿佛山中。時而陟山巔、坐高亭，矚目遠眺，翠微諸峰，隱顯出没；雲物光景，其狀萬變，盡爲攝納，則又兼有野外之勝也。至若敘樂堂之爽朗雅潔，巧而不華，精而不麗，冬温而夏涼，游覽之餘，安息其間，足以養生治性。或於疏窗净几旁讀《南華》諸篇，玩其達生、齊物之旨，諷誦陶韋佳什，思古人之高風，栩栩焉心曠神怡，敘樂之意，其在斯乎？夫侈園囿之勝，極游覽之娱，此富貴者之樂也；寄情泉石，蕭然物外，此騷人逸士之樂也。斯二者，皆非先生之志也。

先生素以天下爲己任，憂國之心，老而彌篤，治家持身，常以逸豫爲戒，而是堂之名因仍不改者，蓋别有所謂樂也。天之生人，常難予以全福，而先生與我外姑皓首齊眉，同登遐齡，聰明强健，猶逾恒人。子女輩少者勤於學，長者各有專業，可謂富貴壽考，康强逢吉矣。是樂也，雖有大力莫之能致，非得天獨厚而能如是乎？昔眉山蘇氏兄弟，少時誦唐人詩句，曾有風雨對床之約，其後各宦游四方，每吟想是語，以爲嘆息。今先生男女兄弟四人，俱享高年，同處一方，春秋佳日，聚首言歡，往往追述幼小故事，以爲嘲謔。而介弟慎之先生，博學能文，常相縱論群籍，譏評古今人物，辯難不已，繼以書牘往還，務各求其是，迨至晤面，則又常視而笑，以爲快慰。二蘇氏所謂風雨對床之樂，又焉能逾於此也耶？

鄉者先生折節讀書，以深究當時之務，顧家貧無力，每購一書，非節衣食之用，展轉數月，莫能致焉。噫，何其難也。通顯以後，既於從政所至之處廣儲書籍，以恤寒士。今則自建之圖書館，且不一而足。文化廣敷，爲海内所僅有，抑何盛耶？先生爲國家匠，陶冶而成之者，已遍國中。自今以往，德澤所被，濟濟多士，更難以勝數也。得英才而育教之，豈非天下之至樂也歟？竊觀先生之所樂，而於孟子所謂君子之三樂，固已備之矣。復兼之以得天獨厚之樂，則是堂也。仍以叙樂名之，不亦宜乎？

今兹夏曆二月二十五日，乃先生八秩岳降之辰，爰釋是堂命名之意義，藉以爲壽。先生於行義求志之暇，安息其間，頤養天和，亦可樂而彌永其年矣。謹爲記。外舅大人鈞誨。長子婿傅汝勤頓首拜撰。中華民國二十四年歲次乙亥二月吉日。

壽盧木齋慎之昆季百韵 有序

胡鈞

木齋老人與先兄經廷同案入邑庠，俗謂之同月，意較鄉舉同年尤親切。慎之與愚兄弟三人同學兩湖書院，故寒舍與盧氏昆季有特殊之文字因緣。喪亂以還，踪迹遂疏。今年乙亥，木齋老人八十雙壽，李夫人且八旬有二矣，慎之夫婦亦逢周甲之辰，又傅夫人與寒舍有葭莩誼，家慶稠叠，都未登堂稱觴，禮數闕然。頃因溽暑，山居養疾。適慎之以《慎始基齋校書圖題詞》一卷寄示，附以傅惕生六十雙壽序及自撰壽傅夫人二文。竊思木齋老人爲晚近開風氣之大師，所成就之教育事業，更僕難數。慎之考校故籍，纂《三國志集解》六十五卷，煌煌巨著，有功史乘，愚心儀其人，讀其所著所刻之書既多，屢承投贈，愧乏瓊瑶之報，聊記所懷，進而請益，且博兩公之一粲云。

吾沔古蠻荒，於楚爲下邑。江漢環其境，沮洳恒艱粒。生計侣魚鰕，遑論數典籍。童志久就湮明童内方所撰《沔陽州志》亡佚已久，近始由慎始基齋搜輯重刻，陸刻亦尋逸。吾邑陸麗夫制府，在金陵收藏𣂺刻書籍不遺餘力，有功儒林，不讓畢、阮，徒以時亂身殉，其所刻書板均已散失，世人都不注意，傷哉。

前賢星星火，傳薪吾輩職。盧公起其間，蛟龍不久蟄。少小常困學，買書囊羞澀。瓻借亦無從，書空徒咄咄。矢志惠寒畯，他日期不忒。苦心天不負，果也士食德。

木齋老人常言，彼時欲讀無書，欲買無錢，鄉里蔽塞，亦無可借者。私意他日苟有寸進，必聚書開館縱閲，俾天下寒畯皆得歡顔，今果實現矣。

平生樂教育，以學不恃質。始基或不慎，物競負天擇。乞靈在書史，人才資培植。歷紀綴殘叢，耄老恣編輯。宏開圖書館，詎數文章伯。介弟同此志，斥資易書帙。藏書不自秘，重以廣𣂺刻。如樂奏塤篪，如鳥飛比翼。蕭齋一鐙青，虛室雙影白。或則辨魚魯，一字值千鎰。或則校本板，是非定出入。或審句斷章，疑者深究詰。或疏解詮釋，晦者轉煌熠。廠肆得秘本，珍重快什襲。荒攤獲殘篇，多方爲補葺。偶逢孤寫本，流傳恐未必。梨棗重壽世，明珠光的的。想見風雨時，聯床數晨夕。新舊或鑿枘，商量乃邃密。如此春復秋，丹黄費點乙。蠹魚伴人老，辛苦駐磨墨。維時勢倉皇，戎馬無寧日。逐鹿滿中原，蠶食來强敵。頭上飛鳶跕，門外夜夜賊。鄰子手無措，從容此運筆。君家雅雨樓，故是承平物。世變幾滄桑，不荒惟學殖。乃知辛苦中，其樂逾嘗蜜。始聚一邑賢，鄉里所矜式。沔陽成叢書，光彩動蓬蓽。續絶與闡幽，地靈斯人出。繼搜四庫館，先正遺典則。全鄂數千年，文物之所宅。薈萃無巨細，快睹集第一。畿輔開先河，豫章有特色。吾鄂此叢刊，堪稱鼎足立。况君矢宏願，綿續數未畢。异時江河間，藝林孰與勒。伯也耽天算，備習籌人術。器窮拋物綫，數精積拾級。舉世競試藝，虛榮不屑弋。時代所要求，終不閟幽仄。演草千萬紙，孤詣多創獲。南方産此良，施教學乃北。木鐸河朔振，篳路瀋陽闢。黌舍甫萌芽，進行須扶掖。南開啓廣厦，北平敞精室。圖書滿其中，學子廣知識。嘉名垂學府，木齋天所錫。季也閉户讀，文史長綆汲。百事不挂眼，一卷手不釋。就中研陳志，奮筆起其疾。羽翼裴松之，意義搜隱匿。杭大宗沈文起陳少章錢可廬衍石輩，考證都不悉。諸氏均有《三國志》考證，但屬零詞碎義，匪完著也。君乃集其成，窮年苦面壁。群書既網羅，外籍亦俯拾。杗桷無弃材，集解成巨册。博約適稱情，方知爲詣力。兩公等身書，綜計其所積。刊印壽世者，因已纍錦笈。校定待手民，不知凡幾百。名山十年鐙，講壇千秋席。吾鄉不能私，一國不敢惜。此爲天下士，所寳在百國。賤子忝鄉學，於誼蓋親昵。飢驅走四方，頻年疏形迹。君家傳世業，愧不詳起訖。陳詞欲表微，觀海慚蠡測。今年呈人壽，次第皆逢吉借坡句。長公看花時，矍鑠晋八秩。彩堂儼齊眉，蘭階群繞膝。次公花甲周，德曜良辰亦。家慶喜稠叠，合珠而連璧。吾聞傅夫人，婦德堪表率。井臼曾躬操，機杼不廢織。午夜共鐙火，一室諧琴瑟。相夫四十年，貧富素不易。况復佐書史，近朱者恒赤。异世李居士，湖州唱和習。女宗入甲科，進士真不櫛。慎之其慎之，名掩漱玉集。此爲曠代榮，君家尋常得。鈞也謭不文，焉能繪歷歷。既躬逢盛事，頗辱車笠揖。敢不竭一言，聊以敷其實。兄弟郊祁望，夫婦梁孟匹。娣姒各門楣，親舊邀恩澤。英材入牢籠，子孫衍蕃息。宗大繼二盧雅雨、抱經，書香百代及。吾鄉有此人，五福皇建極。愚弟胡鈞初稿。

伯兄木齋七十壽序

盧慎之

《湖北先正遺書》第一輯告成之明年越二月二十有五日，伯兄木齋壽七十，姻婭朋好、群從子侄，咸謀觴祝，不以弼不文，屬一言爲壽。弼自惟於昆季中齒最幼，兄政事學行，悉數難終略舉，聞諸長老及耳目所及者，摭拾大端，以明壽徵之有所自，可乎？

吾門世業詩書，家承寒素。兄少負壯志，羞伍群兒。稍長，讀戚繼光兵書，雅好韜略，潛心兵謀，推闡火器，顯意經世之學，不以貧乏餒其志，不以科第撓其慮，不以世俗榮辱詬誶挫其氣，孤懷邁往，凌厲無前。治疇人家言，尤殫精極微，深入堂奧，所著有《火器真訣釋例》《萬象一原演式》《割圓術輯要》《疊微分補草》《代數術補草》《微積溯源補草》《代微積拾級補草》，書眉布算，細字密行，苦思冥索，妙悟軼群。兄嘗謂李壬叔首譯西算，爲開山祖師，然多涉艱深瑣碎，轉令學者迷惘。其《垛積比類》四卷，愈演愈繁，窮於圖說；設以級數說演之，直捷簡易，頃刻可解，變化無方。又如《級數回求》一書，一公式足了之，何必引人入荆棘中耶！古今天算得術最難，大都隱秘，雖壬叔亦不免。兄所演各草，簡明勝并世疇人，開古今未闢之秘奥，省學者無窮之精力，我勞人逸，通經致用，此講學之宜壽也。

兄歷宰贊皇、定興、南宫、豐潤各邑，撫多倫廳，皆著循聲。所至創書院、植人才、求民瘼、清積弊，每年終考績，大吏奏上卓异，特旨優嘉，與吴摯甫、勞玉初同稱畿輔良吏，合肥李文忠、貴築黄子壽方伯，秀水陶子方廉訪尤激賞之。庚子之役，拳匪洋兵，毒虐士民，兄周旋其間，苦心調護，治境安堵，民無播遷。豐邑夙號衝繁，時苦水患，兄創辦河工，疏浚淤塞，捍禦堤防，躬事畚築，朝暮巡行，盛暑弗輟，歷時屢月，始終其事。薊運各河，堤埝數十里，葺治完固。工堅於疇昔之倍，費省於原額之半。行旅僉誦，民樂安居。兄嘗戲謂：『吾若效摯甫雍容作文章，亦可成《風土記》一書。』第不知於民生疾苦利病，果奚若耳。此施政之宜壽也。

北洋軍事，權輿武備學堂，李文忠公延兄主講算學，今之將帥，多出其門。有清制度，典學使者，例選翰詹，兄以乙科膺特簡提學直隸，創辦保定、天津圖書館，設立師範、法政、農、工、商、醫、水産各專門學校以數十計，中小學以數百計，男女生徒以數萬計。締造經營，必躬必親，手自擘畫，昕夕無倦。接納士類，延攬搢紳，詢謀有衆，焦唇敝舌，愛惜國帑，涓滴入公，成就人才弗可勝數。比移陪都，圖維益亟，嘗謂邊患方殷，外侮日乘，强敵逼處，國亡無日，非嘗膽卧薪，艱苦策勵，無以解倒懸。苦口危言，日引士夫而申警之，群相砥礪，争自濯磨。受代之日，莘莘學子十倍於始至之初，此敷教之宜壽也。

辛亥國變，兄隱居津沽，當道招聘，堅却弗顧，深慨禮義衰微，道喪文敝，江河日下，禽獸幾希，乃養晦潛修，發奮著述。嘗欲鳩集四庫未傳之本，爲千秋一綫之延，又以蓽路藍縷，登高自邇，先就鄉邦之文獻，彙成一省之叢刊，踵雅雨、抱經之前規，張楚水、荆山之閟寶。以弼粗涉簿録，屬同典校，四方徵求，一編纂就，都凡七十五種，爲卷七百二十。甲子春，成《湖北先正遺書》第一輯，引後生無量之興感，集前此未有之大觀，此存古之宜壽也。

夫舉世皆尚俗學，而兄獨潛心幽渺；舉世皆騖近功，而兄獨規劃遠謨。逮至末流，世變益詭，而兄獨屏弃一切榮利，爲舉世不爲之舉，舉鄉邦數千年之仁人學子所賴以托命者，發揮光大，同垂不朽，天安能無壽兄乎？

弼少承訓誨，以至於今，今年五十矣。往嘗語兄：『兄年七十，弟必爲文以壽；他日弟七十，兄亦當爲之！』相與拊掌大笑爲樂。昔錢竹汀序其弟晦之所著《三國志辨疑》，謂其孜孜好古，用力精勤，弼雖無似，或妄有述作，亦冀有竹汀之文，以爲簡策光。是則吾輩所引觴稱祝之微意也。

嫂李夫人今年七旬晋二，健康逾恒人，佐家政勤儉賢淑，伉儷篤好，宜享大年。兒輩雁行玉立，諸孫環繞膝下，足慰老懷，書之以識家門之慶云。同懷弟弼頓首拜撰。

盧木齋先生壽藏銘*

周貞亮

立聯峰山東望，群峰叠嶂，海水外環，有邱焉。遥對秦皇之島，巋然而高者，是爲吾鄉晴峰盧太翁之墓。距墓不數十武而西，有塔巋然，與墓若相拱揖者，則太翁長君木齋先生所營壽藏也。

先生名靖，字勉之，木齋其號，沔陽人。光緒乙酉舉於鄉，項城高學使以樸學异才薦，特旨以知縣交直督李鴻章差遣委用，歷知贊皇、南宫、定興、豐潤諸縣事，洊升多倫廳，簡放直隸提學使，調任奉天提學使。國變後，隱居天津，遂不出。有别業於北戴河海濱，其葬太翁於此，而營壽藏以依之者，蓋其歲時所常游處也。先生家儒素，少溺苦於學，不屑治帖括章句，喜兵家言，能闡明用火器法，尤好疇人術，神解如天授，其抉精摘微，能於《垛積比類》《級數回求》二書悟得其捷法，匡當代大師李壬叔之繁難，而不以絶學嚚於衆。著書已刻者爲《火器真訣釋例》二卷，《萬象一原演式》十卷，《割圓術輯要》二卷，《合聲易字》三卷，《古辭令學》

二卷；未刻有《疊微分補草》一卷，《代數術補草》四卷，《微積溯原補草》四卷，《代微積拾級補草》四卷，《四部叢刊提要》十卷，多密行細字，或載在書眉，不可驟觵理，積稿滿篋，而讀書不求版刻之精。莅官所至，興書院，植人才，詳求民生疾苦利病，尤留心水利。辛豐潤時，創辦河工，浚淤塞，固堤防，盛暑興事，躬操畚築以從。歷時二三年，於黑龍、泥、沙、陡四河，各疏浚三十餘里，築還鄉河決口五六里，修堤二十餘里。工堅費省，輿誦滿途，皆足爲百年之利，而不屑爲一書以張其風土。諳土木，喜營建，創辦天津、保定、奉天圖書館，設立師範、法政、農、工、商、美術、水産各專門學校以十數計，中小校以百數計，著籍生徒逾萬人。晚立南開大學圖書館，更獨立蠲金十萬成之，爲吾國私人蠲建文館第一，而所居不過一畝之宫。

性好書，喜搜未傳之本，尤留心鄉邦文獻，輯《湖北先正遺書》七十五種，都七百二十卷，彙爲第一集，印行遍海内，尚謀續成二、三集，日夕搜求不倦。凡四方估客，以鄉賢遺著至者，雖昂其值，無不售。而家藏書數萬卷，則盡蠲之文館。工計學，豐營殖，經營各實業，故能出其贏，以濟公私之急。凡親故緩急，公益提倡，以乞求助者，無不酌所求以應，而自奉不异爲諸生時。嗟乎，人生如寄耳，達者往往齊彭殤，一得喪生死不以介其意。觀先生所爲，類皆嗇於己而求有濟於人，有於中而不以表襮於外，其能外生死必也。是藏之立，豈非達者之爲與？抑觀其意色，似猶有不自得者，豈歷變久而憂世深，有所托而爲之者與？

先生學術治行皆卓卓有所表見，异時傳疇人、志名宦者必有述。貞亮與先生弟弼至好也，屬爲銘藏之文，謹摭其大略而書之如此。先生生於咸豐丙辰二月二十五日，今年壽七十有四。配李夫人，賢而善持家，睦姻任恤，克相夫子，有如賓之敬。副室李氏、李氏、周氏，皆前卒，陳氏。子八人，女六人，孫二人，女孫三人。其世系鹽山賈君銘太翁之墓既詳之矣，兹不具。銘曰：

山環於北，海波其東。有俊君子，實營斯宫。辛木無封，甕石不斫。外樹偉觀，中藏絶學。學唯其博，獨於算精。千年漆暗，一綫光明。布罫分疇，窺圜製器。力摇開山，訾其好秘。密字細草，著書滿家。力闢其奥，不紛於華。器不投時，得科於乙。以算發名，爲清第一。出其所學，用能厥官。萬間構厦，一柱障瀾。治績流聞，大府色喜。一時名臣，若王黄李。咸薦其賢，上諸彤墀。或開武學，延爲大師。視學提衡，翰林華選。獨以乙科，膺兹特簡。大開學府，廣延文流。有巍其建，兩峙書樓。改官於遼，憂心國運。大聲急呼，振起群奮。玉步既改，自甘退藏。東山屢起，不顧徜徉。綱羅四部，從一鄉始。老宿耆賢，名家巨子。收其遺著，墨諸赫蹄。堆几積案，高與棟齊。或驚所爲，嘆其好事。平生讀書，衹求有字。晚更發憤，大搜囊餘。獨建文館，并蠲其書。豈唯其書，更蠲財賄。河潤方州，不見其尾。古有福佑，不爽於天。壽將至百，名可千年。爰作斯宫，東山之上。萬事一暝，示其高曠。蓬萊海上，是爲仙鄉。或竟遺脱，不終來藏。我爲兹銘，不妨豫刻。文字有靈，萬年不蝕。中華民國十八年三月。

*整理者按：本篇題目下原署『漢陽周貞亮撰文，蒲圻張海若書丹』。

木齋先生八十八壽頌并序*

周學熙

癸未仲春，恭逢木齋先生八十八大慶。慎之介弟撰《事略》爲壽，拜讀一過，不勝欽仰。謹修俚句，以伸頌忱。即希郢正。年世愚弟周學熙頓首拜祝。年七十有九。

天將大任豈虛生，此老胸中富甲兵。韜略逢時登幕府，嫏嬛隨處闢書城。輶軒再出曾親學，經緯千端不務名。米壽即今猶赤子，高懷蕩蕩水同清。見慣蓬萊滄與桑，杏花時節且飛觴。道傳隋代文中子，福邁錢家武肅王。鶴髮交輝常棣什，鷗盟同戀白蘋鄉。儒林循吏人争羡，生佛還期活萬方。

*整理者按：本文鈔自《匡時二〇一七年春拍圖録》，第一九三頁。標題爲整理者所加。另按：劉行宜在《盧木齋、盧慎之兄弟》一文中對此詩有過追述：『盧木齋與任灤礦、啓新總經理的周學熙，在灤礦、啓新經營上意見常不合，互相不大喜歡，但兩人之間無私人矛盾。盧木齋頗爲贊許周辦事幹練、深沉，有魄力，不收回扣，不納妾等作風品質；但對周之獨斷專行，專用安徽人形成安徽幫，及謀求水泥專利，以托拉斯手段吞并湖北水泥廠等，則嘖有微言。

盧木齋反對托拉斯，主張「有飯大家吃」。』『到了晚年，在淪陷時期，雙方消除了隔閡，友誼恢復，關係很好，其時周學熙也遷居北京，常去看望盧木齋，還寫過一首詩相送，詩中以文中子與盧木齋相比喻。「文中子」指隋朝王通，有不少著述，授徒講學，受業者千數，相傳唐朝將相多出其門。這當然是對盧木齋的恭維。盧木齋比周學熙大九歲，周學熙却先盧木齋一年於一九四七年逝世。』

慎始基齋校書圖題詞序*

盧慎之

余年四五歲，先嚴抱置膝上，授《小學韵語》，先嚴生余最晚，極鍾愛之。年六七歲，四子書已誦畢。伯兄木齋先生日授《杜注左傳》《毛詩鄭箋》，讀數過，即能默誦，復請益，伯兄憐其稚齒，不肯多授。年十歲，操筆爲文，塾師异之。伯兄宰贊皇，寄《經史要籍》二簏歸，始略窺學海之津涯。年十八，攻應試文，寒夜苦吟，通宵達旦，逾一年試即售。調入經心書院肄業，書院富藏書，多鄉僻所未見，日往借閲，是爲余泛覽群籍之始。

旋歲試，列高等，食廩餼，考入兩湖書院。梁文忠公閲余卷，手批獎勉至數百言。院中分教如沈子培、姚彦長、楊惺吾、鄒沅帆諸先生，皆通儒碩學，設當日顓精國故，雖與詁經、學海後先媲美，或無多讓。

張文襄公力倡新學，頗泥於中學爲體、西學爲用之説，并進兼營，又欲儲全材，令諸生習騎步、演野戰，合文事武備而爲一，意非不善也。惜不合學科系統分工之理。此誠不能爲賢者諱也。是時余亦喜閲新書，海上譯本、雜志報章，無不涉獵，言論亦露鋒芒。嚴幾道所譯《天演論》，最初印本即由伯兄屬余刊校者。泊游海外，移譯法律、政治諸書，是爲余治新學之始。

比游學歸，服官中外，年力方壯，意氣甚豪，頗鋭意於事功。立馬興安之嶺，管領秘書之曹，綜核名實，非復曩日之書生矣。迨轉職庭評，署冷官閑，乃復治經心菱湖之業。日游廠肆，恣意收藏，積儲既富，蔚然大觀。當時海内名流，咸集舊都，余卜居城東，頗饒花木，春秋佳日，文酒歡燕，舊侶新知，時通瓻借。余佐伯兄刊成《湖北先正遺書》《沔陽叢書》，流覽所及，凡私家珍籍，天禄秘藏，估客善本，略皆寓目。

罷官以後，閉户著述，纂成《三國志集解》六十五卷，鎮日丹黄，幾無暇晷。賀履之、余越園、溥雪齋、陸和九四君，先後爲繪校書圖。諸家題咏，積盈卷軸，匯鈔付梓，藉志墨緣。鷄鳴風雨，感舊懷人，文字聯歡，聲氣同誼，盍簪麗澤，亦以證吾道之不孤耳。

論者謂今日四方多難，學子方究心考工、製器、富國、强兵之術，而吾子乃遠稽墳典，考索陳編，不亦迂拙與時相背乎？其謹願之流，則又致慨於异説蜂起，文敝道衰，有江河日下之憂，當爲息邪、放淫、拒詖詞之舉。然自不妄視之，要皆一偏之論也。

夫學術繁衍，其旨萬千。雖起古聖賢於今日，亦不能窮九有之奇。仲尼有言『知新温故』，中庸之道，固不偏廢，學者各就其性之所近，慎思明辨，由博返約，惟顓乃精，各蘄義理之晰、吾心之安，期於致用而已，無所謂新舊之殊也。

即以不佞一生所歷，治學之方，亦數易矣，豈有成見介於其間耶？惟是盈虚消長，變幻百端，終有不敝之道，彌綸於宇宙之間，此則治哲理者與尚物質者，各有其優异之特徵，所以并行而不悖與？識時君子，或以爲知言乎？乙亥夏日沔陽盧弼序於天津寓廬。

*整理者按：本文鈔自盧慎之《慎園文選》卷一，國家圖書館藏。

清故誥封榮禄大夫盧府君墓表*

王葆心

先朝光緒乙酉秋試，都人艷傳盧君以天算射策冠絶全場，開二百年秋試所未有。盧君者，後官奉天提學使靖也。嗣又見人士多習誦學使所傳刻開啓途徑之書，即通行《慎始基齋叢書》是也。國變後八年，葆心以校書入都，始交學使介弟平政院評事弼。見其佐學使搜討吾鄂先正遺籍甚劬，將以叢帙傳布當世。凡學使綽著之名行，葆心嘗耳熟之不忘於心。

越三歲僑武昌，評事書來達學使意，屬以封公榮禄府君表墓之文，深懼弗勝，又遭亂逡巡未應，顧雅敬學使行業，遂不復辭。按狀：

府君諱瀛，字晴峰，世爲沔陽新堤鎮儒族，贈公俊亭。府君以授經資事畜，江潾歲溢，生業至微。府君生十餘齡，便博粒食於四方，至不能恒其業。甲歲授徒，乙或游幕，丙又徙而鬻財，僑迹屢遷。然無坦險遠邇，以時省覲，博庭闈歡，垂老弗替，與弟仲遠一居一行以養親。顧仲夙戇，使氣，每抗詞至，恒憂容無少忤，仲没，哭之尤痛。

壯歲粵氛躪鄉鎮，出勼曹伍，捍衛里居，躬冒鋒刃，與賊搏戰。賊追垂及，以甘詞重任誘降，君憤然凫水逸，是役也，歐血幾死。處交游獨見風義：里儒柳伯陽者，有名諸生，間以任俠罣獄，禍肇文字，變且不測，同人蹜手懼連染。君曰：『是胡可者！』走白大府，慷慨營救以免。既而徙宅瀕漢之仙桃鎮，鎮爲漢北大聚，肩齊新堤。君至，則出資力以修繕市廛九達之塗，舊之泥濘患苦行人者，皆以巨石平治之。創積善堂，以永通市義舉，寒暑數易，綢繆周至。居常爲族里平亭争執無數，糾紛者咸冰釋，甚或濟以權術，彌人骨肉之憾。甲乙同懷争産，與重金乞賄官求勝，君陽諾而潛移其賕予厥弟，及悟，遂兄弟如初。嘗爲本鎮税局佐收厘捐，相戒以屏黷恤商，在事數稔，公私穴竇晏然胥塞。府君之孝友於家、澤惠於鄉者，大率視此也。

爲人魁岸豐碩，美髯彪然，音中鐘吕。宣統紀元，以學使在奉天學司任，誥封榮禄大夫，配趙封夫人。曾祖祖父，備在賈君銘章。生於道光十年十一月初二辰時，没於天津旅邸之正寢，時在中華建國之二年十月初六日亥時。子五，長季即學使評事，餘殤。女子子三，均適名族。孫男九，女孫七。曾孫男女均四。以十一年十二月初四日葬於直隸臨榆縣北戴河大東山之東，某首某趾。趙夫人先卒，厝元籍，阻兵不克祔。越七年，羅田王葆心表其墓曰：府君克全天賦，天大庇以人倫之嘉瑞，席人世稀有之遭逢。周甲之年，而母杜太夫人壽登九十，白頭母子，言笑晏如，太和翔洽，氣充闓内，兹豈世間爲人子孫夢想所易到者乎？洎乎學使以良司牧陟方面官，迭司畿内與陪都文枋。於時評事以官生返白海國，爲京朝官，出佐大府。府君匪獨目擊其盛，而且牢守寒素祖風，訓義教忠，十反不厭。廷誥所被，譽望翕然。此豈非爲人父者所欲得而不能得之家慶也歟？天於人世之子若父靳而不予者，獨不靳於府君，固府君之自求多福。而如學使兄弟者，於舉世耗心帖括之日，獨抗志於天官疇人之業；於舉世茫然於學術程途時，獨爲之廣闢從入之門庭；於舉世醉心歐化，蔑弃國聞時，獨罄其資力，相與鈎沉考逸，舉桑梓之述作，以誘起後進。開來繼往，風雨鷄鳴，豈獨葆心一人不忘於心，天下後世將視此默移元運造端之勇，睪然增其天親之敬愛。而式遺壟者，將與海波山島以俱永也夫！謹表。

*整理者按：本文鈔自《北平私立木齋圖書館季刊》，一九三七年，第一期，第六十七頁至六十九頁。

附録二　盧木齋先生年譜

一八五六年（咸豐六年丙辰）一歲

二月二十五日（公曆三月三十一日）生於湖北光化縣老河口。

父親盧晴峰，據《新堤盧氏家譜》（二〇一一年新堤盧氏續修家譜編纂委員會，湖北洪湖新堤宗親盧德軍提供）：『官名瀛，字伯洲，號晴峰，生於一八三〇年，道光十年，庚寅歲十一月初二日，歿於民國二年，享年八十四歲。納粟成均，在本州團練出力案内保薦試用知縣，分發湖南。公仁厚居心，和平共事，寄居仙鎮，倡設積善堂，建修街路約二十年，各路告竣，道路平坦，行人便焉。繼辦育嬰及各善事，解囊助辦，始終如一，歷任各州主皆贈有「急公好義」各匾額。公長子通籍筮仕，次子英年入泮，均屬公教子有方所致，若善屬文、工書法、善排解，皆其餘事耳。』生平詳見遺稿補編《先考晴峰府君行述》及事略《清故誥封榮禄大夫盧府君墓表》。

母親趙氏，據《新堤盧氏家譜》：『生於一八三五年，道光十五年，乙未歲，一月初十日，歿於光緒二十九年，享年六十八歲。貢生趙公（丙午科舉人武功縣教諭）諱斗維之女；趙公（前任湖北麻城縣知縣）諱映魁之胞弟侄女；趙公諱璜之胞妹。母性孝慈，雖出於富宦之家，事無巨細，必躬必親，從不假手於奴婢，且自奉儉樸，身不著鮮衣，口不當兼味，禦下以寬，待鄰里極厚，二子成名皆賴教督焉。』生平詳見遺稿《祭先妣趙太夫人文》。按：生母趙氏歿年當爲光緒二十八年（一九〇二）陰曆十月，詳見本年譜光緒二十八年條。

出生之時的家庭情況，盧木齋侄外孫女劉行宜所著《盧木齋、盧慎之兄弟》（《天津文史資料選輯》第十七輯）載：『從盧木齋的高、曾、祖父起，代代相傳，都是教家館當塾師的教書先生，家境清貧。但在鄉鎮的人眼裏，對能够識文斷字、知書達禮的人家，還是很尊敬的。盧木齋的父親名瀛，字晴峰，原在新堤鎮住，當時正是太平天國革命烽火燃遍南方各省時代，盧晴峰謀得了在監利縣衙門當文案的職位，把家遷到仙桃鎮。在兵荒馬亂年月，盧木齋的母親趙氏在回她陝西原籍省親路經光化縣老河口之際，生下了他。時爲清咸豐丙辰年二月二十五日，即一八五六年三月三十一日。』

出生時細節，見遺稿《祭先妣趙太夫人文》。又見胞弟盧弼《先妣趙太夫人事略》（《慎園文選》卷三）：『會洪楊亂起，趙氏質肆，毀於兵火。太夫人倉猝避難，先遣老弱奔徙，己獨後，敵已入門，逾垣而出，疑有神助。事後臨履，竟不能越。晝則匿居蘆葦中，夜則潛歸。旋以兵事蔓延難戢，避地光化縣老河口，生長兄靖，乳名光化是也。是時先公遠游戎幕，太夫人携奉老母弱息羈留异地，旅況蕭條，恃針黹度日。某傖饋巨金，太夫人遣婢峻却之。』按：太平軍於咸丰四年（一八五四）上半年、咸丰五年（一八五五）年初以及咸丰五年秋間數次占據沔陽，至咸丰五年（一八五五）臘月，沔陽境内太平軍方被徹底肅清。

一八五七年（咸豐七年丁巳）二歲

在沔陽新堤。

盧弼《先妣趙太夫人事略》詳述母親趙氏携盧木齋戰後返家時生活之艱難：『戰氛稍平，邍歸故里，地經兵燹，百物蕩然。太夫人含辛茹苦，鋭意經營，劈治竹篾，糊製紗籠，晝勤紡織，宵事刺綉，藉薄微利，佐事畜。先公設館授徒，每當寒冬永夜，一燈如豆，家人圍坐，誦聲機聲，互相酬答，幾忘生事艱難之苦矣。』

一八五八年（咸豐八年戊午）三歲

在新堤。

一八五九年（咸豐九年己未）四歲

在新堤。

一八六〇年（咸豐十年庚申） 五歲

在新堤。

一八六一年（咸豐十一年辛酉） 六歲

在新堤。

少年時生活情形略見盧木齋五女盧毅仁《回憶父親盧木齋》（《天津文史資料選輯》第六十三輯，中國人民政治協商會議天津市員会文史資料研究委員會編，天津：天津人民出版社一九九四年版）：『先父少年時期家境清貧，除先祖父教書所得外，家中婦女等常做些加工手藝，如代人剥蓮子皮、代扎燈籠架子，或做婦女用鞋花，得些收入補助家中生活。每晚除先祖父和先父在一盞豆油燈下讀書外，先祖母及三位姑母都凑到燈下做手工活。』

一八六二年（同治元年壬戌） 七歲

在新堤。

一八六三年（同治二年癸亥） 八歲

在新堤。

一八六四年（同治三年甲子）　九歲

隨父親在仙桃鎮北岸某家館中侍讀，詳情見遺稿《祭先妣趙太夫人文》。亦見劉行宜《盧木齋、盧慎之兄弟》：『盧晴峰外出就館，帶了盧木齋去附讀，他當時年僅九歲，還得兼管燒飯；因爲個子長得還够不著灶台，衹好站在小板凳上把飯菜燒熟，生活既艱苦又忙碌緊張。盧晴峰親自教子讀書，比對待其他學生要求更爲嚴格。據盧木齋老年時回憶説，别的學生犯了規，盧晴峰却唯盧木齋是問，他常代人受過挨板子。其間，他也曾一度因家貧無以爲生，去酒店當過小夥計，輟了學。同里有一位李子銘先生，是位豪放不羈、才識不凡的人，知道後力加勸阻，盧木齋才又得以艱難地繼續他的學業。』

是年，盧晴峰在新堤修族譜。今人宗親盧德軍提供的《新堤盧氏家譜》中載有盧晴峰於同治三年（一八六四）續修譜序，序曰：『崇族之衆，於沔也十有四世矣，原其始籍範陽，繼籍江右寧洲。趙宋年間，典公由江右徙沔，於兹七百有餘歲。其間忠孝名宦以及士農工賈，悉載族譜，歷歷可徵。蹇遭乾隆戊申歲馮夷肆虐，以致吾家族譜失傳，嗣後迭遭水患，屢欲續修未果。甲子秋，崇嚴恐年湮代遠，數典或忘，雖先年所著草譜尚存，又恐久就湮散佚殘缺不幾，致後之子孫上無所援、下無所繫耶，吁！可畏也。因鳩族衆，倡義捐金，搜羅緝編，數月於兹，仍取先年草譜所記載。疑者闕之，信者傳之，訛者正之，漏者補之，生娶殁葬未詳者因之，忠孝節義事久論定者章之。不遠引無徽之顯赫，不濫收同姓之支丁。惟務詳世系以叙倫，核本支以定宗，名字以辯同，載行誼以垂訓。匪獨宗分大小派别，昭穆有條而紊，而且立法以示勸徵，爲繼世計者，無不詳且盡。後之人率乃祖德，迪惟前光，保世滋大，容有既乎。崇不敏，親承庭訓，惟懼失墜，附後於未，非敢以序聞也，辛勤申祖父之志焉云爾。時維清同治三年歲次甲子冬月吉日，典公十四世孫晴峰氏崇瀛謹志。』

一八六五年（同治四年乙丑）　十歲

在仙桃侍讀。

侍讀時期的學習志趣略見盧毅仁《回憶父親盧木齋》：『他天資聰穎，好學不倦，每讀一篇文章，過目即能背誦大半。喜讀各類書籍，不拘天文、地理、經、史、子、集、數學、中醫本草等，無不以一睹爲快。尤其喜歡研究數學。對作八股文、駢體文不感興趣，他認爲是華而不實。但他喜讀李白，杜甫、李商隱等詩集。』『因家貧無力買書但又喜讀書，於是經常到鎮上一家書店去看書，該店老闆看他青年好學也很喜歡他。他也常替老闆整理書，或代查某作家是否寫過某篇著作。這樣他和老闆交了朋友，在該書店將一部《資治通鑒》讀完，還讀了一些其他類書，尤其數學和中醫學書等都是在該書店讀的。』『也正因爲老闆對他渴望讀書的要求給予了方便，他從那時就立下志願：如將來一旦得意，一定開辦圖書館，讓有志讀書之士，有自由讀書的地方。』

一八六六年（同治五年丙寅）十一歲

在仙桃侍讀。

據盧慎之《伯兄木齋先生事略》（《慎園文選》）記載：『兄少時喜畫地爲行陣，聚群兒分甲乙隊，自爲其渠率，司號令進止。里人至今猶樂道之。』『兄年十餘歲，獲閲戚繼光《紀效新書》，及《金湯十二籌》。』

一八六七年（同治六年丁卯）十二歲

在仙桃。從家館中回家自學。

一八六八年（同治七年戊辰）十三歲

在仙桃。

一八六九年（同治八年己巳）十四歲

在仙桃。

一八七〇年（同治九年庚午）十五歲

在仙桃。是年家中連遭大難。舊宅毀壞，賃居别院。母親趙氏産下四弟，七日即夭。二弟、三弟接連殤於痘。父親盧晴峰因憂傷過度大病一場，母親趙氏於産褥期内操持照顧全家。詳情見遺稿《祭先妣趙太夫人文》。

一八七一年（同治十年辛未）十六歲

在仙桃。是年家中經商虧本，經營七年的生意歇業，父親盧晴峰善處後事，償清外債，無累子孫。

一八七二年（同治十一年壬申）十七歲

在仙桃。

青年時代致力於實用之學，情形略見劉行宜《盧木齋、盧慎之兄弟》：『盧木齋在讀書求學方面，確也表現出與衆不同。那時，讀書人所嚮往的最好出路就是進學、中舉、點翰林，進入仕途。想中舉作官，就一定得作好八股文，盧木齋却十分厭惡八股文章。他喜歡研究的是一些講求實際學問的經世有用之學，他日後曾多次自稱學的是顏（元）李（塨）之學，講實踐的。第一部引起他强烈興趣的書是賀長齡與魏源編撰的《經世文編》。年青的盧木齋爲了赴考，來到了漢陽，在街頭書肆中，看到《經世文編》一書，這是一部翻刻的廉價版本，紙劣版爛，書賈索價三千文，當時盧木齋行篋中雖恰好帶得剛够此數，但買了書就無法再去應試，去應試就買不成書。盧木齋實在割捨不下，天天去書肆和店主人問價還價，一邊商討價錢，一邊翻書看，弄得店主人十分不耐煩，拉下臉子説：「要買就買，磨纏什麽！」盧木齋祇好千方百計四處告貸凑出錢來把這部書買到手。一經購置到手，他便苦心鑽研，不眠不休。他自認爲從這部書中獲益匪淺，打開了思路眼界，激發了他對學數學的興趣與信念。（對這部書，他十分有感情，後來他興建圖書館捐獻出大量精刊善本圖書，却始終把這部得來不易的劣質版本的《經世文編》，留置案頭，時供摩挲。）』購買《經世文編》一事，亦見遺稿《湖北先正遺書序》。

一八七三年（同治十二年癸酉）　十八歲

在仙桃。與傅寅山志同道合，共同鑽研探討數學。傅寅山生平略見文集《傅寅山墓表》。

一八七四年（同治十三年甲戌）　十九歲

在仙桃。

一八七五年（光緒元年乙亥）　二十歲

在仙桃。與李氏完婚。據盧毅仁《回憶父親盧木齋》言：『一八七五年由先祖父主持讓他和李氏女結婚。傅寅山亦在他前後結婚，二人妻子同時懷孕。他二人即訂下如兩家生一男一女即結爲親家。』

李氏生平略見《新堤盧氏家譜》：『李氏，名譽清，生於一八五四年九月十一日，咸豐四年，甲寅歲八月二十九日。誥封宜人，晋授恭人。一九四〇年歿於北京，葬於北戴河東坡路一號盧木齋家族墓地。』

一八七六年（光緒二年丙子）　二十一歲

在仙桃。弟盧弼字慎之出生。

一八七七年（光緒三年丁丑）二十二歲

在仙桃。長女彬質出生。

據盧毅仁《回憶父親盧木齋》載：『一八七七年先母李夫人生一女（即我大姐盧彬質），傅寅山夫人生一男（即傅惕生先生），兩家果真結爲親家。但先父後來對此事頗不以爲然，他認爲女兒未出世即訂下了終身，這事做得荒唐，如果對方有殘疾，豈不誤了女兒一生，所幸對方身體健康，祇是二人性格不合，大姐很以爲苦。先父總認爲是自己的過錯所造成的後果，他曾屢次以此教育後代，但當時他和傅寅山的友誼仍是很好。』

一八七八年（光緒四年戊寅）二十三歲

在仙桃。

據劉行宜《盧木齋、盧慎之兄弟》載：『盧木齋多次扼於場屋，爲貧賤所窘，他祇好仍去繼承父業，就館當塾師，挣一年祇有不多幾兩銀子的束脩，苦度歲月。這來之不易的辛苦錢，全年腦力勞動的所得，盧木齋有時却毫不吝惜地拿來周濟比他更窮苦的朋友。有一次竟是不名分文赤手空拳地回家過年，問起始末原委，家裏人也拿他哭笑不得。直到二十七歲，他一直生活於這種困頓的境遇裏。』此事更早見載於盧弼《伯兄木齋先生事略》：『授徒某姓，館谷年約數金，友人黃君選青，窮困無以度歲，悉以修金畀之，回顧家室，囊釜蕭然。』

一八七九年（光緒五年己卯）二十四歲

在仙桃。

一八八〇年（光緒六年庚辰）二十五歲

在仙桃。次女雲卿出生。

一八八一年（光緒七年辛巳）二十六歲

在仙桃。在家讀書，授慎之弟《杜注左傳》《毛詩鄭箋》等書，詳情見事略《慎始基齋校書圖題詞序》。

一八八二年（光緒八年壬午）二十七歲

在仙桃。

一八八三年（光緒九年癸未） 二十八歲

是年越南戰事起，盧木齋寫就《火器真訣釋例》，爲雲南倪修梅先生所見，薦至湖北巡撫彭祖賢處。祖賢异之，招至署中。盧大膽建言，人視爲『書生狂直』，未幾謗聲四起，遂返鄉。詳情見遺稿《祭先妣趙太夫人文》。

盧毅仁在《回憶父親盧木齋》中追憶：『先父專心研究數學，同時又研究力學，一八八三年寫就一篇《火器真訣釋例》，對當時火炮射擊列出數學公式用表。這篇著作問世後，被雲南倪修梅先生所見，即推薦給當時彭芍亭巡撫。當年七月，彭中丞即召見先父，并派其幕僚陪同他參觀炮臺等地設施。他參觀視察之後，立即提出幾項建議：一、吴王廟宜增修炮臺；二、已修炮臺宜增補設備；三、阻船物與水雷設備宜提早準備；四、將官宜嚴飭遵用炮表；五、宜興起學數學課程等。』

劉行宜《盧木齋、盧慎之兄弟》記載：『彭祖賢認爲此書是軍務所急需，立予贊助付印，并禮聘盧木齋到書院主講算學，讓他去參觀視察塘角炮臺，還給予他測量田家鎮炮臺的重要任務。盧木齋把他認爲應即刻加强防務的幾點措施，向巡撫大人上了條陳。這一來，盧木齋就名揚於鄉里。』按：彭祖賢（一八一九至一八八五），字蘭耆，號芍庭，江蘇長洲人，彭蘊章四子。咸豐五年（一八五五）舉人，歷官至順天府尹，光緒四年（一八七八）授江西布政使，擢湖北巡撫，權湖廣督篆而卒。嘗輯刻《長洲彭氏家集》，共九種一百六十三卷。

一八八四年（光緒十年甲申）二十九歲

是年進學，入經心書院。『一八八四年，盧木齋受到學使高釗中的器重，終於調入經心書院學習。』（劉行宜《盧木齋、盧慎之兄弟》）

經心書院時期的學術旨趣，於遺稿《規復漕運策》中可見一斑。

是年八月，《火器真訣釋例》由彭祖賢付梓，自序與跋見遺稿。彭祖賢爲書作序，序曰：『海寧李壬叔算學爲國朝最，其所著《火器真訣》一卷，以平圓通抛綫，高下遠近皆能命中，誠兵家至寶也。顧語太簡括，急索解人不得。盧氏此書，乃備詳八綫之目，四率之用，又設爲算例以明之。其訂正一條，用心之細，殆如牛毛蠶絲，起李氏而問之，知必爲之心折也。書中詞意深切著明，雖粗習《九章》者閲之，不難渙然冰釋。後附測量術，更簡明易曉。信乎其爲有用之書也。君雅自謙下，不欲問世，余以其有裨行軍也，遂捐俸付諸梓。案李氏書成於咸豐戊午，其時邊患猶未甚熾。今盧君年甫逾冠，又足迹未嘗出鄉里，乃一作一述，皆汲汲焉以憂時爲念，夫非有心人哉？夫非有心人哉！時光緒十年八月，撫鄂使者長洲彭祖賢序。』

一八八五年（光緒十一年乙酉）三十歲

是年夏，項城高學使勉之以『樸學异才』薦於上。是年秋，參加大比，義烏朱蓉生侍御典鄉闈，以天算策多士，盧木齋公推爲第一，遂舉於鄉，中第四十四名，爲乙酉科舉人。

高釗中舉薦附片全文爲：『再湖北瀕臨江漢，靈秀所鍾，賢才輩出，顧高明沈潛，隨其性分，才氣發越者，每角勝於場屋之中，篤志暗修者，恒伏處於林泉之内。仰惟盛世黜華崇實，必得篤行樸學之儒，方足爲士林矜式。上年河南學臣景其濬訪求豫省績學之士，擇尤薦學，均經量材授職，多士觀感奮興，至今未艾。臣謹援其例，於按臨各屬留心采訪，不敢壅於上聞。查得江陵縣生員傅聽之耄年好學，潛心儒先語録，頗有心得，經前任荆宜施道于蔭霖延爲荆南書院齋長，與肄業諸生講求實學，多所啓發。安陸縣孝廉方正生員劉伯允，淡志利禄，上年地方紳耆以孝廉方正公舉該生，獨未與會考，里居授徒，著有《周易析義》《孝經合注》《四書參証》《學庸精義》等書。鍾祥縣候選訓導張清瑞，内行克修，鄉里稱其孝友，而於地方利弊有關治體者，靡不究心。去歲安陸府知府李有棻勤求民隱於該職，言語多所采取，地方翕然稱治。恩施縣附貢生賴廷模，治家嚴肅，兄弟子侄數十人毫無間言，爲文胎息於古，臣見其所著孝子節婦諸傳志，悱惻動人，得文章正軌。蒲圻縣孝廉方正生員游愷持身端正，於羊樓洞山中下帷讀書，教授生徒近十年，無間寒暑。沔陽州附生盧靖，究心《九章算術》，所著《火器真訣釋例》具有條理，堪施於用。以上六名生員傅聽之。孝廉方正生員劉伯允年皆耄老，躬修不怠，擬籲懇天恩賞給京銜，以示獎勵。候選訓導張清瑞通達治體，爲守兼優，附貢生賴廷模家政嚴明，文有法度，孝廉方正生員游愷束身端謹，訓迪有方，附生盧靖算術精通，有裨時務，應如何量才録用之處，出自逾格鴻慈，俟命下之日，再由臣查取各生年貌履歷諮部注册，理合附片具陳，伏乞聖鑒訓示。謹奏。』（《光緒十一年八月十五日京報全録》，《申報》，一八八五年十月二日，第四四七九號）

所奉上諭全文如下：『同日（七月二十五日，整理者注）奉上諭，高釗中奏查明篤行樸學之士懇恩獎勵等語，湖北江陵等州縣生員傅聽之等，篤志潛修，績學不倦，允宜量予獎勵，以資觀感。生員傅聽之、孝廉方正生員劉伯允，均著賞給國子監學正銜。候選訓導張清瑞，著賞給教諭銜。貢生賴廷模、孝廉方正生員游愷，均著賞給訓導銜。至所稱生員盧靖究心算學，有裨時務，著該督撫諮送各國事務衙門察看該衙門知道。欽此。』（《諭旨恭録》，《申報》，一八八五年九月十日，第四四五七號）按：高釗中，字勉之，號竹臣，河南項城人。同治丁卯（一八六七）舉於鄉，光緒二年（一八七六）丙子恩科進士，翰林院授編修，國史館協修，功臣館纂修，提督湖北學政，上書房行走賞侍講銜，翰林院侍講、侍讀。因身體生疾，六十二歲歸田，投閑林下，一生清貧如洗。著有《竹臣詩文集》、《消寒游藝》（乃釗中自都歸，冰封運河，舟中無事，推衍算學以消遣云爾）。朱一新，字蓉生，號鼎甫，浙江義烏毛店鎮朱店人。同治九年（一八七〇）舉人，官内閣中書。光緒二年進士，改翰林院庶吉士。散館，授編修。

是年參加秋闈，中舉人，《申報》一八八五年十月十八日第四四九五號刊登《乙酉科湖北鄉試題名録》全文如下：『石振、張六翩、關紆、趙節、賀作霖、余聯潢、胡孚炳、黄士榮、程仁馥、魏華龍、夏汝銹、李遠棟、左宜之、羅金聲、郭集馨、金永森、錢儒俊、閔兆棟、王榮先、文衝、周從蕡、虞太濂、涂子中、范文苑、徐永清、方序、喻陛鏘、孫懋勛、李漢源、張延鍇、熊文壽、熊登校、李瑞龍、鄭世餤、郝致、龔寶琅、陳彝鼎、錢桂林、陳佑炳、熊命官、張之鴻、黄福、吴鍾麟、盧靖、方漸升、余聯澐、張鴻騰、劉國珍、范龍光、馬文燦、宿恒、李淦文、江振漢、袁承澤、范龍、周樹模、劉擇進、吴裁紆、榮祺、全奇素、許士瑩。副榜：顧玉樹、王業樹、時柏晋、姚純淪、蕭延齡、劉錫庚、陳若水、劉後發、萬獻、萬平漢。本年湖北鄉試於昨日揭曉，所有題名全録先照電信印登，以供諸君快睹，惟輾轉翻譯，未免有脱誤之虞且籍貫亦未及詳録，一俟郵到官板題名録，再行補登可也。本館附志。』

一八八六年（光緒十二年丙戌）三十一歲

是年春赴京，赴總理衙門考核。五月十五日，總理各國事務王大臣察看具奏，奉旨：『盧靖著以知縣發往直隸，交李鴻章差遣委用，欽此。』

是年九月到直隸。

盧毅仁《回憶父親盧木齋》記述該年情況：『進京，五月十八日在總署考核。六月初三日奉旨以知縣交直隸總督李鴻章委用。李即派他到武備學堂任算學總教習，月薪二百六十兩白銀。』并回憶説：『在武備學堂教書時的學生很多，其中有後來的一些軍閥，如段祺瑞、馮國璋、曹錕等。先父對這些人多不滿意，他經常講這些人祇知道自己發財，不管老百姓死活，真等於强盜。』

李鴻章任命盧木齋爲算學總教習之緣由，見遺稿補編《九章代數草自序》。

一八八七年（光緒十三年 丁亥） 三十二歲

在天津。

任教於北洋武備學堂，爲算學總教習，其時武備學堂算學教習尚有姚錫光、華蘅芳、孫景康等人，謂一時之盛。是年監督楊藝芳於武備學堂中招收幼年生徒四十人，算學由盧木齋專授。盧花費三個多月的時間，著就《幾何代數衍》六卷，《九章代數草》十卷。

是年《申報》記載了盧木齋在武備學堂時期的一段故事：『《時報》云，外洋氣球最爲行軍利器。今春周玉山觀察購到兩具，安置武備學堂，擇期試放，經列前報。隨由該堂教學習孫筱槎學博景康、姚石泉參軍錫光、盧木齋大令靖，獨運匠心，略仿西法，自造小氣球。經總辦楊藝方觀察於昨日督同試放，升至十餘丈，不期綫斷，球隨罡風飄去。觀察現出示諭，如拾獲者呈送來堂，除酌給川資外，并賞銀十兩，俾驗該球去嚮、路途遠近云。示諭録後：武備學堂示，本日午後三點二刻鐘演放小氣球，當升至十餘丈高時，風大繩斷，球亦隨風飄去。此球係本堂略仿西法，用紡綢□油製成，球體徑七尺，時值西風，大約吹至北塘蘆臺一帶。倘有軍民人等檢得，即日送還本堂，并紀明某日某時檢到，俟送到後，除酌量路途遠近給予川費外，并賞銀十兩。合行出示，曉爲此諭，仰軍民人等一體知悉，毋違特示。』（《演試氣球》，《申報》，一八八七年九月七日，第五一六九期）

另據盧木齋晚輩姻亲何宗謙在《回憶盧木齋先生》（《天津文史資料選輯》第六十三輯）中記叙：『在直隸天津候補時又獲讀《天演論》《原富》等新書，對於巫卜、星相、風水等則一概不信。盧木齋常言舉國之大，同年月日時出生者何可勝計，而貧富修短，各不相同，星相之説，不攻自破。』按：《天演論》譯成於光緒二十一年（一八九五），《原富》譯成於光緒二十七年（一九〇一），盧木齋此時與正任教於北洋水師學堂的嚴復當有交往，然獲讀此兩書則似無可能。

七月，李鴻章奏請補授盧靖爲贊皇縣知縣，題本貼黄全文如下：『題爲請以盧靖署理贊皇縣知縣事 光緒十三年七月二十八日 題爲請署選缺知縣事。竊照贊皇縣知縣周晋堃調補豐潤縣知縣，遺缺應用委用正班人員。查有委用正班知縣盧靖學識深醇，以之請署贊皇縣知縣選缺，與例相符，銜缺相當，毋庸送部引見。謹題請旨。』

（《李鴻章全集》，顧廷龍、戴逸主編，合肥：安徽教育出版社二〇〇八年版，第十九卷，第四一二頁）

八月，接家眷自湖北至津。據盧毅仁《回憶父親盧木齋》記載：『一八八七年（光緒十三年）五月，先父補贊皇縣知縣缺。八月將家屬接至天津。此後即未再回湖北沔陽仙桃鎮。（次年調任贊皇縣令）』按：此處盧毅仁稱五月補贊皇縣缺係月份錯誤。另，調任贊皇應爲本年，次年爲『到任』。

十月，補授贊皇縣知縣。據《縉紳全書》載：『贊皇縣，養廉銀六百兩，辦公銀一百兩。知縣盧靖，湖北沔陽人，舉人，十三年十月補。』（《縉紳全書·光緒十六年冬》，《清代縉紳録集成》，清華大學圖書館，科技史暨古文獻研究所編，鄭州：大象出版社二〇〇八年版，第五十一卷，第八十二頁）

一八八八年（光緒十四年戊子）三十三歲

是年先在天津辦理海運出力，保以同知直隸州在任候補。

是年冬，赴贊皇任，十一月初六日接印。

是年遣僕往沔陽迎母親，以外祖母老邁，經不起舟車勞頓，母親不忍獨往而作罷。

是年長子開戊於天津出生，『盧開戊，字荷青，號津生。生於一八八八年，光緒十四年，戊子歲六月初一。罹病夭折。』（《新堤盧氏家譜》）

一八八九年（光緒十五年己丑）三十四歲

在贊皇。

一八九〇年（光緒十六年庚寅）三十五歲

在贊皇，破獲盜案。

是年次子開庚於贊皇出生，『盧開庚，字子先，號贊生。生於一八九〇年光緒十六年庚寅歲六月初三。罹病夭折。』（《新堤盧氏家譜》）

劉行宜《盧木齋、盧慎之兄弟》記載：『一八九〇年，在贊皇縣曾作到辦盜案不殺人，捕獲到一個橫行三十年的巨盜，他不按慣例施以罰站籠的酷刑，寬恩未殺，因而該盜供出了全部同夥；其後在盧木齋任贊皇知縣任內，再未發生盜案。』

盧毅仁在《回憶父親盧木齋》中也說：『在贊皇三年因消滅盜案，老百姓送他「清正明決」一塊匾。上級嘉獎他「勤奮有爲，才長心細」八個字頌語。這時有件不幸事發生，李氏夫人所生三個兒子，因患猩紅熱於十日內先後夭折（最大男孩子已十三歲），這事使他對中醫失去信心，也是他提倡西醫的開始。』按：該年長子開戊才三歲，連續夭折三子之事，發生於光緒二十三年（一八九七），見遺稿補編《合聲易字自序》。

一八九一年（光緒十七年辛卯）三十六歲

在贊皇。

八月初十，與陶模、陶保廉父子於保定相見。是年陶模赴新疆巡撫任，八月初十日過保定，保定『司道以下，文武均送西關外。盧木齋先生自贊皇來，行色匆匆，未得暢敘。』（《辛卯侍行記》，〔清〕陶保廉著，刘滿點校，兰州：甘肅人民出版社二〇〇二年版，卷二）

是年十二月十五日，李鴻章奏請實授盧木齋贊皇縣知縣一職，題本貼黄全文如下：『題爲贊皇縣知縣盧靖試署期滿請准實授事 光緒十七年十二月十五日 題爲知縣循例實授事。臣查題署贊皇縣知縣盧靖自光緒十四年十一月初六日到任之日起，扣至十五年十一月初六日，試署一年期滿。該員辦事誠懇，核與實授之例相符，應請准其實授，毋庸送部引見。除清册送部外，謹具題聞。』（《李鴻章全集》，第

二十卷，第三三二頁）

一八九二年（光緒十八年壬辰）三十七歲

在贊皇。

是年直隸大計，盧木齋被保洊卓异。

是年三子開壬出生，『盧開壬，號琦生，生於一八九二年光緒十八年壬辰歲七月吉日。罹病夭折。』（《新堤盧氏家譜》）

一八九三年（光緒十九年癸巳）三十八歲

是年一月，李鴻章奏調盧木齋知南宮縣。據《大學士直隸總督一等伯臣李鴻章跪奏爲知縣人地不宜揀員互相對調恭摺仰祈聖鑒事》載：『又贊皇縣知縣盧靖，年三十六歲，湖北沔陽縣舉人，因究心算術有裨時務，奉上諭著以知縣發往直隸差遣委用，題署今職。光緒十四年十一月初六日到任，試署期滿，業經實授。該員廉明篤慎，究心治理，堪以調補南宮縣知縣。所遺事務較簡之靈壽縣知縣員缺，即以撫寧縣知縣侯天錫調補。又阜平縣知縣員缺即以武强縣知縣介純調補，又贊皇縣知縣員缺即以南宮縣知縣闊桓調補，均能勝任。如此一轉移間，人地各得其宜，實與地方有裨，銜缺相當，均毋庸送部引見。該員貴咸、張則周任内并無審案緝盜經徵錢糧已起降革參限暨展參處分，亦無參罰案件。除將盧靖任内參罰案件清册諮部外，理合恭摺具陳，伏乞皇上聖鑒敕部核覆施行，謹奏。』奉朱批：『吏部議奏，欽此。』（《光緒十九年正月二十日京報全録》，《申報》，一八九三年三月十五日第十四版，第七一四五期）

二月，調署南宫縣令兼理新河。『南宫縣，養廉銀一千兩，辦公銀一千兩。知縣盧靖，湖北沔陽人，舉人。十九年二月調。』（《縉紳全書·光緒十九年冬》，《清代縉紳録集成》，第五十四卷，第二六七頁）

是年四子開癸於南宫縣出生，『盧開癸，號南生。生於一八九三年，畢業於日本東京高等工業學校電器科，歷任張家口電燈公司、山海關電燈公司經理。殁於一九四五年。』（《新堤盧氏家譜》）

另據盧毅仁《回憶父親盧木齋》載：『自一八九三年起，他即提出讓家中婦女加入天足會，凡已纏足的都把脚放了，新生女孩一律不許纏足。』

一八九四年（光緒二十年甲午）三十九歲

是年調署定興縣令。

是年九月，中日戰事起，謠言流行，賊寇四起，人心浮動，盧木齋在定興保境安民，給軍隊提供後勤供給。

是年三女定生於定興出生。據盧木齋孫女盧樂山稱，盧木齋早年子女均以出生地點爲名號，四子盧開癸，號南生，光緒十九年（一八九三）春夏之交出生於南宮縣；三女盧定生較南生小一歲，光緒二十年（一八九四）陰曆九月十五出生於定興縣。其後潤生、燕生取名亦循此例。

是年夏、秋、冬以及次年春的《大清縉紳全書》均記載盧木齋爲贊皇縣縣令：『贊皇縣，養廉銀六百兩，辦公銀一百兩。知縣盧靖，湖北沔陽人，舉人，十三年十月補』。（光緒二十年夏《縉紳全書》），《清代縉紳録集成》，第五十五卷，第二五五頁；另見國家圖書館館藏光緒二十年秋、二十年冬、二十一年春《大清縉紳全書》）

十一月，李鴻章奏請調補盧木齋爲豐潤縣知縣，題本貼黄全文如下：『題爲請以盧靖調補豐潤縣知縣事 光緒二十年十一月十六日 題爲知縣要缺循例揀選調補事。竊查豐潤縣知縣郝增祜因交代案内未清内結正雜銀款，奏參革職。遺缺前以進士即用知縣張良暹題補，尚未接准部復，該員聞訃丁母憂，自應仍按原開缺日期照例另行揀選。查有贊皇縣知縣盧靖實心任事，以之調補豐潤縣知縣，實堪勝要缺之任，與例相符，銜缺相當，毋庸送部引見，理合具題。伏乞皇上聖鑒，敕部核覆。所遺贊皇縣知縣選缺，直隸省現有應補人員，應請扣留外補。謹題請旨。』（《李鴻章全集》，第二十卷，第五五四頁）按：李鴻章此年奏摺及當年《縉紳全書》都稱盧靖光緒二十年（一八九四）爲贊皇縣知縣，或因盧靖掌南宮、定興時，均爲署理，尚未實授，故對上仍稱之爲贊皇縣知縣。

是年冬，因前知南宮縣時有重犯毆傷同監身死一事被參，被參之片全文如下：『南宮縣重犯在監自縊刑禁人等參辦片 光緒二十年十一月十五日 再，據代理南宮縣知縣福厚禀報，該縣監犯顔十保，於光緒二十年六月十六日乘間用繫腰布帶在西籠房栅欄門框上自縊身死。查顔十保係因挾嫌謀殺胞嫂顔周氏并扎傷侄女顔，二女先後身死，擬斬監候，復因用磚毆傷同監軍犯孫黑身死，依例擬斬立決，尚未解省勘審之犯。臣查監獄重地，防範不容稍懈，該管獄、有獄各官，漫不經心，致斬決重犯在監自盡，實非尋常疏忽可比。據前任藩司裕長、署臬司潘駿德詳參前來。應請旨將該管獄官署南宮縣典史張之浚、有獄官代理南宮縣知縣福厚，一并交部照例議處。除飭將該典史張之浚撤任，同刑禁人等提省審辦外，理合附片具陳，伏乞聖鑒訓示。再，顔十保前因毆傷同監軍犯孫黑身死，當將管獄官前任該縣典史潘家麟撤任，飭由冀州提審。同有獄官前署該縣知縣盧靖，隨案附參在案，合并陳明。謹奏。光緒二十年十一月十八日奉朱批：著照所請。該部知道。欽此。』（《李鴻章全集》，第十五卷，第五三四至五三五頁）

一八九五年（光緒二十一年乙未）四十歲

是年二月，調任豐潤縣縣令，『豐潤縣，衝、繁、難，養廉銀一千兩，辦公銀二百五十兩。知縣盧靖，湖北沔陽人，舉人，二十一年二月調。』（《縉紳全書·光緒二十一年夏》《縉紳全書·光緒二十一年秋》，榮禄堂國家圖書館藏第二册；《縉紳全書·光緒二十一年冬》，《清代縉紳録集成》第五十九卷，第八十頁）

是年三月，中日《馬關條約》簽訂。

是年四月十六日到任。

四月二十四日，署理直隸总督王文韶上奏《爲前任兼新河縣知縣盧靖等員統防限滿盗犯未獲所得處分題請寬免事》。

盧木齋到任豐潤後，首先大興河工。據盧弼《伯兄木齋先生事略》載：『於黑龍、泥、沙、陡四河，各疏浚三十餘里。築還鄉河決口五六里，修堤二十餘里。工堅費省，民樂安居。』盧木齋也因此受到李鴻章青睞：『文忠接見僚屬，詢河防水利，兄詳陳利弊，文忠嘉許至再。』

盧毅仁在《回憶父親盧木齋》中回憶：『那時豐潤、玉田、寧河、寶坻四個縣境内經常鬧水灾，無人治理，百姓苦不堪言。他到任後立即大辦河工，將四個縣三條河挖深挖寬，與下游海河疏通，兩岸築堤，留出馬道，他本人坐鎮工程，四個月全部完工，保證數十年内人民得安寧。用款較前任估計節約十分之九，所雇民工皆大歡喜，該縣人民都稱他是爲民的好父母官。』

劉行宜在《盧木齋、盧慎之兄弟》一文中，也對盧木齋興辦河工事進行了詳細記載：『一八九六年調任豐潤縣知縣後，辦河工六十餘里，四個月工夫，開出良田萬頃，動土方十餘萬，僅用款六千餘兩，盧木齋親自參與勘測河道，親自到施工地點瞭解工程進展情況，不避酷暑烈日。這項工程的花費較前任估計節省十分之九（原估計修堤需銀六萬兩），地方受益，民不受擾。盧木齋當時把河工上的一些規定，編成順口溜，寫成招貼，在河工施工各地到處公開張貼，讓出工民伕都能知曉，防止中間的差役藉機敲詐聚斂或貪污中飽。歌詞是：「上憲發帑疏河，意在以工代撫；毫不斂錢派費，祇各出夫挑土；每方出錢五百，不折不扣實與；地總皆有飯錢，書差全給伙食，合再剴切曉諭，凛遵毋違幹處。」這些，使他在地方上很博得一些聲譽。』

十二月十八日，新任直隸總督王文韶爲考察屬員分别舉劾上奏，盧木齋與保定知府陳啓泰、吴橋知縣勞乃宣等州縣以上如額十三員被保淬卓异。（見《王文韶日記》，〔清〕王文韶著，袁英光、胡逢祥整理，北京：中華書局一九八九年版，第九二八頁）其後奉得上諭：『據王文韶聲稱均屬循良之選，即著傳旨嘉獎，仍飭該員等益加奮勉，毋得始終异轍。』（《大清德宗景皇帝實録》，〔清〕世續等纂，清宣統年間稿本，第四〇三卷）

一八九六年（光緒二十二年丙申）四十一歲

在豐潤。

是年正月十三，《申報》刊登上年王文韶考察屬員分别舉劾奏詳情：『本歲直隸大計，由王夔帥分别舉劾，計卓异官十九員、浮躁官二員、不謹官二員、不及一員、年老官一員、有疾官二員，除恭疏具題外，業已揭示鈴轅矣。所有銜名照録於後。卓异官十九員：保定府知府陳啓泰、永平府知府福謙、天津府海防同知史善詒、天津府河防同知馮清泰、景州知州王兆騏、清苑縣知縣徐銘勛、河間縣知縣張主敬、固安縣知縣范思本、吴橋縣知縣勞乃宣、故菱縣知縣沈政初、長垣縣知縣程熙、豐潤縣知縣盧靖、肥鄉縣知縣張丙吉、武邑縣知縣張世麟、按察司經歷張德森、天津府教授葱楫、保定府司獄車瀚、衡水縣典史耿守恩、長蘆濟民場大使張鼎烜。』」(《直隸計典》,《申報》,一八九六年二月二十五日 農曆正月十三,第八二〇七號)

一八九七年(光緒二十三年 丁酉) 四十二歲

在豐潤。

是年三月,王文韶再次上奏考核屬員分别舉劾,盧靖再獲舉薦,奏摺中稱『豐潤縣知縣盧靖興利除弊、任怨任勞。』(據《申報》,一八九七年五月二十三日,第八六五五號)奉得上諭:『同日(三月三十日,整理者注)奉上諭,王文韶奏考察屬員分别舉劾一摺,直隸青苑縣知縣徐銘勛、天津海防同知史善詒、景州知州王兆騏、平山縣知縣石昆山、吴橋縣知縣勞乃宣、豐潤縣知縣盧靖、長垣縣知縣程熙、肥鄉縣知縣張丙吉、成安縣知縣戚朝卿、望都縣知縣唐則瑀、青縣知縣李秉和,以上各員據王文韶奏稱均屬循良之選,即著傳旨嘉獎,仍飭該員等益加奮勉,毋得始

勤終怠。』（《本館接奉電音》，《申報》，一八九七年五月六日，第八六三八號）

知豐潤期間，盧木齋曾上折建議修北京至東、西陵鐵路一事，劉行宜《盧木齋、盧慎之兄弟》一文中，嘗詳述其事，惟不知年份，暫繫於此。劉行宜文記述如下：『盧木齋在豐潤縣知縣任内，河工竣事，水患既除，收成頗稔，他曾上奏摺請修東、西陵并遵化、玉田、豐潤三州縣鐵路，以興利源而節靡費。他提出修建此項鐵路的理由，有利於國者七，有益於官、民者各二，一一列舉在他的奏摺上：

一、清皇室每年都要自北京到東、西陵祭祀，往返必須七八天，鐵路修成，朝發夕至，至多兩日即可還宮，民間無辦道之差，深宮免勞民之慮。

二、每次謁陵，國庫都要撥銀三十萬兩作橋道經費，鐵路修成，可永省此項經費。

三、東、西陵每動大工，如運一漢白玉石，每天行十餘里，即須牛、馬百餘頭匹，鐵路修成，一切料物皆歸鐵道，又快又省，節省用費甚巨。

四、自通州東至豐潤，爲東三省進京大道，鐵路修成，免從驛路行走，十數州縣驛站車馬可裁十之五六，國庫每年可省三四萬金。

五、已修的直奉鐵路近臨海濱，如有兵端，敵人從海上轟擊，兵運受阻，此道成後，關内外運兵運餉，直捷妥速。

六、唐山煤可通過此路徑運京城，較塘沽繞道每年可省運脚十餘萬兩，運費輕銷煤多，銷煤多則税收亦增。

七、范家莊一帶鐵礦極佳，可練上等鋼，此道修成，可運唐山煤、開鐵礦，自製鐵軌，自鑄槍炮。

這是有利於國者七條理由。

他又列舉道差一事，州縣視爲畏途，因修辦不易，浮費太多，深恐賠累獲咎，此路修成，州縣免辦道之難，再則州縣承運兩陵兵米脚價每年約銀十餘萬兩，豆草車價餉費約亦二三萬兩，路修成則運送很易，每年可省銀十餘萬兩。這是利於官者二條理由。

民間承辦大差一次，差徭約在五六十萬兩，書差鄉地中飽尚不計在内，此路修成，差徭之累，可永免除，此益於民者一。路修成後，京東州縣并易州、淶水、廣昌土産雜糧、果品、木料，木炭、布匹、燒酒、藍靛、石頭、石灰等物皆可運銷他處，增無量養生之路，可養億萬無業之民，游手既少，盗風自熄，這是益於民者二。

他對修路籌款方法及需費多少也作了細緻的測算，認爲如籌得百餘萬金，將有盈無絀，祇是清廷對這一奏請却置之不理，這一富國利民的好事也終於没有辦成。』

知豐潤期間，盧木齋開始關注文化普及事業。據何宗謙《回憶盧木齋先生》一文載：『盧嘗言年少時無書可讀之苦，從知豐潤縣時起就開始刻書，書名爲《慎始基齋叢書》，其中首篇就是張之洞的《輶軒語》和《書目答問》二書。』

是年，結識新來的豐潤縣浭陽書院山長賈恩紱，據今人吴秀華《桐城派學者賈恩紱的〈年譜〉》載，賈恩紱『得豐潤張伯蒼推薦，主講於豐潤縣的浭陽書院。邑令盧木齋以振興學校爲務，二人相見甚歡。』（見桐城網 www.itongcheng.cc/m/view.php?aid=28192）

是年春夏間連喪三子，盧木齋爲平復喪子之痛，潛心研究漢字拼音化改革，著成《合聲易字（附補訂傳音快字）》一書，今中國人民大學圖書館收藏，爲劉半農藏书，抄本，詳情見遺稿補編《合聲易字自序》。

是年夏，於豐潤縣署刻印梁啓超《西學書目表》，詳情見《〈西學書目表〉跋》。

是年秋，於豐潤縣署刻印張之洞《輶軒語》。

是年冬，於豐潤縣署刻印張之洞《書目答問》。

一八九八年（光緒二十四年戊戌）　四十三歲

在豐潤。

是年春，於豐潤縣署刻印姚際恒《古今僞書考》。

是年在豐潤興辦教育，普及文化，詳情見遺稿《豐潤縣盧大令興辦農學稟》。

創辦經濟學堂，『在豐潤縣，他還辦了經濟學堂，延聘他的知交好友傅寅山任教。』（劉行宜《盧木齋、盧慎之兄弟》）

經濟學堂的創辦，爲豐潤縣工業發展奠定了基礎。據解放後豐潤縣人回憶：『當時主縣政者爲盧木齋，盧積極主持并籌辦經濟學堂，購置新書，以引進西方的科學技術，培養人才。經濟學堂雖毁於八國侵略軍，但其影響還是巨大的。我縣的工藝局就是在此影響下應運而生的。』（朱友春《豐潤縣早期職業教育發展概況》，《豐潤文史資料選輯》第二輯，中國人民政治協商會議河北省豐潤縣委員會文史資料研究委員會編，豐潤：中國人民政治協商會議河北省豐潤縣委員會文史資料研究委員會一九八七年版）

經濟學堂惜乎其後難以爲繼。據一九〇三年《大公報》《扣款不發》消息：『豐潤縣河頭税項，前經該縣紳士等於魯（「盧」之誤，整理者注）木齋大令任内在學校司稟准撥歸經濟學堂，經費銀一千八百兩在案，而河頭進款實數尚不止此。現在署任某大令將此項撥款扣住，不復發給，據云另有他用。紳士等以學堂需款且此項

係稟准在案者，遂一再具稟催領，未知能如數發給否。』（《大公報》，一九〇三年，第四二七號）

是年五月，致信《時務報》汪康年，討論《傳音快字》等注音字母，寄洋銀二百元，襄助務農會辦《農學報》等，另寄盧弼捐助《時務報》費一百元，李夫人捐助不纏足會會資五十元，并求代購西國之犁。詳情見信札《盧木齋致汪康年札》。

六月，再致信汪康年、羅振玉等人，討論《農學報》出版事宜，并催促早日全刻梁啓超之《變法通議》，詳見《盧木齋致汪康年札》。

七月，被東陵總管内務府大臣兼馬蘭鎮總兵松安參奏，奉上諭如下：『又諭，松安奏，豐潤縣知縣盧靖玩誤要差，請飭下直隸總督查明參處，并轉飭該縣補交柴炭一折。柴炭煤斤專備陵寢要需，該縣何以貽誤至十數起之多，屢催罔應，實屬延緩。著榮禄查明參奏，原折抄給閲看，將此諭令知之。』（《大清德宗景皇帝實録》，第四二五卷）

是年寄送嚴復所譯《天演論》至湖北兩湖書院，囑弟盧弼刊校，即《天演論》慎始基齋本，爲《天演論》在國内最早的完整通行本。嚴復在譯例言最后一段谈到：『是編之譯，本以理學西書，翻轉不易，固取此書，日與同學諸子相課。迨書成，吴丈摯甫見而好之，斧落徵引，匡益實多。顧惟探賾叩寂之學，非當務之所亟，不願問世也。而稿經新會梁任公、沔陽盧木齋諸君借鈔，皆勸早日付梓，木齋郵示介弟慎之於鄂，亦謂宜公海內，遂灾棗梨，猶非不佞意也。刻訖寄津覆斠，乃爲發例言，并識緣起如是云。光緒二十四年歲在戊戌四月二十二日嚴復識於天津尊疑學塾。』

按：《天演論》於一八九五年譯成，譯稿很快流行開來，同年陝西味經售書處即刊刻此稿，是爲《天演論》的初刻本。此後嚴復又對譯稿進行修訂，加上了自序、吴汝綸序以及譯者例言，并親自交付盧木齋。盧木齋寄往湖北由盧弼校對刊印，是爲慎始基齋版，亦稱盧氏刻本。盧氏刻本雖然不是初刻本，但它經過嚴復修訂，内容也最完備，慎始基齋刻本出現以後，之後的各種翻印本都以它爲標準，陝西刻本遂不爲人所重視，逐漸失傳。

據盧毅仁《回憶父親盧木齋》記載：『他讀了嚴復譯的《天演論》即進化論之後，思想很受影響，他曾將這本書送到湖北去刻印，以便大力宣傳。他在豐潤縣開辦了經濟學堂和縣圖書館。在讀過嚴復譯的《天演論》後，他同意將封建頑固派所提倡的考據、義理、詞章等治學方法束之高閣，大力提倡西方的自然科學。他主張開民智，培養人才；另一方面提高人民健康水準，嚴禁吸鴉片并禁止婦女纏足，提倡醫學。在政治上他同意嚴復的鼓民力、開民智、新民德的主張。』

是年五子開驥與四女潤生出生。『盧開驥，號燕生，生於一八九八年，歿於一九七〇年。』『盧潤生，生於一八九八年，歿於一九七五年，葬未詳。』（《新堤盧氏家譜》）

是年百日維新開始，隨後戊戌政變爆發，盧木齋雖遠在豐潤，也見證了政變的發生：『盧木齋當時在豐潤縣令任內，也常來津述職，就在戊戌政變發生的前一天（九月二十日），榮禄還在天津特地約他到總督衙門詢問他康梁强學會事，問他有關新政的見解。盧木齋并未加入强學會，不諳内情，他正字斟句酌審慎對答時，忽然有别人來，盧木齋即退到外廳等候，這個匆匆來客就是來告密的袁世凱。榮禄會見來客後，對外廳等候的盧木齋告以：「盧令，没你事，你走吧！」遂立即乘火車赴北京馳往頤和園向慈禧太后出首。次日就正式發生了戊戌政變。對於西太后又出來訓政，舊黨親貴反動頑固氣焰更張，六君子殉難，新政罷停，盧木齋還是感到相當痛心，爲之扼腕太息的。雖然他充其量衹能説是對維新有所同情，實質上是冷眼旁觀者。他向人表示過：「黨禍興，亂機伏。」新的變亂要不了多久。果然，不久義和團運動就起來了。』（劉行宜《盧木齋、盧慎之兄弟》）

是年底，因兩次卓异，十年俸滿，并案引見。

一八九九年（光緒二十五年己亥）四十四歲

在豐潤。

是年年初，任滿十年引見，二月初三日奉旨：『在任候補同知直隸州直隸豐潤縣知縣盧靖著回任，准其每次卓异加一級，仍注册候。』（《申報》，一八九九年三月二十二日，第九三一三期）

三月初二，回豐潤縣知縣任。

盧木齋在豐潤時期，宦囊漸充裕，據何宗謙《回憶盧木齋先生》記載：『李夫人對我説，盧知豐潤六年，豐潤是大縣，收入特豐，有「豐三萬」之稱。所謂豐三萬者，就是説豐潤知縣一年錢糧等項截餘約兩萬金；豐潤知縣還監管清皇東陵，每年看管、修繕陵工費用又可截餘萬金，一年合計爲三萬金。』

一九〇〇年（光緒二十六年庚子）四十五歲

在豐潤、天津。

年初，向嚴復索要新譯之《原富》譯稿：『校訛單奉繳。新抄之第一卷，當細勘過。

原抄之第一卷，既有新抄，似可擲還，頃盧木齋甚欲得此册也。』（嚴復致張元濟函，參見《嚴復集》，王栻、嚴復著，北京：中華書局一九八六年版，第五三九頁。

其書言《原富》譯稿事，作於光緒二十六年［一九〇〇］二月二日。）

四月初六，《申報》記載直隸總督裕禄舉薦盧靖任多倫同知奏摺：『頭品頂戴直隸總督奴才裕禄跪奏爲揀員升補撫民同知要缺恭摺仰祈聖鑒事。竊查多倫諾爾撫民同知唐祐森於光緒二十五年十二月二十一日病故，應以本員病故之日作爲開缺日期，歸十二月分截缺。所遺多倫諾爾撫民同知係衝、繁、疲、難四項題調要缺，例應在外揀選調補。查吏部通行内開嗣後州縣以上應題缺出，如係題缺請升、調缺請補，或題缺請調、調缺請升，俱令於摺内詳細聲明，方准升調。又部議章程，凡保題升調人員，應令於疏内將該員任内有無積案及欠解錢糧、承緝未獲盗案詳細聲叙，如承審案件并承緝盗案、徵解錢糧已起降調革職參限者，概不准其升調。各調其有缺，係□要人地實在相需，爲地擇人者，亦應據實陳明，仍照定例辦理，不得以空泛考語監行保題。又部定章程州縣以上應升缺出，應令將卓异引見回任候升人員儘先升補，不准於摺内聲稱人地未宜，以别項人員請升。又部議新章，張、獨、多理事三廳，因缺關緊要，改爲撫民同知，均作爲衝、繁、疲、難四項題調要缺，遇有缺出，應仿照熱河改設、奉天添設各缺成案，於通省人員内不論滿漢揀員升調，如無合例人員，亦准於候補人員内揀選請補各等語。奴才督同藩、臬兩司，在於選缺同知各員内逐加遴選，非歷俸未滿，即現居要缺，或人地不宜，一時實乏堪調之員。至記名截取分發并候補人員，亦與此缺人地未宜，未便稍涉遷就。自應在於合例卓异應升人員内揀選。據藩司廷杰、臬司覺羅廷雍查有卓异引見回任候升之豐潤縣知縣盧靖堪以升補會詳前來。奴才查盧靖年四十四歲，湖北沔陽州舉人，於光緒十一年保洊算學，奉上諭：「盧靖究心算術，有裨時務，并著該督撫諮送總理各國事務衙門察看，該衙門知道，欽此。」十二年内，本省請諮，五月十五日總理各國事務王大臣察看具奏，奉旨：「盧靖著以知縣發往直隸，交李鴻章差遣委用，欽此。」是年九月到省。十四年題署贊皇縣知縣。十一月十六日到任。是年先在天津辦理海運出力，保以同知直隸州在任候補。十五年十一月初六日試署一年期滿，題請實授。十八年大計保洊卓异。二十年調補豐潤縣知縣。二十一年四月十六日到任。是年大計保洊卓异。二十三年經前督臣王文韶以該員「興利除弊，任勞任怨」，奏奉上諭傳旨嘉奬。二十四年因兩次卓异，十年俸滿，并案引見，奉旨「回任候升等因欽此」。二十五年三月初二日回任。該員才識優裕，辦事勤明，以之升補多倫諾爾撫民同知，實堪勝要缺之任，亦與請升之例相符。其人地實在相需，合無仰懇天恩俯念員缺緊要，准以豐潤縣知縣盧靖升補多倫諾爾撫民同知，於地方大有裨益，如蒙俞允，該員係卓异引見，未滿三年，照例毋庸送部引見。該員任内并無承審及承緝盗案已起降革參限，亦無經徵錢糧降調革職處分，且題升要缺任内一切因公處分例免核計，該員係屬初升，毋庸核計罰俸銀兩。所遺豐潤縣知縣缺，容俟接准部覆，核明開缺日期，另行揀員請補。所有請補撫民同知要缺緣由理合恭摺具陳，伏乞皇太后皇上聖鑒，謹奏。』奉朱批：『吏部議奏。欽此。』（《光緒二十六年四月初六日京報全録》，《申報》，一九〇〇年五月十四日，第九七二四期）

春夏間，直隸拳亂起，豐潤頑紳愚民挾宋慶之兵毁書院及藏書樓，盡毁所置之書。『己亥冬，團黨在山左，爲令總統所剿。紛紛入直境，吴橋令勞乃宣嚴禁傳習，且爲書上督院。正月，藩司廷杰及廷雍謁院，制軍示勞書議辦法。二廷云，勞令能，吾儕何所贊事，乃格。蓋廷雍已與團通，廷杰亦惡勞之不先白司也。事急，廷杰懼，始議禁之。廷雍已陰掖各團起，勢長聲高，不復能遏。反據以軋杰，取藩司，制軍亦折而從團矣。時遠近各團均恃廷雍爲主，奉之拒官殘民。勞乃宣以計走免，豐潤令盧靖、獻縣令吴壽均以不附團爲所困，聯軍來乃解。樂亭令李映庚糾丁與團戰，亦解。蓋團技劣，遇槍彈即波靡，教民亦以拒之之故，多免其遇。』（酬鳴《書庚子國變記後》，《庸言》，一九一三年一月十六日，第一卷第四號）

六月，盧木齋書信於賈恩紱，托以衣冠墓銘及所藏書籍等身後事。據盧弼《伯兄木齋先生事略》載：『適值拳難，兄張示厲禁，闔境匪徒莫敢逞。是時悍將驕兵，盤踞境上。土匪蚩氓，蜚語萬端，燒學堂、焚藏書，岌岌不可終日。兄於丁祭時，昌言於衆曰，吾誓死於正命，絶不從匪以幸生。』詳情見事略之賈恩紱《補祝盧木齋先生八十晋一壽序》。

是月盧木齋離任。據吴秀華《桐城派學者賈恩紱的〈年譜〉》載：『盧木齋以蜚語撤任，代之者張道源。由於張、盧交惡，賈恩紱離開豐潤。』

七月，聯軍進入豐潤縣縣城。『八國聯軍這才拉起大炮，開進豐潤縣城。他們進城之後，除大肆搶劫資財之外，還將我縣前任知縣盧木齋籌辦的經濟學堂予以燒毁。這個經濟學堂位於西街西頭路北，其中不僅購置了大量科技文化書籍，還藏有整套印刷設備，裝了整整三間房屋，以爲印刷中外先進書刊之用。八國聯軍將其一部付諸一炬，另一部扔得滿街都是。這對我縣以後經濟文化的發展，是一個重大的損失。』（董寶瑩《庚子烽火浭陽圖》，《豐潤文史資料選輯》第三輯，一九八八

年版）

一九〇一年（光緒二十七年辛丑） 四十六歲

正月，致信吴汝倫，請求代陳借外力以停科舉，未果。詳情見信札《吴汝倫致盧木齋札》。

是年七月二十五日，《辛丑條約》簽訂，條約中有拳亂之地停科舉五年之文。

年初，拜謁李鴻章，要求請假南歸省親，不准，李親檄赴多倫諾爾。

五月，升任多倫諾爾廳撫民同知，事簡，兼語言不通，遂補治算術，完成《萬象一原演式》和《割圓術輯要》。

是年，清廷設立『督辦政務處』，陸續開始實施新政。

一九〇二年（光緒二十八年 壬寅） 四十七歲

在多倫。

出版《萬象一原演式》和《割圓術輯要》。完成《迭微分補草》。

十月二十四日，接到母親趙氏去世的消息，開缺多倫同知。十一月，奔喪回籍。

據《申報》載：『太子少保北洋大臣直隸總督臣袁世凱跪奏爲揀員升補要缺同知以

資治理恭摺仰祈聖鑒事。竊查多倫諾爾撫民同知盧靖於光緒二十八年十月二十四日聞訃丁母憂，業經諮部開缺，應以本員聞訃丁憂之日作爲開缺日期，惟據該員於十一月初八日稟報到司，仍應勒歸十月分截缺。』（《直隸總督袁奏揀員升補要缺同知摺二十四日》，《申報》，一九〇三年九月五日，第十四版，第一〇九一二期）

按：劉行宜《盧木齋、盧慎之兄弟》記載：『一九〇三年，盧木齋母親逝世，他請假奔喪回原籍葬母。』此説當誤，然影響甚廣，《盧樂山口述歷史》以及《新堤盧氏家譜》均采此説。劉行宜或受《祭先妣趙太夫人文》中所署時間『光緒二十九年癸卯二月』影響，然祭文亦或爲下葬之日所作，且文中并未言明趙氏去世之日期，故當以袁世凱奏摺爲准。

一九〇三年（光緒二十九年癸卯）四十八歲

二月，著《祭先妣趙太夫人文》。

六月十九、八月初五，拜會直督袁世凱。（據《大公報》）

是年盧木齋赴保定任直隸高等學堂（保定大學堂）提調。其時保定大學堂總辦馬廷亮（字拱宸）跟隨楊樞（字星垣，一九〇三年以候補四品京堂接替蔡鈞出任駐日公使）出使日本，任清赴日本留學生監督。盧木齋接替馬廷亮，代理保定大學堂總辦一職。詳情見《飭直隸大學堂總辦馬廷亮前往日本委員代理學堂事宜札》（光緒二十九年七月初十日，［一九〇三年九月一日］）：『准此，應飭馬道隨同楊大臣出洋。其總辦直隸大學堂一差，於全省教育關係至重，即委該堂提調盧丞暫行代理，仍將一切事宜商承楊藩司、胡臬司認真整頓。除分行外，合行札飭。札到即便遵照。此札。』（《袁世凱全集》第十一卷，第三四三頁）按：清代以『丞』爲『同知』代稱，盧丞即指盧木齋。

是年秋，直隸學校司督辦胡景桂（字月舫，直隸省廣平府永年縣人，歷任山東布政使、陝西按察使、山西巡撫等職，時爲直隸學校司督辦）索求算稿付印，盧以武備學堂時期所作之《九章算術草》予之。

一九〇四年（光緒三十年甲辰）四十九歲

在保定。是年安排女婿傅惕生赴日本留學。

一九〇五年（光緒三十一年乙巳）五十歲

守制期滿，盧木齋以道員身份出任直隸學務處會辦。據《粹廬自訂年譜》中記載：『直隸學務處奉直隸總督袁公札飭，由保定移至天津，總理仍爲嚴京卿，以藩、臬兩司兼任總理。設會辦三人，以盧木齋靖、王燕泉、丁奎野三觀察任之。』按：粹廬爲劉潛之號，劉潛，字芸生，天津人，一九〇三年留日學習師範，後跟隨嚴修襄辦教育。嚴京卿，名修，字範孫，天津人，清末著名教育家，曾任學部左侍郎，一九一〇年與盧木齋結爲親家。此時爲直隸學務處總理。

四月，袁世凱上奏，爲續查派赴各省暨外洋各埠勸辦順直善後振捐出力稍次人員按照尋常勞績酌擬奬叙，『湖北候補道周學輝，候選道劉國標、盧靖，均請加二品銜。』（《直督袁》，《申報》，一九〇五年五月二十日，第十六版，第一一五二二五期）

《嚴修日記》自此年五月一日起，頻繁出現盧木齋的活動事迹。此將赴日前活動鈔録如下：

五月初一，『夕，五時至王宅，高田、青柳、桑田、藤井、木齋、伯苓、益孫同席正歡，十時散。』（《嚴修日記》，嚴修著，天津：南開大學出版社二〇〇一年版，第一二五〇頁）

五月初二，『午前，十時同木齋至車站送高田諸君行，十二時還局。』（《嚴

修日記》，第一二五〇頁）

五月初三，『午後，與木翁談。』（《嚴修日記》，第一二五〇頁）

五月初四，『午前，八時，同木翁到院署。十時，率學生謁見宫保。』（《嚴修日記》，第一二五〇頁）

七月初八，『同宴樓公餞木齋、禹堂、賡言三君子。』（《嚴修日記》，第一二五六頁）

七月初十，『十一鐘，赴同宴樓，約唐秀豐、金伯屏、盧木齋、曾禹堂、卞賡言、嚴晴初、張伯苓飯，二鐘回局。』（《嚴修日記》，第一二五七頁）

七月十一日，『七鐘起，登樓簽判，盧木齋來談，馬湘白、嚴幼陵、玉孫來。』『東渡者，盧、曾、鄭、卞，及兩護送員之外，凡游歷紳董六十一人。』（《嚴修日記》，第一二五七頁）

七月十二日，『五鐘起，赴塘沽送木翁諸君。』（《嚴修日記》，第一二五七頁）

七月二十六日，『收信，盧木齋電。』（《嚴修日記》，第一二六二頁）

七月二十七日，『收信，盧木翁明信片（十八自長崎發）。』（《嚴修日記》，第一二六二頁）

七月，齊魯書社一九九〇年版《嚴修年譜》記載：『設客籍學堂。此議發於李祖蔭，先生以爲然，即成立客籍學堂一所，監督爲盧靖。』按：據《嚴修日記》，嚴範孫於光緒三十年（一九〇四）十一月接到李祖蔭信函，李倡議在天津籌設北洋客籍學堂，嚴範孫鄭重其事，在日記中加以圈點記號。其後草創北洋客籍學堂，盧木齋或襄贊其事。然據《嚴修日記》，客籍學堂延至三十一年（一九〇五）夏間方始招生，據《袁世凱奏議》至該年十月方始正式開學。以《嚴修日記》記載盧木齋參與學務處事務之頻繁，盧木齋至晚當於三十一年五月即已就任直隸學務處編譯處會辦，七月則以會辦身份帶領直隸官紳赴日游歷，未必正式就任過北洋客籍學堂監督。

七月，帶領直隸留學官紳出洋日本，十二月返津。

是年八月，科舉正式廢除。據盧木齋多年後追述：『光緒乙巳季秋，靖奉委率直隸官紳東游日本，考察學務。頻行，晋謁督部項城袁公，公云。「君東行，宜究彼學校之所以興，與吾所以不振之故。」靖對曰。「此不必出國門而可知者。吾國千數百年，以科舉爲取士之途。今日所試者，制藝、詩賦、小楷耳。萃全國聰明才智之士，悉囿於帖括無用之學，窮困老死而不悔，顛沛流離而不悟，上自臺閣卿相，下至一命之士，咸出於此，美其名曰正途，得者舉國欣羡以爲榮，否則窮愁白首，不齒於士夫。國家若不更張學制，雖日言興學，猶背道而馳也。如水流然，既有長江大河可奔赴，支港細流，其勢决不容暢趨，非塞此愚民謬妄之正途，雖日加勸誘，終不敵數千百年富貴利達之趨嚮也。」一時嚴範孫侍郎在座，深韙其説，謂爲興學本原之論。項城即會商南皮張公入奏。靖到東未旬日，停科舉之詔下矣，此吾國學制改革之一大關鍵也。』（見遺稿《邃經堂詩文存序》）劉行宜在《盧木齋、盧慎之兄弟》中評述説：『不贊成以八股文取士是盧木齋的一貫主張，廢科舉一事雖然醖釀已久，當時已是瓜熟蒂落，水到渠成了，但盧木齋的慷慨陳詞，還是起了相當重要的作用的。』按：此事或發生於五月初四日，《嚴修日記》中記録當日其與盧木齋率領學生同赴院署謁見袁世凱一事，其時學部尚未成立，嚴修仍爲直隸學務處總理。

十一月，新任學部右侍郎嚴修薦盧木齋代督辦學務處。《嚴修年譜》載：『十一月二十四日（十二月二十日）：赴京。暫寓寧波會館。訪徐世昌，偕謁袁世凱，薦盧靖以代督辦直隸學務處。』

十二月，偕直隸官紳返津，『盧木齋在日本參觀一些學校後，買了一批日本法政、教育書籍，還買了不少聲、光、力、電、理化、生物的儀器標本回來，連辦幼稚教育的一些七巧板、益智圖之類的教具也買了回來，成爲他日後自辦各級學校的

最初準備。』（劉行宜《盧木齋、盧慎之兄弟》）

十二月初九，返津途中路過朝鮮仁川時，發生了同批赴日考察紳士通州潘宗禮投海事，对作爲領隊的盧木齋觸動頗大。返津後經與嚴修等人策劃，與李金藻合著《潘烈士條陳》。據盧弼於《盧木齋先生遺稿編後》（見遺稿）中稱：『《潘烈士條陳》，爲先兄與李琴湘（金藻）同擬，當時忌諱不敢言者，均托烈士之筆。』

返津後，盧木齋即赴京拜會嚴範孫。據《嚴修日記》記載：

十二月二十一日：『夕歸，盧木翁自津來，暢談。』

十二月二十二日：『晚備酌宴盧木翁。』

十二月二十四日：『午後辦公畢，木齋觀察至署，見華老，暢談。』『是日接三晤鐵尚書，爲木齋先容約明日午前往謁。』按：鐵尚書即鐵良，時任陸軍部尚書，嚴修介紹推薦木齋與鐵良相見。

十二月二十五日：『晚約茂萱來寓便飯，同木齋暢談至十鐘乃散。』

十二月二十六日：『七鐘起，送木齋行。』

是年七子開瑗出生，『盧開瑗，生於一九〇五年，畢業於美國普渡大學機械工程系。曾任啓新水泥公司常務董事、開灤煤礦副董事長、天津自來水公司總經理。』

歿於一九八二年。』（《新堤盧氏家譜》）

是年資助胞弟盧弼留學日本。

一九〇六年（光緒三十二年丙午）五十一歲

年初，作爲潘烈士投海的親歷者，籌劃潘宗禮宣傳事，促成袁世凱於是年二月十五上奏《游歷紳士潘宗禮憂憤捐軀遺有條陳據情代奏摺》（見遺稿補編）。據陳嵩若記載嚴修事迹的《蟫香館別記》記載：『光緒甲辰，通州潘子寅過仁川，痛韓亡，投海死，遺書陳朝政。公語袁項城爲之代奏，并將投海事囑李琴湘編爲新劇，約滬伶三麻子來京演之。劇中有「仁川江外水粼粼，莫忘通州潘子寅」之句，即出公手筆也。』按：通州潘子寅投海事發生於光緒乙巳年（一九〇五），陳嵩若《蟫香館別記》誤。三麻子，謂老三麻子王鴻壽，安徽懷寧人，一九〇六年應邀在津、京兩地演文明戲《潘烈士投海》，反響極大。另，潘烈士宣傳事，當屬盧木齋與嚴修兩人共同主導，包括袁世凱在內的直隸官紳集體推動使然。盧木齋作爲親歷者，返津後即籌劃了臘月十七，即陽曆一九〇六年一月十一日在城西宣講所的追悼會，林墨青、胡玉孫等人講演。四天之後，盧木齋即赴京拜會嚴修，當曾與嚴修商議此事。二月十七，即陽曆三月十一日，北京松筠庵舉行潘烈士追悼會。據《大公報》記載，北京的追悼會由林紓撰寫祭文，江亢虎、楊湛霖等人講演，聲勢頗爲壯大。而據二月十七《嚴修日記》：『六鐘半起，到松筠庵，觀追悼潘子寅之布置，小坐，復歸。』『午後到松筠庵，拜潘烈士之遺像。』（《嚴修日記》，第一三〇五頁）可知嚴修實爲京師宣傳潘子寅主要的幕後推力。

盧木齋還組織在直隸提學使司的官方雜志《直隸教育雜志》一九〇六年第八期推出《論説：通州高等小學堂董事潘宗禮演辭遺稿》，第九期推出直隸提學使司職員戴藴璋、韓梯雲分别撰寫的《潘烈士略傳》和《書潘烈士傳後》，均置於各期卷首。并於當年十月，令李琴湘等直隸提學使司職員自行編寫新劇《潘公投海》，以示標準。然而，隨著潘烈士投海故事的流傳，關於潘烈士的叙述話語權已經不再由盧木齋、嚴修、李琴湘等最初推動者所專享，大江南北各地紛紛上演潘烈士故事的各種版本。據一九〇六年東方雜志第十一期月刊載新聞一則：『談君小蓮以改良社會惟戲曲功效最大，特在上海創辦《小説七日報》，編入潘烈士投海新劇，後經孫菊仙供奉加以穿插，演諸劇場，觀者填溢。今特暫停《七日報》，易名改良戲曲社，專編戲曲，力圖社會之進步，并擬於全齣開演後，即將底本刊發，以期推行内地云。』總體而言，潘烈士事件，對於塑造國民意識、推動立憲進程以及促進國民捐等意義甚大。

三月初赴京一次。見《嚴修日記》（下文）。

三月二日：『晚，盧木翁自天津至。』（《嚴修日記》，第一三〇七頁）

三月三日：『六時半起，與木翁談。』『晚，與木翁談。』（《嚴修日記》，第一三〇七頁）

三月四日：『六時半起，與木翁談，并爲酌定查學人數。』『木翁中車回津。』（《嚴修日記》，第一三〇七頁）

三月十日：『盧木翁來函，即復之。』（《嚴修日記》，第一三〇八頁）

三月二十日：『寫信：木翁。』（《嚴修日記》，第一三〇九頁）按：從盧嚴交接頻繁及『爲酌定查學人數』看，盧木齋此時似已代理直隸學務處總理職。

四月，以直隸候補道簡任直隸首屆提學使。據《申報》電傳上諭：『四月二十日奉上諭，學部奏請簡放提學使司提學使一摺，奉天提學使著張鶴齡補授，吉林提學使著吴魯署理，黑龍江提學使著張建勛補授，直隸提學使著盧靖署理，江寧提學使著陳伯陶署理，江蘇提學使著周樹模署理，安徽提學使著沈曾植署理，山東提學使著連甲補授，山西提學使著宗室錫嘏補授，河南提學使著孔祥霖署理，陝西提學使著劉廷琛署理，甘肅提學使著陳曾佑署理，新疆提學使著杜彤署理，福建提學使著姚文倬補授，浙江提學使著支恒榮補授，江西提學使著汪詒書署理，湖北提學使著黃紹箕補授，湖南提學使著吳慶坻署理，四川提學使著方旭署理，廣東提學使著于式枚補授，廣西提學使著李翰芬署理，雲南提學使著葉爾愷署理，貴州提學使著陳榮昌署理，所有編檢御史署理者，均著開缺以道員用，餘著照所議辦理，欽此。』（《電傳上諭》，《申報》，光緒三十二年四月二十一日［一九〇六年五月十四日］，第一一八七八號）

翰林院編修、曾任甘肅學政的葉昌熾《緣督廬日記抄》卷十二（民國二十二年上海蟫隱廬石印本）記載了其看見各省提學使名單後的所思所想：『詳閱姓名，與八月朔簡放學政無异，於暈若、吳肅堂、支繼卿三君與汪詒書皆改舊爲新，此在毋庸更換之列，其餘皆素識，惟盧靖未知其姓名，當是慰帥所密保。』

四月十七日的《嚴修日記》記載了嚴修籌劃擬定提學使名單的經過：『擬學使單。先將衆所保薦者列爲一表，又按人注相宜之省分，又依品級列一清單，至暮乃畢。李先余至，將散時茂萱至，又談片刻，酌易一兩人。單凡開五十九人。七鐘回寓。』（《嚴修日記》，第一三一四頁）按：李當爲李家駒，字柳溪，時爲學部右丞；茂萱爲喬樹楠，時爲學部左丞。又，《嚴修手稿》中有嚴修寄袁世凱的一封信，這封大概寫於光緒三十二年（一九〇六）農曆四月中旬的信中寫到：『公奏設規復學道一疏，自交議後，迭經討論遞本，始而斟酌學政之去，繼而斟酌於司道之孰便，近十日間始敢擬定各省設提學使。但視按察使歸督撫節制，由學部奏簡，仍設學務公所，分總務、普通、專門、實業、會計、圖書等課，置課長、副長、課員名目，別設議紳數人，爲之贊畫。其學政、學務處均即裁撤，提學使未到時仍歸督撫飭學務處經理。此其大略也。昨經政務處一一畫諾，翰林出洋亦無异議，擬明日入告。再，此次改定官制，係就各省通盤籌畫。華老嘗言，使各省盡如直隸，改與不改，何所不可，誠知言也。直隸學務，蒙公費力振興，得有今日之效。學司得人，則前功可以勿墜，此直省士民所禱祝者也。華老推木齋入學部，擬虛學部參議之席以待。而晚謂直隸學司能得如仲仁者，精熟學事，識足以斷事，文足以達意，才長心細，殆罕其選。』（《嚴修手稿》，天津圖書館編，天津：天津古籍出版社二〇一二年版，第十六卷，第一一九二三至一一九二四頁。該信草并未書寫抬頭，從内容可斷定爲嚴修致袁世凱。）從中可知，直隸學使人選，嚴修也曾有過游移，學部尚書榮慶（字華卿，即上述信中所言華老）曾經想調盧木齋入學部任參議（清末各部堂官之一，分左右參議，次於尚書、左右侍郎和左右丞），嚴修也曾想過請張一麟（字仲仁，袁世凱幕僚）接替盧木齋掌管直隸學務處，但均未果。所以，對於盧木齋任提學使一事而言，學部尚書榮慶、侍郎嚴修發揮了巨大作用。是以多年以後盧木齋撰寫《天津模範小學校長劉君碑記》（見遺稿）時對任直隸提學使一事這樣寫道：『會朝廷革新學制，管學大臣榮相國、天津嚴範孫侍郎，薦余於朝，遂以乙科膺直隸提學使之命。』

四月二十日，嚴修遞請簡提學使一摺，并附薦舉堪勝學使之選人名員數清單一件的同時，也呈遞了學部官制和外省學務官制摺，在提學使辦事許可權附片中，聲明提學使許可權如下：

『一　每省設提學使司提學使一員，秩正三品，在布政使之次，按察使之前，總理全省學務，考核所屬職員功課。其舊有學務處，俟提學使到任後，即行裁撤，以專責成。（江寧、江蘇向有布政使二員，應於江寧省城設提學使一員，江蘇省城設提學使一員，照布政使管轄地方例管理學務。其吉林、黑龍江、新疆三省，均添設提學使各一員。）

一　各省提學使司提學使員缺擬由學部□京外所屬學務職員開單奏請簡放。

一　此次提學使創設需員甚多，擬由翰林院人員品端學粹、通達事理及曾經出洋確有心得，并京外究心學務、素有閱歷之員，不拘資格，一律擢用，其現任各省學政暨學務處總辦，果係素諳學務，辦事認真者，并由學部奏請改任提學使，或補或署，以資熱手，而廣任用。

一 提學使自到任之日起，每三年作爲任滿，任滿之前各督撫將其平日所辦事項詳細諮部，本部證以三年内派其視學官所切實考察者，該司辦理學務有無振興實效詳晰臚列奏聞，或留任，或升擢，或調他省，或調回本部，請旨遵行。

一 提學使由四五品京堂及實缺道員簡任者升轉與臬司同；其由他項人員補授者，應俟三年任滿列入介轉；由他項人員署理者，俟實授後，扣足任滿年限，列入升轉。

一 提學使照各直省藩、臬兩司例，爲督撫之屬官，歸其節制考核。一面由學部隨時考查，不得力者即行奏請撤換。

一 地方學務凡係按照定章，復經督撫籌定舉辦者，提學使當督飭地方官切實舉辦，力除向來因循敷衍之積習。其有延宕玩視并辦不以實者，提學使可具其事狀詳請督撫分别記過撤參，毋稍徇隱；其有辦事實心、卓著成效者，亦可具其事狀詳請督撫從優奏奬。每屆年終，分别所屬府廳州縣興學考成，出具考語申詳督撫辦理。

一 提學使於通省學務應用之款，應會同藩司籌畫，詳請督撫辦理。
一 提學使所辦事務，除隨時稟報督撫，由督撫諮報學部外，每學期及年終將本省學堂辦理一切情形詳報於學部，以備考核。如有重要事件，仍可隨時徑達學部。
一 提學使如遇有緊要事件，應行出省考察，須先期電達學部，經學部允准後方可出省考察，但仍當輕騎簡從，勿受地方供應。
一 提學使衙門可仍用舊有之學政衙門，所有舊日吏役人等概行屏除。其有學政衞不與督撫同城者，均□改歸一律。至各省業經裁撤之學務處，即改爲學務公所。提學使督率所屬職員按照定章，限定鐘點，每日入所辦公，不得曠誤。所有學政衙門素卷、學務處公牘，均移送提學使衙門，毋得遺漏，以便稽考。』（《學部奏陳各省學務官制權限摺》，《申報》，一九〇六年六月九日，第九版，第一一九〇四期）按：盧木齋以乙科出身出任一省學官，在晚清歷史上似僅此一例，其合法性來源，即出於上引條例中的『其現任各省學政暨學務處總辦，果係素諳學務、辦事認真者，并由學部奏請改任提學使，或補或署，以資熱手，而廣任用。』

另據《學部奏請簡放直省提學使并陳未盡事宜摺》：『其順天附屬各州縣學務，除京城内外悉隸京師督學局辦理外，所有各屬學務均歸直隸提學使司統轄，以歸劃

一。』（《東方雜志》，一九〇六年，第三卷，第六期）

五月，赴保定視察。（據《大公報》）

是年直隸學務公所在河北公園落成，盧木齋著有《直隸學務公所碑記》。據木齋中學編《盧木齋先生其人其事》中劉基汗《盧木齋生平簡介》：『盧木齋出任第一任直隸提學使時，一九〇六年在河北公園（今中山公園）修建直隸學務公所，轉年又在該園修建天津圖書館。』

七月初八，袁世凱上奏《奏爲本臣赴京請安期間委署提學司盧靖代摺代行事》。

七月十三日（陽曆九月一日），清政府頒布《仿行立憲上諭》，預備立憲。

七月十八日，電請袁世凱爲立憲之詔提議天津商學界同滬上一并於二十一日懸旗歡祝，袁回復可，但宜安静，并知照巡警局段道。見信札《盧木齋致袁世凱電文》。

八月，主持丙午年（一九〇六）拔貢考試，考試完畢向袁世凱彙報：『詳稱本年内丙午科直隸考職事宜，遵於八月内考試，頭場試以經義、史論，二場試以策問并專門各學，按照大省名額録取一等廩生李浦等四十名，二等廩生趙金鏞等六十名，由司一律榜示造具，各生名册同試卷呈請查核奏。』（《直督袁奏爲再前准政務處諮具奏通籌舉貢生員出路摺》，《申報》，一九〇七年四月一日）

是年秋，盧木齋在天津西門外創設編書局。據一九〇六年十月十九日《申報》載：『現盧木齋提學憲撥款委派留學日本法政學員諸君設立編書局，專編法政書籍如刑事訴訟等七種，在西門外擇地，不日開辦。』

是年盧木齋籌劃直隸水産學校事宜。據今人曲振明《盧木齋與水産學校》載：『一九〇六年，盧木齋兼辦直隸漁業公司事宜，「嘗思中國海面遼闊，魚鹽利薄，祇以采取無方，致天然美利，坐弃不用，因謀振興之術，謂欲求事業之發達，必先造就人才，欲造就人才，則舍學校外殆無良法。」他感到開辦水産教育的重要性，於是抓緊籌措辦學經費，以開灤煤礦及京師自來水公司兩項股票共七萬餘金爲開辦水産學校的基金和日後發展的費用。』按：辦理漁業公司一事，源出南通張謇奏議，其後北洋大臣袁世凱於一九〇五年上奏，響應設立北洋漁業公司，并籌劃辦直隸水産學校一所。直隸提學使司遂接手辦學之事，一九〇八年盧木齋派張伯苓、李琴湘赴美洲參與漁業博覽會，考察美洲漁業，亦爲辦校籌備之一。盧木齋調任奉天后，創立水産學校事由直隸勸業道孫多森接管。直隸水産學校一九一〇年成立，首任監督爲孫子文鳳藻。一九三七年陽曆四月二十日《益世報》曾刊登名爲《水産高職學校：省市當局定十四日交接（由盧木齋發起張伯苓計畫，民元曾一度因故奉令停辦）》的消息，消息中回顧了水産學校歷史，與曲振明所述大致相同。

是年灤礦公司成立，在袁世凱支持下，盧木齋參與灤礦投資。據劉行宜《盧木齋、盧慎之兄弟》載：『他在直隸提學使任内，曾在直隸總督袁世凱的同意下，以大部學款投資灤礦作爲公股，這幾乎占當時灤礦全部股金的半數以上，可以説灤礦的最初創辦，没有盧木齋以學款作爲公股投資支持的話，是辦不起來的。灤礦初辦時很順利，盈利分紅不少，投資者大見受益。這筆祇有三四十萬的學款，在他興辦若干學校後，在盧木齋離任交代時，竟還有三十餘萬金的積累。』

是年秋，嚴修家中所辦敬業中學堂（私立第一中學堂）在南開窪建築新校舍。『時任直隸提學使盧木齋從浙紳嚴子均（嚴子均爲寧波富商嚴信厚長子，嚴修族弟，整理者按）捐助的直隸學務款項下撥出白銀一萬兩』充建築費，十月，袁世凱捐助建築費五千兩，亦由盧木齋經手發放。按：盧木齋用官款補助南開中學事，頗受時人指摘，南開中學亦因此樹敵，故一九〇八年五月十九日嚴修致信長子嚴智崇、侄子嚴智惺，力辭五百元官款補助，嚴修在信中説道：『私中領官款萬金，頗遭指摘，盧學使亦受攻擊，謂其媚我，故此番補助之款，萬不可再領。此意可爲陳栢師、林墨叔言之，不必爲外人道也。總之稟辭之舉，萬不可免，萬不可緩。』（見《嚴氏

家書》，《嚴修手稿》，第二十一卷，第一六四〇六頁）

是年，組織司員編譯完畢《日本教育法規》，詳情見遺稿補編《日本教育法規序》。

一九〇七年（光緒三十三年丁未） 五十二歲

直隸提學使任中。

二月初七，袁世凱札飭直隸提學使盧靖通飭各州縣限期選派紳士游學。同日，袁批藩、學、臬三司詳遵擬分送各員紳憲法法政各編文，稱『朝廷宣布立憲，凡官幕紳民，皆須豫爲研究』『所有實缺候補人員，經文到六個月後，由本督部堂遴派司道大員，切實考核，秉公去取』『應發各書，即由學司徑發』云云。（據《袁世凱全集》）

二月十五日，袁世凱飭直隸提學司札妥訂學生自費章程。（據《袁世凱全集》）

五月初八（陽曆六月十八日），盧木齋出席天津高等工業學堂圖繪科畢業典禮。天津《大公報》報導如下：『月之初六日爲天津高等工業學堂圖繪科全班學生畢業之期，計學生孫家禧等十四名，最優等者十二名，優等者兩名。是日之晨，由堂總辦周緝之都轉，幫辦周涔汾太守率領學堂教務員與事務員等及學生先詣萬歲牌前行禮，次詣孔子位前行禮，然後本學生行致謝總辦及教務事務員禮，行禮後以次各就衆位。首由盧木齋學使發訓詞。伸明圖繪與品行之關係，與工藝之關係，及圖繪之價值。語長心鄭重，娓娓數百言，聞者動色。』（《大公報》，一九〇七年陽曆六月十八日，第三版）

五月初九，盧木齋赴保定視察，十七日返津。（據《大公報》）

六月初九，袁世凱批提學司盧靖詳撫、樂兩縣文童吴晝樓等捐款助學請奬，『應准各給七品功牌，以示鼓勵』。（據《袁世凱全集》）

六月十三日，袁世凱批學司盧靖詳擬選派日本廣島留學高等師範辦法文，稱『折開辦法，寬嚴得中，仰即如擬辦理』。（據《袁世凱全集》）

六月十七日，袁世凱批學司盧靖詳前高等學堂羅守設立師範班辦法及課程情形。稱『候次學部立案』。同日，再批學司盧靖詳請奬勵無極縣辦學出力原紳文。（據《袁世凱全集》）

六月十八日，袁世凱批學司盧靖詳覆遵飭選送都察院關於政治各書文，稱『據送教育法規等書，仰候諮送都察院查照』。（據《袁世凱全集》）

八月十二日，袁世凱批學司盧靖詳天津私立中學擬增設軍樂科請派教員文，稱

『應准照辦。候行軍樂隊教官王恩友派員前往教授。』（據《袁世凱全集》）

十二月十四日，直隸總督楊士驤上奏《奏爲照章給發直隸提學使盧靖養廉銀并酌加辦公費八千兩事》。

是年，盧木齋深度參與直隸立憲改革，并在直隸外省官制改革中起重要作用。據一九〇七年十月七日《申報》載《直省會議外官制紀聞（天津）》曰：『直省會議外省官制，前經盧學使主稿，擬定草案十數條，大概府道以上多仍舊，無甚更張。至上月二十一日，爲日制會議處第一次會議期，復經增子固方伯、盧木齋學使、周緝之都轉、梁孟亭觀察、齊震岩太守會同議員陸公介直牧、李漢珍、姚繼先、胡燕甫三令在學務公所開會集議，仍注重調查州縣進出款項、預算經費，以備改革政治之用；考驗官員，甄擇人才，以資治理；并議及佐治如何增設，冗員如何裁改，節目頗繁。陸、李、姚、胡四牧令現定常川駐宿學務公所，隨時晤商，妥議草案詳辦云。』

是年盧木齋創設蒙養院，并向嚴修家中所開保姆講習所請求教員一名。是年三月十三日，嚴修致信嚴智惺：『盧氏所立蒙養院能公推一人往教方妙。』（見《嚴氏家書》）同年十月二十七日，嚴修致信嚴智崇、嚴智惺，籌劃將保姆講習所附設蒙養院來年與盧氏蒙養院合辦：『保姆及蒙養院明年能否移并（保姆可分入女子公

學及北洋師範，蒙養院可與盧學使合辦），亦須豫計。』（見《嚴氏家書》）

一九〇八年（光緒三十四年戊申）五十三歲

是年四月初一，直隸天津圖書館在直隸學務公所内開館。盧木齋詳請直隸總督

楊蓮帥轉諮學部立案。立案文如下：

『本司詳請開辦直隸天津圖書館請轉諮學部立案文

爲詳請轉諮事。竊維國家强弱，係於國民之智愚，國民智愚，本乎學校之多寡，

進而上之，又恒視圖書館成立之額數以爲準。

圖書館者，文明之良導體，智識之輸入品也。泰西列强均有圖書館之設，若法、

若英、若俄、若德，多至五六百所，少亦一二百所。其館之大者，一室容三百餘人，

其藏書最富者，達五百餘萬卷。其建築費巨者，至七百餘萬元。近若日本，大小書

籍館亦不下六十餘處。蓋教育普則讀書識字者多，民智開則供給與取求并進也。

我國乾隆間，四庫書成，高宗純皇帝詔於杭州、鎮江、揚州分建文瀾、文匯、

文宗三閣，賜書百萬，恣人觀覽。以故江淮文物，蔚爲宗風，作人之化，超軼前代。

自經兵燹，卷軸飄零，嗜古者將什襲自封，寒儉家更冥求不得。縱使裒成自腋，不

過甲乙四部之書，焉知紙貴，藍皮更在瀛海九州以外，人才銷乏，國步艱難，有識者慨焉！

比年考察政治大臣條奏謂，圖書館爲列國導民善法。學部頒定學務官制許可權及教育會章程，亦謂圖書館急須籌設。湖南、江蘇兩省近已先後報立。本署司職任教育，地處要衝，况燕趙爲豪賢薈萃之邦，學司有提倡文明之責，不搜秘笈，難蔚大觀。乃集群僚，悉心商榷，遂於學務公所内附設直隸天津圖書館一座。内實琳琅，外標籤軸，部分類列，頗費經營。擬於四月初一日開館。顧念曹倉未滿，鄴架尤虚，合舊存、捐入、新購各種不過兩萬餘册，即使隨時物色，仍恐無多。因查前李侍郎端棻請推廣學校摺，請依乾隆故事，更加增廣，自京師十八行省省會咸設大藏書樓，凡殿版及各省官書局所刻書籍，暨同文館、製造局所譯西書，按部分送各省以實之。又西學書陸續譯出者，譯局隨時諮送各等語，業經奏明在案。今擬竊師其意，凡京外各衙門并各國官纂之圖書及各省官局并各書肆經官審定印行之圖書，爲坊間通行本所無者，均乞大帥分别諮請，每種賜送一分，取彼珍藏，餉我學子，以存國粹，而競文明，行見秘書，精圖網羅，珍如球璧，枕經葄史詩書，報以馨香。識時之俊雲興，幹國之才日出，扇巍顯翼，表揚國光，皆我大帥之所賜也。

除續設直隸保定圖書館再行詳請示遵外，所有直隸天津圖書館開辦緣由，理合擬定章程，備文另册具詳憲台察核諮送學部案，并照詳分別轉諮，實爲公便。爲此詳請訓示施行。須至詳者。』（《直隸教育雜志》，一九〇八年，第六期，第三十二至三十四頁）

開館前夕，盧木齋致信嚴修，并將《直隸圖書館暫定章程》寄上。嚴修在回信中盛贊該館『籌畫周詳，規模宏遠』，詳見信札《嚴修致盧木齋札》戊申年（一九〇八）。在天津圖書館籌備過程中，嚴修將自己陳列在天津教育品陳列館的一千三百四十二部圖書捐獻出來，不久又慨然捐贈家藏一千二百多部約五萬多卷圖書。提學使司請款專購了十二萬卷圖書，另外東三省總督徐世昌也捐獻了不少圖書。盧木齋將嚴修捐書闢出專室收藏，以示模範。

《直隸圖書館暫定章程》刊登於一九〇八年《直隸教育雜志》第二十期，《北洋官報》及《四川教育雜志》均轉載。《章程》言其宗旨曰：『本館搜集中外古今圖書，以保存國粹，輸入文明，供學人閱覽參考之資，省士子購求搜尋之力爲宗旨。』言其名稱曰：『本館遵照部章，設立名曰直隸圖書館。』言其設置曰：『本館設於天津河北大經路勸業會場以東，附直隸學務公所之内。』言其開辦經費包括修改學務公所西南角大樓下至各房間之費約一百金、已添購東文圖書約一千五百金、擬購置西文圖書約一萬餘金、閲書三人登桌二十具約一百五十金、添置橱架櫃牌等約三百金、其餘印票表簿戳記等約五十金。

七月，捐助《大公報》興農公司簡章各五册共十五册，又捐西分社常捐十元，捐南分社常捐五元。（據《大公報》）

八月初四，老朋友嚴復任北洋新政顧問官，盧木齋請飯：『八月初四日。王少泉、蔡志庚、孫仲英、竇駿生、劉秉鏞、陳作舟、王振綱、林郁齋、李成梅。木齋請飯。』（《嚴復集》第五册，第一四七九頁）

同年十月，盧木齋籌設直隸省城圖書館，地點定於保定蓮池書院内，亦稱蓮池圖書館。當籌款維艱之際，盧木齋首先報效實銀至五千兩之多，并購置書籍器具等件，經營擘畫，於宣統元年（一九〇九）十一月正式開館。直隸省城圖書館地處蓮池公園内，環境優美，造型精緻，盧靖爲其題寫『直隸圖書館』館名。按：今人常常將盧木齋創設天津與保定圖書館混淆，因爲二者均一度稱爲直隸圖書館，亦常常將籌備時間與正式開館時間混淆。盧木齋於兩圖書館之創設，不僅經始擘畫，而且爲其計久遠，從其離任直隸提學使前幾個交接的文件來看，兩圖書館的常年經費都有固定房租收入作爲保證。整理者二〇一一年前往保定，游覽蓮池書院，見蓮池圖書館，其館址、題字至今猶存。

六月六日，私立南開中學堂第一班學生三十三人畢業，學校隆重舉行儀式，直隸提學使盧木齋親授文憑。

是年七月，盧木齋『派遣直隸高等學校總教習張伯苓、直隸學務處總務課長李金藻赴美國華盛頓出席第四次國際漁業大會，會後在華盛頓、紐約考察水産教育。盧木齋所作的工作，爲水産學校的開辦奠定了基礎。』（曲振明《盧木齋與水産學校》）

九月初九（十月三日），《申報》刊登上諭：『奉天提學使著盧靖補授，傅增湘著補授直隸提學使。欽此。』

九月二十日（十月十四日），《申報》再登消息：『奉天新提學不能即日赴任（奉天）奉天張提學病故後，聞新簡盧木齋學使一時不能來奉，因直隸新提學傅增湘須請假回籍修墓，一時不能到任，奉天盧學使必須俟傅學使到直，始能交卸來奉也。』

卸任前夕，直隸學界在李公祠召開餞别會，大學、高等、專門、中小學堂監督堂長、教員暨各學生與會者達二千餘人，兩級師範學堂監督胡玉孫代表學界演説致謝。盧木齋作《直隸學界餞别答詞》，見遺稿。按：盧靖移調奉天，表面上看是提學使遵照學政制度，三年一換，但背後應有人事方面的更深層原因。嚴修特别重視盧木齋調任奉天后，天津學界的反應，九月十二日曾致信子侄詢問：『盧木翁調奉天，未知學界議論何如？務詳及之。』十月十八日又致信子侄説：『盧學台有功全省學界，學界有無傘額等敬意，亟與王少翁、胡玉翁、李伯翁、林墨翁諸公議之。如須寫匾，余願親筆寫之也。吾家似應特送禮物，應送何物，崇與惺爲我計之。』（見《嚴氏家書》）

十月二十一日（十一月十四日），光緒帝駕崩。次日，慈禧駕崩。

十一月，盧木齋請假省親。十一月二十四（十二月十七日）《申報》刊登消息：『奉天提學盧靖奏父年八十，請假三月省視，奉旨照準。』另，其時適盧慎之從日本留學歸來，兄弟二人『相偕南旋，登大别，訪黄鵠，履江山之勝境，極游眺之大觀，邀約舊侣，話經心菱湖同舍之往事。未幾挂帆東下，歷金陵故都，姑蘇舊址，亦人生之一樂也。』（盧弼《伯兄木齋先生事略》）

臘月十七日（一九〇九年一月八日），《申報》記載盧木齋偕同湖北籍官紳聯名請派張之洞督辦鄂境川漢鐵路，其消息如下：『請派川漢鐵路督辦（北京）鄂督陳夔龍具奏云，鐵路爲交通要政。自京漢開通後，風氣所趨，咸能知其利益。惟群情易渙，巨款難籌，以致鄂境粵漢、川漢兩路，經營數載，迄未興工。前奉諭旨，派軍機大臣大學士張之洞爲督辦粵漢鐵路大臣，見朝廷注重路政之至意，莫名欽服。伏思粵漢鐵路由張之洞收回自辦，老成謀國，中外咸推。所有一切籌款用人，該大臣主持裁定，必能剋日程功。但粵漢、川漢本屬相輔而行，川漢不通，則粵漢亦無大利。前據鄂省紳商請收川漢鐵路改歸商辦，業經臣諮明郵傳部有案。茲據鄂紳法部主事姚晋圻、奉天提學使盧靖等呈稱，鄂境川漢一路，工大費巨，商力實難勝任，懇請仍照張之洞原奏，由鄂官督商辦。且以張之洞督鄂年久，威望素孚，此項路綫，迭經派員測勘，已將漢沙一段實測竣事。若由張之洞一手經理，更可統籌兼顧，兩路均有裨益等情，呈請奏諮前來。臣覆核無异，合無仰懇天恩俯准，敕派大學士張之洞兼充督辦鄂境川漢鐵路大臣，俾與粵漢鐵路聯絡一氣，庶可早觀厥成，全鄂幸甚，大局幸甚。』

是年九子開明出生。五女毅仁出生。『盧開明，生於一九〇八年。協助父親操辦實業。染時疫，一九四四年歿於天津。』（《新堤盧氏家譜》）五女盧毅仁，開驪，生於光緒三十四年（一九〇八），天津南開大學銀行經濟學系畢業，獲商科學士學位，一九四二年起任天津木齋中小學校長，一九五二年繼任天津市第二十四中學校長，一九八五年逝世。

一九〇九年（宣統元年己酉）五十四歲

閏二月初十，赴奉天履任。閏二月十九日（四月二十九日），《申報》刊登消息：『簡補奉天提學使盧靖，請假三個月回籍修墓，現已期滿。於本月初十日赴奉履任，業經發電入奏矣。』

到任奉天后，發表《敬告奉天學界書》，作爲就任奉天提學使的施政綱領，見遺稿補編。

四月十八日（六月五日），盧木齋於《申報》發表《釋公債》一文，提出公債有投諸生産與投諸消費者，鼓勵借公債以投諸生産，并舉辦法四、禁例三、辨惑四。然《申報》記者頗不以爲然，以爲『其説之足以惑人也』，詳見遺稿補編。

六月初三（七月十九日），《申報》記載：『聞奉省提學司盧木齋學使日前爲湘鄂鐵路借款事，特電張相國鄂省大吏力爭不可簽押。按：盧本倡議借債興實業者，今乃爲此恐必不確。』按：盧木齋贊成借外債，是以平等和安全爲前提，以生産盈利爲條件的。似湖北鐵路涉及國家主權和家鄉權益，盧木齋自然反對。然當此存亡關頭，盧木齋發表《釋公債》一文，的確容易給自己貼上標籤，故《申報》於上條消息後加按語，將盧木齋經濟主張和政治主張混淆，亦情有可原。

八月，盧木齋遷奉天圖書館於瀋陽東華門路南，將奉天圖書館改爲學務公所圖書科兼辦，任命科員謝蔭昌主其事。按：奉天圖書館於光緒三十四年（一九〇八）由首任奉天學使張鶴齡呈請開辦，定名爲奉天省城圖書館，於當年十月初四正式開館。張鶴齡去世後，盧木齋大力擴充，兩度遷址，宣統元年（一九〇九）將圖書館收歸學務公所圖書科兼辦，宣統三年（一九一一）更將圖書館直接遷址於西華門學務公所院内北樓，對奉省圖書館的重視可見一斑。

九月二十七日（十一月九日），盧木齋及湖北籍官紳等聲援湖北拒借外款修築川粵漢鐵路，《申報》刊登鄂路拒款大會情形。消息曰：『鄂路拒款大會志盛（湖北）湖北留學日本諸生，因鄂境川、粵漢兩路，現經郵傳部接續，與四國開議借債修建，并將兩湖鹽厘捐税抵押，特公推張伯烈、夏道南二君爲代表回鄂，運動各團體争回自辦。時值鄂省諮議局議員亦有組織鐵路協會，與部争辦之議。故二十日張、夏兩代表抵省時，諸議員即於是晚在諮議局開特别歡迎大會。當二代表入會場時，全體議員皆起立致敬。首由吴議長慶濤報告開會歡迎之宗旨。二代表即出席相繼演説，痛陳借款之禍，與商辦路事之利益及辦法，除招股不分省界外，請將抵押借外債之鹽厘税捐作爲公股。本省之紳富，則悉行攤股，以其官民兩得其利，并以速電樞部力争爲最先最要之圖。説畢，議員劉賡藻君接續演説，略謂諸君既心許即須實行，擬請各議員將所得薪金以九五助捐，即在辦事處扣提，以作組織鐵路協會經費。言至此，衆皆起立拍掌贊成。劉君遂續言，請代表起草訂立鐵路協會章程，以便聯合武漢商會、教育會、憲政籌備會及一切各團體，合力堅拒。兩代表遂立草章，并由吴議長推舉劉賡藻、張國溶、夏壽康、湯化龍、魏寅賓等十人爲鐵路協會會員。而張國溶、吕逵先二議員亦相繼演説。擔任聯合各團體并舉教育會職員萬昭度、金式度二君紹介二代表親往各團體處聯合。至鐵道協會事務所，則假定教育總會之内。復經全體議員，擬就電樞部争回商辦文稿，本擬即刻譯發。因吴議長言須俟彼謁見制府言明後再發。連日鄂籍人士官幕於各省者，均起而響應，如京師王魯香部郎、奉天盧木齋學使、江寧樊雲門方伯、上海徐士燮太守、河南李維□觀察、周兆沅大令等，均有電函致諮議局，而省紳吴兆□、劉心源、黄慶曾等亦條列商辦川粤漢鐵路意見書，布告各議員，并擬聯名呈請制府代奏，總以達拒款自辦爲目的。夏、張二代表終日向各團體處奔走請求，其熱忱殊足令人欽佩。』」

十月二十二日（十二月四日）《申報》消息，盧木齋領銜鄂紳電告湖北諮議局：『湖北諮議局鑒，鐵路借債章約，督辦大臣未簽字即未成立，無所謂廢，請諸公細酌。盧靖、曹廷杰、沈致堅、陳翼、吳靈鳳、榮輿、陳培龍、吳鳳周、盧宗呂、李錦沅、劉蕃濮、吳善等同叩。』

是年盧氏蒙養院迎來呂碧城姐妹等任教。據盧毅仁回憶：『一九〇九年（清宣統元年）先父在元緯路自己的住宅裏辦起了盧氏蒙養園，當時請日籍某女士和留日歸國的呂碧城姊妹等任教。後有盧雲卿（我二姐）由美國回國主持辦理，嚴智閑（嚴範孫的第三個女兒，嫁給我哥哥盧南生）留日歸來，也參加任教。但當時人們對幼稚教育尚不理解，甚至認爲是奢侈享受，因此來上學的大都是維新的知識份子家庭的孩子們。當時的兒童約二十人上下。』（盧毅仁《回憶父親盧木齋》）

是年秋初，組織司員編譯完畢《新譯世界統計年鑒》，爲國內年鑒編譯之始，詳情見遺稿補編《新譯〈世界統計年鑒〉序》。

是年盧慎之南歸，迎父親來津。（據《盧慎之自訂年譜》，《北京圖書館藏珍本年譜叢刊》，周和平主編，北京：北京圖書館出版社一九九九年版，第一九八册）

一九一〇年（宣統二年庚戌）五十五歲

在奉天提學使任內。

八月二十八日，直隸總督陳夔龍爲盧靖捐廉建築省城圖書館一事上奏請獎。奉上諭賞盧靖二品頂戴。奏章如下：『奏爲前署提學使捐廉籌建省城圖書館援案給獎恭摺具陳仰祈聖鑒事。竊學部奏定分年籌備事宜清單内，開各省圖書館限宣統二年一律開辦等語，以圖書館之設，所以開通風氣，敷迪文明，關係殊非淺鮮。查直隸省城圖書館經調任奉天提學使盧靖於光緒三十四年十月在署直隸學司任内，捐廉五千兩建築館舍，購置書籍器具等件，經營擘畫，依限告成，殊於教育前途不無裨益。茲據士紳懇請由提學使轉詳奏獎前來。臣查該前署學司盧靖，本愛國之公忠，爲樹人之至計，當籌款維艱之際，首先報效實銀至五千兩之多，成此美舉，洵屬熱心學務。雖據稱不敢仰邀獎叙，究未便没其好義之忱。查光緒三十三年三月前吉林將軍臣達桂奏署提學使吴魯捐廉五千兩建築圖書館，請照捐學給獎，恭奉朱批吴魯著賞給二品頂戴等因，欽此欽遵在案。今奉天提學使前署直隸提學使盧靖捐廉建築圖書館事同一律，合無仰懇天恩俯准援案賞給二品頂戴，以昭激勸出自鴻施，除諮部外，理合恭摺具陳，伏乞皇上聖鑒訓示。謹奏。』（《浙江教育官報》，一九一〇年，第四十期，第二六三頁）朱批如下：『以捐廉建築圖書館，賞署直隸提學使盧靖二品頂戴。』（《宣統政紀》，《清實録》，中華書局一九八六年版，影印本，第六十册）

九月，南開中學堂校慶六周年紀念，特發行一張彩色明信片，以紀念爲這所學校建立和發展作出過貢獻的人們。明信片的上部從左到右分别是張伯苓、嚴範孫、盧木齋和王益孫四人的頭像，下部則是當時學校的教學樓。明信片右下方蓋有圓形紀念戳，外圈文字爲：『天津私立第一中學堂第六周年紀念』，中間横格内的文字是：『庚戌九月初八日（一九一〇年十月十日，整理者注）』（《南開校友通訊》，一九九四年）

十一月初十（十二月十一日），各地請開國會聲勢日壯，瀋陽亦無能免，盧木齋身處風潮之中：『奉省學界近以東省時局日危，待至宣統五年始開國會，恐時不我待，擬再聯合同志爲第四次之請願。兹聞諮議局亦深表同意。日前特邀集農、紳、學、商各界數千人會議，均以速開國會爲是。遂議定公舉代表赴京，爲第四次之請願。學界則舉定劉君文煥、舒君繼祖赴京。初一日在諮議局會議行期，議長談及此次請願倍難於前，激昂慷慨，有泣下者。當有中學學生金君毓紱（遼陽人）抽刀截指，李君德權亦持刀割股，吳、袁兩議長奪刀救護，已屬無及。金君則血書至誠感人等字，李君則血書請速開國會等字。在座諸君見之，無不失色。議長當飭巡警將金、李二君送至衛生醫院求治矣。

另一函云，日昨奉天各學堂學生全體齊跪公署門首，請督帥據情代奏，速開國會。督帥當以電話催各司道上院集議應付之法，旋經議定由各司道延見代表，允爲面稟督帥，請爲代奏。民政司張司使、提學司盧司使婉勸尤力，該代表等堅欲俟面謁督帥，俯邀允准後，始肯退回。後經督帥親見代表，督帥及學生均各涕泗滂沱，當即允爲代奏。公署門首請願之人始行散去。』（《請開國會再接再厲》，《申報》，一九一〇年十二月十一日，第十版，第一三五九五期）

臘月二十二日（一九一一年一月二十二日），盧木齋積極聯絡南滿鐵路當局，給予回家學子車票半折優惠。《申報》録其事如下：『奉城大小各項學堂已於本月初十日一律給放年假。所有各堂員生均皆回籍度歲。提學司盧司使日昨已諮請交涉司照會駐奉日總領事，移知南滿鐵道公司，請照嚮章於回籍員生查明執照，概收半價，并妥爲照料，以免疏虞。』（《南滿鐵路優待學界人員》，《申報》，一九一一年一月二十二日，第十一版，第一三六三七期）

是年，報請奉天民政司修建奉天省官立東關模範兩等學校（即東關模範學校）教學樓兩座、禮堂一座，宣統三年（一九一一）正式竣工。是年秋至一九一三年，周恩來曾在此校讀書，并在這裏立下了『爲中華崛起而讀書』的偉願。

是年八月十六日，與卸任之學部左侍郎嚴修結爲親家，子盧南生與嚴修之女嚴智閑訂婚換帖。次年四月二十三日，盧南生與嚴修之女嚴智閑完婚；閏六月二十前後，盧南生夫婦同赴日本學習。

據《嚴修日記》載，『六月二十六日：午後，盧木翁令郎雋予南生及傅惕生汝勤來。』（《嚴修日記》，第一六一三頁）

『六月二十九日：午答拜盧雋予不遇，見木翁之尊人晴峰先生，鬚髮皓然，年八十餘，談許久。』（《嚴修日記》，第一六一三至一六一四頁）

『七月二十一日：約墨卿來家，托其往見箸薌，允許盧宅親事。』（《嚴修日記》，第一六一八頁）

『八月十四日：盧宅遣人送帖。午前盧姻伯以名片遣人來并示喜果樣子。』（《嚴修日記》，第一六二四頁）

『八月十六日：與盧家換帖。郭潤甫、李哲生來賀喜，將婚帖呈祖先堂，行四拜禮。十一鐘半，大賓四人至。少頃，披紅家人持帖至，將男家帖呈祖先堂，又行四拜禮。家人賀喜。留大賓飯，潤甫、劭詢陪，一鐘席散，大賓去。』（《嚴修日記》，第一六二四至一六二五頁）

是年十月，盧木齋由奉返津，參加灤礦公司會議。據《嚴修日記》載，『十月初五日：寫致盧親家信。同嗣香到李公祠，聽周總理演説，觀希明所擬灤開合辦股東權益，衆意多欲由灤礦股東具呈擔任債票，推伯芝起稿。』『十月初六日：拜盧木翁。李公祠第三日灤礦公司會議。決議李希明開灤合并由灤礦擔任債票之意見書，余敬書可字。選舉協理，最多數王少泉，次多數李希明。六鐘散。赴德義樓孫子文約，同坐木齋、伯芝、采臣、希明、一甫、芹香、嘯麟、墨卿。』『十月初七日：午盧木翁來談約一小時，并陪觀女學。』『十月初八日：余赴緝之約，同坐木齋、少泉、繼筠、蔭庭、伯芝、偉人、一甫，九鐘散。』『十月初十日：同小汀赴陳一甫約，同坐木齋、伯芝、子文、繼筠、小汀、漱泉。晚赴木齋約，同坐墨卿、伯芝、一甫、芹香、伯苓、子文、箸薌。』『十月十一日：新車站送木齋，遇沅叔、子文、芹香，皆送行者也。』（《嚴修日記》，第一六三四至一六三五頁）

是年春，組織司員編譯完畢《最新世界統計年鑒》，詳情見遺稿補編《最新世界統計年鑒序》。

是年季春，組織司員編譯完畢《新譯世界教育年鑒》，詳情見遺稿補編《新譯世界教育年鑒序》。

是年八月，組織司員編譯完畢《北海道拓殖概觀》，詳情見遺稿補編《北海道拓殖概觀序言》。

是年十月，組織司員編譯完畢《新譯日本教育法規》，此爲光緒三十二年所譯《日本教育法規》的增補本，詳情見遺稿補編《新譯日本教育法規序》。

一九一一年（宣統三年辛亥）五十六歲

二月二十日（三月二十日），《申報》透露盧木齋將負責東三省借款興業殖産事宜，其消息如下：『席支部向某國借款五千萬，將見實行。聞已決定在該款内擬出一千萬，專爲東三省興業殖産之用，不得作爲消耗用款。并聞錫清帥仍將此款辦一銀行，以爲振興實業之基礎。將來總辦其事者，非提學使盧木齋司事，即金仍珠觀察。』（《申報》，一九一一年三月二十日，第一三六八七號）

六月十一日（七月六日），《申報》透露更動提學使消息：『趙督以黑龍江省地居邊陲，亟應推行教育，以爲辦理新政基礎。現任提學使張建勛辦事優柔，難期振作，擬即撤任，以盧木齋司使調授江省提學使，以資整頓。至所遺奉天提學使一缺，奏保開缺湖北按察使梁星海廉訪補授云。』（《申報》，一九一一年七月六日，第一三七九六號）按：此消息傳出不久，八月十九（十月十日）武昌起義爆發，次年春清帝遜位，盧木齋在奉天提學使任内結束了自己的官宦生涯。

十一月末，盧木齋回津參與開灤礦務局成立談判。據何宗謙回憶：『清宣統三年盧木齋特由瀋陽趕來天津并携同其私人的英文秘書婁魯青、中文秘書盧慎之參加商談，達成協議，即以後成立之所謂開灤礦務局，表面看是中外合資，而實權則操之英國商人之手。』（何宗謙《回憶盧木齋先生》）另據《嚴修日記》載，『十一月三十日：灤礦公司董事會議。』『十二月初一日：灤礦公司在李公祠開股東會，余三鐘到，六鐘辭出。』『十二月初八日：到灤礦公司公閲開灤合辦之草案十七條，附件八條，留飯，三鐘半辭出。』（《嚴修日記》，第一七一八至一七一九頁）

是年春，組織司員編譯完畢《歐美教育統計年鑒》，詳情見遺稿補編《歐美教育統計年鑒序》。

一九一二年（民國元年壬子） 五十七歲

民國元年，盧木齋卸官回津。據盧毅仁回憶：『他對清朝政府不滿，對民國出現的一些人物也不以爲然。因此他不參與政治，衹想辦教育，爲國家培養人才。但辦教育要有經濟基礎，所以他參加一些實業投資，以其利潤來興辦教育事業。』（盧毅仁《回憶父親盧木齋》）

是年五月，作爲灤礦大股東的盧木齋和總理的周學熙交惡，嚴範孫、趙幼梅、李希明等調停。據《嚴修日記》載，『五月十五日：收信：盧木齋。』『五月十六日：到灤礦公司，假廣隆泰約緝之、仲遠、康侯、小汀、一甫、仲魯、嗣香、幼香、希明、伯芝、幼梅早飯，惟希明回唐山未到。』『五月十七日：午到灤礦公司，同希明訪木齋，爲周、盧交惡事，留晚飯。』『五月十八日：李公祠灤礦公司開會，午前到，七鐘後始散。』『五月十九日：太乙樓約希明、幼梅、墨卿便飯，與希明、幼梅討論調停周盧之法。訪木齋。』『五月二十日：木齋來談。』『五月二十一日：同墨卿到水産學校候幼梅，仍商論周盧交哄事。』『五月二十三日：訪木齋。灤礦公司董事會議，六鐘散。』『五月二十四日：訪木齋。午灤礦借李公祠開股東研究議事部章程，至暮尤未議完。』『五月二十五日：午灤礦接續開會，議章程畢，由公證人報告某之股東計周總理舞弊營私十事，業經調查清楚，多係誤會之詞。』（《嚴修日記》，第一七三六至一七三七頁）

是年開始大量置辦地產。據劉行宜《盧木齋、盧慎之兄弟》：『一九一二年，盧木齋買了今日包括民園西里在内的大片水坑地，直與水上公園相連，買這片地時不計畝數，據説按摇一槳之遠計算多少錢。另外，早在清末袁世凱在天津搞新市政前，河北一帶地勢高、人烟少，盧木齋也以極低地價買進大批地畝，以後這些地區日趨繁華，地價猛漲。盧木齋深諳土木建築工程，并且不辭勞苦，常親赴工地現場督造，做到工精料省，造價極低，在房地產經營上，他確是陶朱有術的。』

一九一三年（民國二年癸丑）　五十八歲

在天津。

十一月三日，農曆十月初六，父親盧晴峰去世，葬於北戴河河濱大東山，享年八十有四。

一九一四年（民國三年甲寅）　五十九歲

在天津。

盧木齋回津後，依然關心天津各學校活動。五月十四日，《申報》記載盧木齋參與京津各校運動會的情況：『天津各校聯合會前日下午一鐘，北洋大學校、新學書院、唐山鐵路學校、北洋醫學校、德華普通中學校、官立中學校、直隸公立高等工業專門學校八處在南關青年會操場開，天津學校體育聯合會已紀前報。……凡取列第一至第三者，分別發給金銀獎牌一面。再前提學司盧木齋、教育司蔡儒楷各贈大銀杯一隻，中華書局贈銀杯一隻、大銀杯二隻，議定非三年運動會，該校均取第一者不能贈給。查南開中學校去年運動會取列第一，此次又取第一，其一大銀杯暫給該校保存，如明年該校再取第一，實行贈給。其二大銀杯因本年春間開筐球會，官立中學校取列第一，亦仿照以上辦法暫歸該校保存。又銀杯一隻，預於八日五英里賽跑郭毓彬取列第一，將該杯贈與郭君獎品，發畢合撮一影而散。』（《京津間之各校運動會》，《申報》，一九一四年五月十四日，第六版，第一四八一九期）

是年第十子開周出生。『盧開周，生於一九一四年，畢業於美國中華航空學校

第三期。一九三九年回國參加抗日戰争，空軍軍官學校十一期畢業，中國空軍飛行員。歿於一九八五年。』（《新堤盧氏家譜》）

一九一五年（民國四年乙卯）　六十歲

在天津。

一九一六年（民國五年丙辰）　六十一歲

在天津。

是年在元緯路家中添設盧氏小學。據盧毅仁回憶：『一九一六年，由蒙養園增添了小學，名爲盧氏小學，那是個單級班，全班約三十名學生，從一年級到四年級，由一位教師教課。主任教師名李淵如，另一位音樂體操教師李錫景是女師畢業的。那時盧定生、盧潤生正在女師學習，也常在這小學裏試教。後來又擴充了一個教師，改爲一二年級和三四年級各一教室，并招收三四名工農子弟免費入學。但不久因軍閥混戰，學校衹好停課。』（盧毅仁《回憶父親盧木齋》）

盧木齋息影津門，不再出仕。據何宗謙回憶：『黎元洪居津門，和盧時有往還，後來黎出任大總統曾邀盧木齋出任教育部總長，據盧説他婉言謝絶了。』（何宗謙《回

憶盧木齋先生》）

一九一七年　（民國六年丁巳）　六十二歲

在天津。

四月，同親家嚴範孫游浙江。據嚴修年譜記載：『四月，同盧木齋游杭州、紹興、桐廬、富陽等處。』（嚴修《範孫自訂年譜》見《嚴修年譜》，嚴修自訂，高淩雯補，嚴仁曾增編，濟南：齊魯書社一九九〇年版，第十一頁）另據《嚴修日記》載，『四月十六日：與盧親家結伴行，余率僕張興，盧率僕張貴，十二鐘開車。』『四月十七日：六時半朝食，十一時午食。九時廿分至上海。馥庭亦來接，并爲代訂後馬路觀音閣碼頭晋升棧爲宿所，遂乘摩托車往，余住十九號房，木齋住二十號房。』『四月十八日：五時起，與木齋、馥庭閑談。九鐘後同木齋、馥庭乘馬車往訪金伯屏，暢談留飯。飯後四人通往游新世界。伯屏别去，余三人往訪周少樸，談至夕，款小食。』『四月十九日：由滬赴杭。一鐘同木齋、馥庭及兩僕出晋升棧赴滬寧站登車，二鐘十分開車，伯屏來同行。七時前至城站。上下六人同來清泰第二旅館，余居三十一號，盧居三十三號，兩僕居盧之複室。』『四月二十五日：由杭赴桐廬。』『四月二十六日：在桐廬游嚴瀨，登釣臺。一鐘後至釣臺下。祠正中供嚴先生塑像，余與木齋俱行三鞠躬禮。』『四月二十七日：由桐廬往富陽。旋與木齋乘輿至山麓，觀嚴先生垂釣處碑，又行百餘步至嚴先生祠，止三間一進，中供牌位，行鞠躬禮如昨。』『四月二十八日：由富陽回杭，仍寓清泰第二旅館。』『五月二日：由杭渡錢江南行，晚宿紹興之柯橋。』『五月三日：到紹興，游鑒湖及蘭亭。』『五月五日：由紹興回杭州。六點五十分至清泰第二旅館。』『五月九日：同盧、章二公乘舟至鳳林寺，余七年前曾宿該寺，今舊人俱不可見矣。僧陪茶話許久。木齋本有借居該寺之意，詢之則彼殊落寞，遂將來意打銷。復乘舟至新新旅館看房，木齋有意定房一間，住一半月，因伊甚喜該處之雅静也。』『五月十一日：六鐘半偕馥庭率張興辭清泰第二旅館，往城站車站，木齋送行。』（《嚴修日記》，第二〇八八至二〇九七頁）

又據何宗謙《回憶盧木齋先生》：『張國淦任農商部總長時，曾邀盧爲桑梓效力，督辦武漢長江大橋，盧曾調閲卷宗，認爲在漢陽、武昌兩山間建橋，似有可能，但以後經費無著作罷。』

十一子開正出生。『盧開正，生於一九一七年，移居美國，土木工程師。歿於

二〇一五年。』（《新堤盧氏學譜》）

一九一八年（民國七年戊午）　六十三歲

在天津。

一九一九年（民國八年己未）　六十四歲

在天津。

九月二十五日，參加南開大學開學典禮。是日據《嚴修日記》載：『校長演説，黎總統、范静生、凌冰博士、路易士女博士演説，茶點照相，六鐘歸。』（《嚴修日記》，第二二八五頁）

一九二〇年（民國九年庚申）　六十五歲

在天津。

一九二一年（民國十年辛酉）　六十六歲

在天津。

一九二二年（民國十一年壬戌）　六十七歲

在天津。

一九二三年（民國十二年癸亥）　六十八歲

在天津。

是年設立張家口電燈公司，創辦人爲盧木齋、嚴範孫，股東有王占元、蔡虎臣、王雨生、楊仲瑜等。成立不久即添設山海關、秦皇島分公司。

是年收拾豐潤舊版，重新編印《慎始基齋叢書》，擬出五十種，該年實際出版十一種。宋建昃在《盧木齋和他的贈書》一文中談到：『早在光緒二十三年（一八九七），盧木齋任豐潤縣宰時，就招致蓮池書院的刻工，印製《慎始基齋叢書》。後遇庚子之變，事遂中輟，擱至民國十二年（一九二三）才又收集散佚版片，重爲修葺。該書原擬刻五十種，實際刻印了《四庫全書叙》《觀書例》《觀書後例》《四川省城尊經書院記》《輶軒語》《書目答問》《三通叙》《經義韵言》《古今僞書考》《天文歌略》《地學歌略》等十一種「開治學者門徑」之書。』

原擬刊刻的五十種《慎始基齋叢書總目》包括：《輶軒語》（張之洞原刻本）、

《四川尊經書院記》（張之洞 原刻本）、《觀書例》（姚晉圻 待堂遺稿本）、《觀書後例》（田明祀 待堂遺稿本）、《讀書要略》（葉瀚）、《長興學記》（康長素 自刻本）、《古書疑義舉例》（俞樾 俞氏叢書本）、《讀西學書法》（梁啓超 時務報館本）、《四庫全書總目提要》（廣州本）、《四庫全書簡明目録》（通行本）、《四庫未收書目提要》（阮元 阮氏本）、《書目答問》（張之洞 原刻本）、《四庫全書叙》、《古今僞書考》（姚際恒 浙江局本）、《西學書目表》（梁啓超 時務報館本）、《讀書分年日程》（元程端禮 湖北局本）、《讀書分月日程》（梁啓超 自刻本）、《西國學校》（花之安 西政叢書本）、《肄業要覽》（顔永京 上海排印本）、《西學課程彙編》（沈敦和 西政叢書本）、《漢學師承記》（江藩 粤雅堂本）、《音學五書》（顧炎武 觀稼樓本）、《小學考》（謝啓昆 浙江局本）、《歷代史表》（萬斯同 原刻本）、《歷代帝王年表》（齊召南 仁和葉氏重刻本）《廿一史四譜》（沈炳震 海寧查氏本）、《紀元編》（李兆洛 江寧官本）、《歷代地理志韵編》（李兆洛 江寧官本）、《歷代沿革圖》（六嚴 江寧官本）、《十七史商榷》（王鳴盛 原刻本）、《廿二史考异》（錢大昕 廣雅叢書本）、《廿二史札記》（趙翼 原刻本）、《三通叙》（蔣氏本）、《史通削繁》（紀昀 湖北局本）、

《文史通義》(章學誠 浙江局本)、《三才略》(上海刻本)、《學算筆談》(華蘅芳 自刻本)、《書譜》(唐孫虔禮 百川本)、《續書譜》(宋姜夔 三續百川本)、《藝舟雙楫》(包世臣 安吴四種本)、《格致釋器》(傅蘭雅 格致彙編本)、《增訂格致入門》(丁韙良同文館本)、《文心雕龍》(梁劉勰 紀評本)、《四六叢話》(孫梅 清嘉慶三年[一七九八]刻本)、鍾嶸《詩品》(學津本)、《瀛奎律髓刊誤》(紀昀 鏡烟堂本)、《聲調譜》(趙執信 珠塵本)、《聲調譜拾遺》(翟翬 珠塵本)、《説詩晬語》(沈德潛 通行本)、《歷代賦話》(李調元 通行本)。(以上總目録自國家圖書館館藏《慎始基齋叢書》目録。)

是年盧氏兄弟亦開始編《湖北先正遺書》。其編撰原始,見遺稿《湖北先正遺書序》。是年秋,盧慎之爲《湖北先正遺書》作序云:

『弼從政餘暇,流覽載籍,博涉旁探,日無寧晷。家兄木齋誡之曰:「世變方殷,不務遠者大者,惟考訂簿録,校讎訛奪,支離瑣碎,奚不憚煩。」弼徐應之曰:「兄曩治算術,設梅羅徐戴諸家著述,得精刊精校之本,事半功倍,當不讓李壬叔獨步一時矣。」相與狂笑者久之。比者兄有《湖北先正遺書》之輯,往復商榷,初擬搜羅散佚,擇要刊布。兄謂吾輩學識,不逮古人,蕭蘭并擷,珉玉雜陳,徒爲識者所哂。四庫所收，世有定評，乃先就著録者，選擇善本爲第一輯。其流傳絶少之本，則假文津閣本印行。凡經之屬十，史之屬十，子之屬三十，集之屬二十五，都七十五種，爲卷七百二十。輯印既竣，弼進而言曰：「岷江大別，極江山雄壯之奇；楚些騷詞，開後世情韵之祖。鬻熊爲子家之始，倚相肇良史之源。開府蕭瑟，哀艷絶倫；工部孤忠，光焰萬丈。二李繼美，兩宋聯翩。皮鹿門極工唱酬，米襄陽精嫺書畫。凡兹群彦，備集大觀，酌雅富言，窮高樹表。允宜範圍百代，豈第矜式鄉邦。往者大湖以南，嘗有沅湘耆舊之集。江漢英靈，山川清淑。人物所萃，文獻所徵。任其放失，何以昭兹來許？吾党孜孜不倦者，寧得已哉。睹是輯之成，豈特吾兄弟之幸，實以識斯文之幸也。」兄曰：「然。」退而詮次其言，以質世之君子。癸亥立秋後一日，沔陽盧弼序於都門寓廬。』

是年籌備《湖北先正遺書》，四處搜求珍籍。據《張元濟致劉承幹書》云：『友人盧木齋提學托印《湖北叢書》，内有數種迄未覓得善本，别紙録呈，鄴架當必有之，如印刷精爽，擬乞慨。』

是年北洋政府給予盧靖二等大綬嘉禾章。（據《申報》，一九二三年二月二十三日，第一七九五六號）

是年七女仁吉出生。

一九二四年（民國十三年甲子）六十九歲

在天津。

是年《湖北先正遺書》第一輯告成，凡七十五種，爲卷七百二十。『一九二四年，他刻印《湖北先正遺書》，每部十八函，共一百八十二册，内容包括經、史、子、集，這部書印好後即贈送各省市圖書館。餘下的很多部存放在木齋中學車房内，後因騰房將它按廢紙處理了。』（盧毅仁《回憶父親盧木齋》）

二月十九日，直隸省立第一圖書館於《大公報》鳴謝盧木齋捐贈《四庫湖北先正遺書提要》二册、《四庫湖北先正遺書存目》二册，附札記一卷、《湖北先正遺書提要》二册。

是年編成《古辭令學》，該書成爲木齋學校的教材：『另外他編印了一本《古辭令書》，書中選編了一些較好的文章讓青年們閱讀，木齋中學語文課本中印有這本書。很多語文老師認爲這本書對指導學生學習文言文很有好處。』（盧毅仁《回憶父親盧木齋》）

是年繼續在陳寶泉等人發起的直隸教育促進會任名譽董事。名譽董事成員包括：『盧靖（木齋）、傅增湘（沅叔）、嚴修（範孫）、李煜瀛（石曾）、王道元（化初）、張壽椿（伯苓）、孫鳳藻（子文）、李金藻（琴湘）、李建勛（湘辰）、王章祜（叔均）』。（據《學術與教育雜志》，一九二四年，第一卷，第一期，第二四六至二六三頁）

是年全家從元緯路搬遷至意租界小馬路，并將學校擴充：『一九二四年先父將全家遷到前意租界小馬路二號去，又在那裏辦起幼稚園。元緯路住宅餘部都歸學校使用。』（盧毅仁《回憶父親盧木齋》）

是年纂就《四部叢刊提要》。盧木齋取四庫提要各條置於《四部叢刊》各書之首，以便讀者閱讀，積有十册，又《四部叢刊》中四庫未收録者三十餘種，盧木齋檢閱原書和各家論述自撰《補撰四部叢刊提要》一册。嚴範孫贊許之，原擬刻印以便讀者，現僅存抄本一函十一册，存清華大學圖書館。詳情見遺稿補編《編輯〈四部叢刊〉提要序》。

是年十三子開書出生。『盧開書，生於一九二四年，歿於二〇〇三年，葬於天津。放射科醫生。』（《新堤盧氏家譜》）另據盧毅仁稱：『在這兩處圖書館和木齋學校裏各有一部《圖書集成》，據我知道他爲了買這幾部書很費了一些周折。

這部書裝潢精美，是他最心愛的書，他爲了紀念獲得這部珍貴的書，正好庶母陳氏生了一個弟弟，先父即給他取名爲開書。但這幾部書是否完整存在，已經不得而知了。』（盧毅仁《回憶父親盧木齋》）

一九二五年　民國十四年　乙丑　七十歲

在天津。

是年，創立北戴河單莊小學。『先父在二十年代的夏季常去北戴河避暑，他發現那個地區没有學校，於是拿出一筆基金在北戴河海濱單莊買了一塊地，蓋了幾間房，於一九二五年成立了一所小學，取名爲單莊小學。請了一位畢業於女師的教師名傅貞儀（傅惕生的妹妹），這個學校的學生全部免費，教科書亦由創辦人發給，就這樣使那個地區有了文化的幼苗。』（盧毅仁《回憶父親盧木齋》）

是年捐資仙桃修築『盧公磯』。『先父雖離開家鄉多年，但他總懷念家鄉，由於經常鬧水災，鄉親們很苦，每年他都幫助救災。一九二五年他捐資在仙桃鎮修了一個堤壩，是可以開關的水閘，鄉親們稱之爲「盧公磯」。此後家鄉生活稍好轉，他才安下心來。』（盧毅仁《回憶父親盧木齋》）

又劉行宜回憶，『盧木齋到晚年時，不斷地向他的子侄兒孫們反復叙説他平生有三大志願：第一件是他計畫辦木齋大學，由小學而中學而大學，辦成完整的木齋學校體系；第二件他計畫在河北省各縣各建立圖書館，做到縣縣有圖書館；第三件是在他的易澇多灾的父母之邦沔陽縣興修水利，永杜水患。』『盧木齋以後雖在京津定居，未再返回故里，却捐獻了一筆巨金，於一九二五年在仙桃鎮整修了堤壩，當地鄉民稱之爲「盧公磯」。這是盧木齋爲他的父母之邦留下的一個紀念。另外，由於盧木齋、盧慎之兄弟相繼離鄂，他們也把老家的住屋捐獻出來，給當地作興學之用。』（劉行宜《盧木齋、盧慎之兄弟》）

是年慎始基齋開始刊行一些單行本，有《擊筑餘音》、《木皮鼓詞》等。盧弼爲《木皮鼓詞》跋曰：『光緒中葉，伯兄木齋刊行慎始基齋叢書，示學者治學之塗徑。近年輯印《湖北先正遺書》，都七百二十卷，集鄉邦文獻之大成。又別輯《沔陽叢書》百數十卷，次第鋟木，閎篇巨製，卷帙繁賾，蔚然大觀，洵足多已。然零縑斷楮，片羽吉光，流傳到今，彌足珍惜。爰擇小種付諸精刊。春間印成《擊筑餘音》，朋儕交相稱許。旋得舊鈔本《木皮鼓詞》一册，視近人葉氏刻本文詞流麗，段落分明，本末括賅，注釋條鬯，識者能辨，無俟贅陳。數千年興衰治亂，咸寄托於鼓板歌詞，亦莊亦諧，宜俗宜雅，可歌可泣，能立能廉。寫澤泮行吟之哀思，擬滇南遠戍之別調。語參俚諺，義本葩經。木鐸一聲，儼如春秋之筆伐；金鑒千古，匪同稗史之荒唐。敢告國人，願書萬本。乙丑臘日，沔陽盧弼跋於都門寓廬。』

是年盧木齋七十大壽。亦盧慎之五十壽，盧慎之請好友賀履之、余越園、溥雪齋、陸和九四君先後爲繪校書圖，請諸家題詞。題詞中多有提及盧木齋及盧氏兄弟并題者，今逐條節録之：『長公吾舊交，德容清且温。天算擅絶學，中西抉籬藩。留意楚先賢，述作勤討論。搜羅富梨棗，如日開重昏。君實贊助之，唱和諧篪塤。楚材固多秀，孰如君弟昆。當以媲先賢，二宋及二孫。』（左紹佐）『楚學復興由南皮，經心舊址菱湖湄。同舍木齋我兄事，鄰房讀書如塤篪。邇時方治疇人學，謂如削鐵鎸心脾。學成乃不讓梅李，膺薦作吏仍爲師。志開風氣振北學，牖中大日人得窺。刊書布種助蒙養，齋榜親題慎始基。晚得季弟尤精敏，愛我直以鹽爲施。』（周樹模）『長公經訓充菑畬，疇人絶軫雄先驅，宦成幾甸教澤敷。』（李哲明）『楚材自古富杞梓，盧家伯仲尤出藍。木齋周髀衍絶藝，牧民勸學肉食慚。』（孫雄）『士生喪亂時，無好心尤苦。苟令有心寄，眼前即樂土。博弈既非賢，觴咏亦何取。不如吾盧君，網羅窮四部。丹黄不釋手，點畫辨魚魯。豈惟圖一適，嘉惠周藝府。遥遥報經堂，群書補拾補。』（嚴修）『南兩抱經北雅雨，後先輝映德不孤。搜求古籍自讎校，衫裏一任朱墨污。弟兄商量祗文字，何异二徐及兩蘇。世變滄桑歷壞劫，學海硯田終不枯。美哉始基此一室，著書歲月常有餘。會成公武讀書志，終披盧鴻草堂圖。』（傅岳芬）『文獻淪亡國本摇，滔滔斯世將誰與。賢哉盧氏二難并，始基克慎心獨苦。伯氏朴學重當時，丕敷文教昭來許。』（賀良樸）（以上鈔録於《慎始基齋校書圖題詞序》，一九三五年盧慎之刊印，國家圖書館藏）

一九二六年（民國十五年丙寅）　七十一歲

在天津。

與盧弼共同刊刻《沔陽叢書》，是年刊成，印量較少，多分送各圖書館。

是年《中華圖書館協會會報》第二卷第一期發布消息：『盧木齋先生捐贈《湖北先正遺書》五十部　沔陽盧木齋先生，刊印《湖北先正遺書》，集鄉邦之文獻，發潛德之幽光，而盧先生對於圖書館事業，尤極熱心，曾經本會公推爲名譽會員，得蒙允諾，并承寄贈《湖北先正遺書》一部外，另送本會五十部，由本會照原價出售，所得書價，全數捐助，隆誼厚情，殊足感也，此書所輯皆四庫著録之本，人間極少流傳，又擇善本影印，免豕亥魚魯之誤，甚望各圖書館即向本會購備一部，用供衆覽，本會亦受惠良多也。』

一九二七年（民國十六年丁卯）七十二歲

年初，改選張家口電燈公司總理。據《嚴修日記》載。『一月八日，十二月初五日：赴盧親家約，同坐蔡虎臣、高佑竹、楊仲愚、楊冠如、婁魯青、黄君。仲遠飯後至，是日商張家口電燈公司改選總理事，李實忱欲自爲之，而衆意不以爲然，意在舉楊冠如。四鐘散。』『一月九日，十二月初六日：往華耀軍衣莊，是日張家口電燈公司開股東會，改選總理，到者言仲遠、李實忱、高佑竹、楊冠如、高亦韓、盧子年、趙仲鸞、婁魯青、楊仲愚（餘人不知姓名）。投票結果，楊冠如當選，五鐘散歸。』（《嚴修日記》，第二六八三頁）按：張家口電燈公司創辦於一九二三年，係盧木齋和嚴範孫一起創辦，股東有王占元、蔡虎臣、楊仲愚等人，由在日本學過電氣的大兒子盧南生任總經理，是年经营陷入困境。其原因據何宗謙所言：『開辦時就以低價買進陳舊電機鍋爐，發電煤耗巨多，成本自然增大，又值軍閥内哄，戰亂頻仍，山海關電燈公司虧折殆盡，張家口電燈公司入不敷出，負債纍纍。我於一九三五年擔任張家口電燈公司經理時，堵塞偷漏，整理綫路，不數月收入比前增加過半，扭虧爲盈。』又據劉行宜所言：『盧南生却沉湎於冶游，辦不到三年即賠得一塌糊塗。盧木齋加上兩萬元也無濟於事，不但未補上虧空，且爲盧南生所負債務涉訟經年，直到一九三一年張家口電燈公司董事會改組，由楊仲瑜任董事長，何宗謙任經理，并由盧木齋學生俞人鳳介紹劉俊卿各方聯繫，衹八個月即轉虧爲盈。』。據是年《嚴修日記》載。『五月三日：與子若同年至其家，訪冠如談張垣電燈公司與盧木齋父子交涉欠款事。』『五月七日：智怡因張家口電燈公司事，木齋招之來津，午正先來家，叙話極久。』『五月八日：智怡述昨晚席上磋商張家口電燈公司雋予還欠款事經過。』『五月二十一日：木齋親家昨晨欲見訪，電話來而余出門，今日乃往訪之。以析産清單見示。談次適陳西甫至，與木齋久談，西甫去，始討論析産辦法，余有微辯，而彼成見已深，言不能入，遂敷衍數語而去。』（《嚴修日記》，第二七〇三至二七〇八頁）

是年捐資建築南開大學木齋圖書館，盧木齋不顧年事已高，常常前往工地監督施工。據《嚴修日記》載。『二月二十日，正月十九日：赴盧親家約，同坐張伯苓、金伯平、華午晴，邱君（諸暨）、陸君（廣東）、黄君（沔陽），以上俱爲南開大學教員。又朱君筱呈，名世芬，係蓉生先生文孫，現在南開中學教國文，仁賡之師也。飯後商量南開大學建築圖書館事，宜木齋欲捐建也。三鐘散。』『二月二十一日，正月二十日：往南開大學會盧木齋親家，到者張校長、華午晴、□□□、黄子堅，談至午正，余先歸。』（《嚴修日記》，第二六九一頁）

十月十七日，盧木齋參加南開學校建校二十三周年慶祝大會，并發表演説。《益世報》記載曰：『十月十七日，爲南開學校廿三周年紀念，先一日，舉行該校大、中、女三部之體育表演。十七日晨開慶祝會。校長張伯苓氏主席，致開幕詞，略述南開已往歷史。繼爲盧木齋先生演説。盧氏即最近捐助該校大學部十萬元以築木齋圖書館者也。』

《申報》記載此事流程爲：『南開大學慶祝二十三周年紀念補記。十月十七日爲天津南開成立二十三周年紀念日。該校同學爲慶祝此佳辰起見，特於十六日三中學部大操場舉行體育表演。十七日上午九時半集大學、中學、女中三部師生於中學部大禮堂舉行紀念式，出席者千餘人，除本校同學外尚有出校同學及中外來賓，竟無立足之地，可謂盛矣。開會次序如下：（一）開會；（二）唱校歌；（三）校長致開會詞；（四）盧木齋先生演説；（五）出校同學邱鳳翽演説；（六）大學教授黄子堅演説；（七）中學教員俞式如女士演説；（八）大學學生范士奎演説；（九）中學學生林受祜演説；（十）分贈紀念品（正在建築中之木齋圖書館攝影）；（十一）照像散會。各人演説無非追念已往之南開，希望將來之南開。散會時已鐘鳴十二下矣。原定表演因在戒嚴期内均停止舉行云。』（《申報》，一九二七年十一月五日，第一九六三一號）

『南開大學和張伯苓校長對於盧木齋先生慷慨捐建圖書館一事非常重視。南開學校董事會自一九二七年至一九三〇年曾先後四次在例會上專題研究新圖書館有關成立管理委員會，建立管理規章，管理人選，管理經費，擬制捐書紀念章程等項事宜。如：民國十七年一月十九日董事例會，議題第三項「捐書問題」，校董孫子文先生提議，在新館舉行落成典禮時，多邀請社會著名藏書家前來學校參觀，以促成他們捐或借給學校更多藏書。在木齋先生慷慨捐建圖書館的義舉帶動下，又有天津藏書家李典臣、嚴範孫、李組紳等先後向木齋圖書館捐贈各自的藏書纍計十萬卷之多，更加豐富了館藏，極大滿足了南開師生的閲讀需求。民國十八年六月十六日董事會例會，議題第七項「大學部木齋圖書館事」，共議決八項内容：一、由學校向教育部爲捐款人請獎；二、對於捐資人子弟入學之優待；三、每年將圖書館的開辦費、經常費的支出明細列表册報告盧先生；四、編館史、印發圖書館明信片；五、設圖書館管理委員會；六、開闢對社會開放的閱覽室；七、建立圖書館章程及閱覽規則；八、聘請圖書管理的專門人才時注意將懂西文與中文的人才合理搭配，避免偏頗。以上措施的落實對於管理好、使用好木齋圖書館，使其充分發揮最佳功效，起了積極的作用。』（吴振清、李世鋭《盧靖與南開大學木齋圖書館》，南開大學新聞網 news.nankai.edu.cn/nkdxb/system/2013/11/25/000156487.shtml）

是年十四子開侯出生。『盧開侯，生於一九二七年，殁於一九九三年，葬於北戴河。藥劑師。』（《新堤盧氏家譜》）

一九二八年　民國十七年　戊辰　七十三歲

在天津。

四月三日，黎元洪病逝，盧木齋將自己的壽材借於黎。四月十八日《申報》消息：『天津黎元洪三日夜十時半逝世，四日未刻大殮，借用盧木齋壽材。遺電忠告各方：一、國民對濟案應沉毅以求正義解決；二、速召國民大會解決糾紛；三、實行墾殖，化兵爲工；四、調劑勞資應適合全民心理與世界經濟趨潮；五、振興實業，保障民權；六、正德、利用、厚生不可偏廢，道德、禮教較物質文明尤重；七、革命爲不得已之事，願一勞永逸，早日休養，恢復元氣；八、采用國家社會主義，毋爲列强所利用；九、早定政治方針、教育宗旨；十、凡無抵觸國體之創制應保存。（四日下午七鐘）』據盧樂山回憶，盧木齋夫婦很早就備下上等棺木，然而二人高壽，棺木均先後借人救急之用，再備已不如之前名貴。

是年南開大學木齋圖書館竣工。《益世報》刊登照片。『新館以美觀、堅固、實用著稱，一九三四年柳亞子先生來南開參觀後無限感慨，曾有詩贊道：「百城南面足論功，堂構巍峨締造雄。十萬萬金書萬軸，教人長憶木齋翁。」』（吴振清、李世鋭《盧靖與南開大學木齋圖書館》）

十月十七日，南大九周年校慶和南大木齋圖書館落成典禮同時舉行。盧木齋在典禮上親自將鑰匙交給張伯苓。據《嚴修日記》載，『十月十七日：到八里台南開大學，是日南開學校二十四周年紀念日，又木齋圖書館行開幕禮，來賓甚多。余陪木齋在講廳上坐，聽黄子堅述開會詞，木齋演説畢退席，余亦隨之至休息室。以下諸人演説有崔市長、顔駿人校董、袁守和、崔伯等，余皆未聽。禮堂閉幕後，群往新建之圖書館參觀，余亦隨往。前層陳列借來善本書籍及字畫，後層陳列書架有本

館舊藏之西文書籍及木齋捐入之中文書籍八萬餘卷。時已黄昏，不及細看。歸家已六鐘半矣。』（《嚴修日記》，第二七九三頁）

十月，托盧弼主南開木齋圖書館事，未成。

一九二九年（民國十八年己巳）　七十四歲

在天津。

『爲表彰盧靖先生爲南開所做巨大貢獻，一九二九年南開大學特地立碑建亭以示紀念。紀念碑的碑文《木齋圖書館記》，由湖北羅田王葆心撰寫。王葆心，字季薌，曾任清朝學部主事，博通經史，究心地方志研究，歷主湖北書報館、圖書館事務，其後擔任武漢大學教授，他去世後董必武曾經題詞「楚國以爲寶，今人失所師」。碑文和碑陰皆由鄭沅書寫并篆額。鄭沅，字叔進，光緒二十年中探花，與狀元張謇、榜眼伊秉綬并稱三鼎甲，曾任四川學政，善書法。碑陰《伯兄木齋繫建圖書館記》出自盧弼之手，盧弼，字慎之，精於文章典籍之學，他編著的《三國志集解》具有極高的學術價值。此碑文字罕見流傳，鮮爲人知，兹照録如下，以饗讀者。

中華建國十有七年冬十月十有八日，天津南開大學校際立學再周歲星之期，適前提學使者沔陽木齋先生盧公靖輸餅金十萬，并故書圖籍億萬册，俶建圖書之館，以是日爲落成啓館之會。邦人欣其嘉惠，既以木齋顔其館，復舉授受典禮，仰成於大學，中外官賓自市長以次咸莅會。先生年已望八，挈其公子宣舉，微尚吐辭，繽緎諸生千數百人聆言歡忭，觀光五六百人和之，呈藝顯能，太合樂舞，甚盛舉也。禮成，既退，其鄉人羅田王葆心遠在江漢，聞風景跂，載筆爲紀名績。其詞曰：

惟析津東際溟渤，洞達萬方，百廛旁流，紅塵四合。五河泄其幽郁，五洲納其賾琛。海陸南北，舟車飆馳，軨轔闐溢，上燭霄漢。然金鎦娛樂之氣盛，詩禮文雅之氣衰，君子少之。肇有南開大學之立，携華天際，掩抑塵囂，士氣翕乎名都，茂才咸受隱括。顧兹横捨之地，講藝樂業，端資圖籍，弗博弗殫，曷稱瑰觀。木齋盧公始典學職，繼僦此都，擴伊古所罕聞，禪道器而囊括，斥金十萬，蔚爲書府，縹緗億軸，胥輦其中。肅肅三館，渠渠七閣，以我偏師，摩彼巨壘，將以焕發國華，遺餉儒畯，入其中者，蒸蒸翼翼，英髦雲從，張皇幽邈，肴饌奇侅，登降宴飲，窮天人際，達古今誼，玄德讜言，傾動宇合。從古名業所産，率依學林書藪，而生沾溉之閎，卜年八百；孳乳文物，匪限一隅。爰伐石勒勣，壽以貞珉，揭此津逮，昭告來哲。中華民國十八年十二月刊石。

碑陰文字：

伯兄木齋獨建圖書館記　長沙鄭沅書

吾家世居沔陽新堤鎮，濱江匯湖，頻苦水患。先世世業儒，積貧無藏書，稍有經史讀本，水猝至，輒隨波濤去，雖有志向學，亦無書可讀也。伯兄木齋應漢陽府試，湘中書賈翻雕賀藕耕、魏默深兩先生所輯《皇朝經世文編》，隨學使按臨地貨之，紙劣版爛。兄偶見之，知爲經世有用書，詢值，索錢三千。顧罄行篋所有，適此數，念市書無以應試，應試書不可得，日詣肆商值，且議且閱。主人愠曰：「買則買之，否，奚議爲！」展轉貸假始獲歸，不啻宋槧元鈔也。發奮讀竟，益識經世之塗，乃始有意於疇人之術，遂成顓家，爲世稱。自念得書之艱、求學之難如此，天下之士之與吾同此境者何限也，他日得志，盍有以濟之乎！逮膺特薦，歷宰各縣，興書院，購圖籍，刊行《慎始基齋叢書》，啓士子求學之徑。提學畿輔陪都，倡建圖書館於天津、保定、瀋陽，皆本夙昔之志而行，而敏求之士可以弭孤陋之憾矣。下走濫竽京曹，略涉簿録，廠肆搜求，喜擇精本。兄告之曰：「余少年求有字之書不可得，遑暇高論，書擇有用而已，豪商估客之珍秘，胡爲者。」兄暮年隱居津沽，念國事日棘，學術日墮，大懼人才放失，國將不國，復發閎願，於南開大學建築圖書館，獨力斸金十萬營之，年七十有四親督瓦石，冒暑指揮。館成，又以數十年節縮所儲十餘萬卷之群籍，胥舉而充其中，嘉惠來者，嗚呼盛已！而少年所得翻雕本《經世文編》尚留知止樓中，與此白髮老翁相摩挲也。戊辰冬日沔陽盧弼記。中華民國十八年十二月刊石。』（吴振清、李世鋭《盧靖與南開大學木齋圖書館》）

六月二日，天津特别市市政府發布公報，對南開大學木齋圖書館進行備案，同意盧南生、盧開瑗提出的對於南開大學木齋圖書館，任何團體、個人不得借作别用的要求。其文曰：『批盧南生等據呈伊盧木齋在南開大學校内自建木齋圖書館請備案等情（應準備案）文。天津特别市市政府批（第　號）。原具呈人盧南生、盧開瑗等，呈爲家君盧木齋在南開大學校内自建木齋圖書館，以後無論何時，任何團體、個人均不得借用并處分，請予備案。由呈悉，該木齋圖書館規模宏大，純係個人熱心捐設，嘉惠士林，足資矜式。據請以後無論何時任何團體、個人均不得借作别用，并任意處分等情，仰承親志，昭示來兹，尤深嘉許，應準備案。此批。天津特别市市政府印　中華民國十八年六月二日　市長崔。』

十一月二十日，教育部批准南開大學校董會呈報，給予盧木齋一等獎狀，并呈請行政院嘉獎。據《山東教育行政周報》載：

『南開大學木齋圖書館 盧木齋氏捐資建築 教部給予一等獎狀 并請國府明令嘉獎

南開大學校董會日前曾爲盧木齋氏捐助該校木齋圖書館建築費十萬元事，呈報教育部向國府請獎，當由部批令本市教育局前往調查，教育局隨即派員到該校將關於木齋圖書館一應事件，如（一）未築新館前，該校開辦以來對於圖書館種種設備之陸續添置；（二）歷年來各方面捐助圖書或購書費之原委；（三）盧氏捐助巨款，建築新館之合同與收支賬目；（四）新館落成情形；（五）落成後該校所規定圖書館之常年購書費與經常費及臨時募款、募書辦法等。均一一調查清楚，對於盧氏之熱心教育，慨捐巨資，極爲仰慕，遂呈覆教育部，聞部中現已批准，給予盧氏一等獎狀，兹將部批及獎狀原文列左：

教育部批字第一二五一號，具呈人天津南開大學校董會，呈爲捐助南開大學巨款建築圖書館，懇援例專案請獎由，呈件均悉。查該大學校董會，以前校董盧木齋捐助該校建築圖書館經費十萬元，懇援例專案請獎一案，前飭天津特別市教育局詳查具報，兹據呈覆，查明屬實，按照捐資興學褒獎條例，應授予一等獎狀，并專案呈請國民政府明令嘉獎，除等本部公報宣示及專案呈請行政院轉呈國民政府嘉獎外，合先填發一等獎狀一件，仰即轉發此批。

獎狀，甲字第十二號。

盧木齋捐資建築私立南開大學圖書館房舍，合計銀十萬元，照捐資興學褒獎條例之規定，特授予一等獎狀，此證。

教育部部長蔣夢麟，中華民國十八年十一月二十日。』（《山東教育行政周報》，一九二九年，第六十八期，第三十九頁）

《益世報》所登載之教育部獎狀如下：

十一月三十日，國民政府明令嘉獎盧木齋興學助教義舉。『沔陽盧木齋先生捐助南開大學十萬元建築圖書館。昨由國府明令嘉獎，其文如次：

據行政院呈據教育部呈稱，盧木齋捐資十萬元，建築南開大學圖書館，請予轉呈嘉獎一案，核與捐資興學褒獎條例相符，應請明令嘉獎等語，查盧木齋慨輸巨資，嘉惠來學，洵屬熱心教育，應予嘉獎，以昭激勸。此令。中華民國十八年十一月三十日。』（《教育部公報》，一九二九年，第一卷，第十二期）

一九三〇年（民國十九年庚午）　七十五歲

在天津。

南開大學木齋圖書館於一九三〇年開始面向天津市民開放。據當年《益世報》記載：『天津南開大學圖書館，爲邑紳盧木齋先生獨金十萬所創，爲吾國私人獨建圖書館之第一人。曾於去歲得教育部獎狀，且先生舉家藏數萬卷亦盡捐之館中，故該館於天津最稱完備焉。現該館對校外人士借閱，曾擬有最新辦法：凡該校畢業生及津埠各機關、各學校以及普通市民，有介紹或信證，均可借閱，惟書以三册爲限，時以兩禮拜爲期。該圖書館一經開放，其嘉惠津埠人士當不淺也。』

是年，《廣智館雜志》刊發禦冬儲金會報告。『本會前承盧木齋先生捐助《湖北先正遺書》五部，每部原值銀七十元。兹特減價，決定極少數目按五十元出售。其書計經部七種、史部十種、子部三十種、集部二十五種，凡一百八十册，物美價廉，現存一部。』（《廣智館星期報》，一九三〇年，廣字五十五，第九頁）

一九三一年（民國二十年辛未）　七十六歲

在天津。

一九三二年（民國二十一年壬申）　七十七歲

在天津。

是年擴充木齋學校。據盧毅仁回憶：『盧定生留美回國後，將校名改爲木齋學校。當時元緯路處學生已有四五百人，從幼稚園到小學共十二個班，主任爲楊鐘英。前意租界小馬路校舍有八個班，學生約二百多人，主任張樹清，後爲張文淑，校長盧定生，兩校學生共七百多人，學生品質屬中上水準。』『一九三二年開始辦中學。在元緯路先招兩班初中一年級，每班有四十人。當時教師有王淡然、閻錫清、曾中娉、紀文勛、盧開運、盧毅仁、傅文宜等十幾人。』（盧毅仁《回憶父親盧木齋》）

一九三三年（民國二十二年癸酉）　七十八歲

在天津。

一九三四年（民國二十三年甲戌）　七十九歲

是年起修繕新購之北平舊刑部街住宅。據盧鼎霍回憶：『我家爲三路四進式布局，方圓内共有十二個院落，其中約有三分之一的房間，藏有古今各類圖書二十餘萬册。祖父住在中路倒數第二個大院北屋的東卧室裏。』（盧鼎霍《祖父永遠活在我心中》，見《盧木齋先生其人其事》天津木齋中學二〇一二年編，第十九頁）

十一月二十二日，《益世報》報導：『盧木齋在平籌設圖書館，規模甚大不久可開幕（平訊）天津教育家盧木齋在過去曾捐助資金建築天津南開大學圖書館，并在津元緯路創設木齋中小學校。該氏鑒於北平爲文化中心，文學巨子薈集之地，擬在北平市内以個人私資設一規模較大之圖書館，曾於暑中修造房舍，搜集書籍，約計二三月内當可開幕云。』

一九三五年（民國二十四年乙亥）　八十歲

在北平。

是年舉辦八十壽辰。

四月十八日，《益世報》第二版報導《藝文中學十周紀念大會昨晨在該校盛大舉行，盧木齋提倡航空學術》，盧木齋發表演説，消息称。『繼由老教育家盧木齋氏致詞，盧現年八十歲，白髮髫鬢，精神頗健，由主席查良釗扶至台上。盧之講詞略謂：「兄弟以衰老之身，參加盛會，高興的很，但是我不能多説話，有負諸位歡迎之意。不過我有幾本書贈給諸位同學研究研究，也是很好的東西。當我在五十年前教數學的時候，曾經研究怎樣使學生對於數學發生興趣，最後編訂《萬象一原演式》《熊鐘陵無何集》《釋公債》等諸書。此外因爲我的兒子對航空很愛好，所以感想到當此國家努力振興的日子，諸位對航空學術必須要研究，方不負一國民的責任，現在預祝諸位成功。」』

是年動手術一次。據劉行宜回憶：『一九三五年，盧木齋患攝護腺腫大症動手術。由於他年事已高，家人不敢讓他動二次手術，自此以後他因身帶插管，行動不便，就長期住在北京，足不出户。爲此，他曾預立遺囑，特地請來俞人鳳等作爲執行遺囑的監護人。遺囑主要意思是説所遺家財全部要用以辦教育，遺産不傳於子孫。他説兒孫不肖，遺産徒供揮霍，兒女受到教育，有一技之長，可以自食其力。』（劉行宜《盧木齋、盧慎之兄弟》）

一九三六年（民國二十五年丙子）八十一歲

一九三六年十月十八日，北平私立木齋圖書館開館，館長爲湖北同鄉胡钧。據《發刊詞》介紹，圖書館初期的讀者主要包括學生、教師或學者、客居與暫失業者、一般有職業者、生計粗足無職業之累者五類。『二十五年十月十八日本館開幕的那一天，福開森先生演説：「買書不難，聚書藏書亦不難，有了書而善於運用它是一個難問題。」是的，福先生的意思似説鎖著書箱喂蠹魚，以有用的書箱，置於無用之地，是一種過惡，以此譽美我們創辦人措置適宜。可是我們既感激福先生的提示，益感覺不止開辦一個圖書館就了却我們「運用」圖書館的責任。我們應當在運用上痛下工夫，怎麽使大衆注意，引人入勝？怎麽養成讀書的趣味，願意來館讀書？怎麽做成廣告式或展覽式勸誘大衆，儘量運用我們技術上的能力，來謀大衆讀書利益？暫且以這個季刊爲第一步運用。』（《發刊詞》，《北平私立木齋圖書館季刊［創刊號］》，民國二十六年［一九三七］二月一日，《近代著名圖書館館刊薈萃四編》第九册，王志庚、顧燁青主編，北京：國家圖書館出版社二〇一三年版）開館當日，圖書館負責人於典禮上作開館報告如下：

『北平私立木齋圖書館成立開館報告

今日爲北平私立木齋圖書館成立開館之日，諸君翩然來臨，不吝賜教，實爲榮幸之至。鄙人茲敢以本館緣起及籌備經過，與夫將來進行計畫，述其厓略，以求教於諸君子。

本館爲沔陽盧木齋先生私人所創辦。先生一生以社會文化教育事業爲己任，節衣縮食，以其餘資創辦學校及圖書館等，促進社會文化，數十年如一日，全國聞名，平津間人士殆無不知先生志趣者。

先生幼時本係寒士，鄉間風氣閉塞，百里内無藏書家，欲得一有用之書而讀之，購既乏資，借亦無從，書空咄咄，恒以爲苦。當時即發大願，苟异日能置書者，當公諸社會，俾有志讀書之寒畯，得少彌其缺陷。故圖書館之設置，爲先生畢生之志願，在晚清獨開風氣之先者也。

綜計先生創設圖書館，此爲第六次。光緒丙申丁酉間，任直隸豐潤縣事，就浭陽書院設圖書館，又創辦經濟學堂，亦附設圖書館，此爲先生實行其志之嚆矢。次則於光緒丁未年，在天津創辦直隸省立圖書館，翌年復設保定圖書館，此皆在直隸提學使任内事。宣統庚戌，轉任奉天提學使，創立奉天省立圖書館，蓋爲第四次矣。民國戊辰年，獨斥資創建南開大學木齋圖書館，計其築館及捐書之值，不下二十萬金，今先生年逾八十，又有創設本館之舉。

溯自甲戌籌備伊始，修繕房屋，置備書籍，事必躬親，不辭勞瘁，將近三載，以有今日。其家族以其可爲先生八旬紀念，係承意而助成之，此真難能可貴者矣。甲戌冬成立董事會，即呈報官廳。乙亥一月，蒙市政府及社會局批准，轉呈教育部立案，於二月五日，由局轉到教育部回文，准予備案，籌備之事，漸次告成。在此期間，其工作最感困難者，則在編目一事，數萬卡片，不能驟就，闕略過多，秩序即紊，供給閲者，艱於應付。此難日夕從事，至今猶未臻妥帖者也。

惟是北平國立、公立、校立、私立各大圖書館無美不備，本館虱處其間，裨益於社會幾何？究應如何繼長增高，俾得漸加其效率。此正先生所日夕考慮，同人等再三籌度，而求諸君子指導者。現在，本館設備已有舊籍二十餘萬卷，新出版要籍四千五百餘册，關於學術之雜志一百二十餘種，日報二十餘分，座位約可容納二百人，尚能增加。似此勺水爝火，何能解社會求知欲之飢渴，導學子於光明。

本館不敢自畫而日求努力者有三，敬爲諸君陳之：

（一）先生所有木齋教育基金，本分配於多處教育文化機關，在本館未成立之前，尚未確切劃定。吾輩辦事，不敢浪費先生金錢，開辦之始，不敢過求宏侈，所以一切費用，係加審慎，而於添置圖書，則必逐次求大量增加，一年内外，必請先生將本館基金劃定獨立，俾成永遠計畫，且資發展。

（二）隨時購求大量圖書，俾得厭公衆之欲望，固爲本館不易之方針。然須審量社會之需要，以爲適當之應求。現今新舊圖書，浩如烟海，以私人有限財力，勢應加以擇别（如新舊説部不適用或傷風化、壞人心者不必備）。如爲社會一般人士所需要來館閲覽者，所要求但使力所能及者，自當廣爲搜求，以資供給，此目的既定，雖不能擬於國立、公立各大圖書館之博采肆應，而本館之微末效力，或亦有相當的貢獻也。

（三）木齋先生於舉世沉溺帖括之時，獨冥心搜討數理之學，其著述亦以算學爲多。本館竊有意於普通群籍之外，特設數學新舊書籍，闢爲專部，力求具備，俾專門學者較易得參考之資，有志斯學者，亦增加其趣味，此則本館區區之愚。倘亦木齋先生所贊許者乎？此項計畫，擬不日著手，仍乞諸君子進而教之。

先生壽逾八齡，所設施於國家、貢獻於社會者多至不可勝紀，近且身膺痼疾，步履維艱，其家族環請息肩，俾資休養，乃先生不敢自逸，日以此事未成爲念。吾輩今日得睹斯館之成，實先生精心毅力所促致也。鄙人承乏，爲本館負責之一人，自顧庸駑，深懼弗勝，但於私不敢却，於公當自奮。惟有日承先生及諸董事先生之命，力求發展。尤盼諸君子時加督促指導，俾在此璀璨文化區域中——北平——或得土壤細流之助，斯則木齋先生及本館同人之所深企幸也。

抑更有請者，本館草創之初，設備寒儉，無容諱言，諸君不少出版新著、家藏舊籍，如荷同情，出其一臠，割愛以餉本館，施惠及於學人，則仁人之漿，一滴亦所歆感。本館將來之發榮滋長，皆諸君金精玉屑所聚成之塔也。謹此報告，幸乘教

焉。』（《北平私立木齋圖書館季刊》，第一期，第八十七至八十九頁）

據盧樂山回憶：『舊刑部街宅子前面有一院子，祖父買了些新出版的書，添置了一些通俗讀物，連同捐南開大學木齋圖書館之後還剩下的一些書，一并放在前面的這個院子裏，辦了個通俗圖書館，取名「北平私立木齋圖書館」。北平私立木齋圖書館向百姓免費開放，還辦有自己的《北平私立木齋圖書館季刊》。據《季刊》的《發刊詞》説，開辦頭半年，平均每天能接待二百餘名讀者。』（《盧樂山口述歷史》，盧樂山口述，羅容海整理，北京：北京師範大學出版社二〇一二年版，第九頁）

另據盧鼎霍回憶：『經過兩年籌畫，一九三六年十月十八日北平私立木齋圖書館正式揭幕。館藏各類圖書二十餘萬卷，并訂購一百多種報刊雜志供開架閱覽。首創與國立北平圖書館和市立第一圖書館的複本圖書館際互借業務。還編印了《北平私立木齋圖書館季刊》分送各省市院校圖書館及學術團體。七七抗戰後，木齋圖書館停止圖書外借，衹開闢書報雜志供閱覽。一九四〇年，我們舉家從天津遷來時，圖書館已經完全閉館，但每月都請一位在北京圖書館工作的關小姐來一天，對藏書進行維護整理。』（盧鼎霍《祖父永遠活在我心中》）

是年《實報半月刊》發表著名報人江肇基撰寫的人物志《盧木齋》，其文如下：

『中國社會的發展，直到現在還是停滯在家族私有制度的階段上，在這種社會裏所培養出來的人們的思想，當然衹知道一家或者一族的尊榮，家族之外，再没有國家社會的觀念，所以自來讀書的人，衹知道顯親揚名，光前裕後，有錢的人，儘管家財萬貫，也衹知道追求自己的享樂，從没有誰想到過一身一家之外，還有許多社會事業可辦。然而現在竟有一個人，居然能够盡一生的精力和財産，專心來作社會文化事業，這便是我們要向大家介紹的盧木齋先生了。

距今八十一年以前，盧木齋先生便降生在他的故鄉湖北沔陽縣了，他幼年時代的生活很平凡，十幾歲的青春，完全被消磨在學校生活裏了。不過他念書與别人有點不同的地方，就是當時念書的童生，都講究讀幾篇老八股（因爲八股文是登科取士的敲門磚），惟有他自己偏不願意去讀，反而對於算學和時務兩類的書籍却非常愛好，當時同窗的朋友都譏誚他是一個背時的人，但他却始終堅持著自己既定的志嚮和個人研究學問的興趣，任你别人怎麽説，還是不能動揺他的意志。可是也惟其如此，所以一直到了成年，他還是一個可憐的寒士，老實説就是想教點書混碗飯吃都很不容易，因爲在那個時代，誰肯出錢請一個不懂八股的老師呢？後來還是幾個要好的朋友幫忙他，才勉强替他找了個教書的機會。從此以後，他一方面利用教書辛苦換來的束脩維持生活；一方面利用空閑的時間繼續研究算學。可惜那時他們鄉間的風氣還很蔽塞，百里之内，無藏書家，而他自己又没錢去買，所以要想找一本有用的書來讀，實在比什麽還困難。他領受到這種嚴重的刺激以後，當時就發大願説，苟异日力能置書者，當公諸社會，俾有志讀書之寒畯，得少彌其缺陷。先生一生矢志社會文化事業，到處創設圖書館，其最初的志願，就是在那時候樹立起來的。

剛才説過盧先生不是一個不懂八股的寒士嗎？在那個時代，念書人要不懂八股，那你就算完了，除過當一輩子童生，受一輩子窮而外，任你有滿腹經綸，也衹好埋没下去。可是盧先生又有一個奇怪的機緣，説起來也真凑巧，恰恰那年是甲申之役，中國人吃了外國人洋槍大炮的虧，敗得一塌糊塗。於是一般人都感覺到非有天文算學和其他新的科學不可，清廷也昭告天下，到處搜羅此項人才。適逢湖北彭撫台有個親戚在該省仙桃鎮厘金局任職，與木齋先生的父親交誼甚深，有一天隨便談起這件事來，他老人家便提説他的兒子是一個精通算學的人才，同時并將其處女作《火器真訣釋例》一書，輾轉介紹給彭撫台。彭撫台一見此書非凡，便把木齋先生傳去詳細考問，并保薦他的算學，取經古進了學，後來又憑他這一手算學中了舉。所可笑者人家進學中舉，都是憑著一套八股文，唯有他是靠著算學題。可見無論什麽人，祇要你學有專長，天下總没有個埋没英雄不出頭的日子。

他中舉以後，湖北學台高勉之就報送他到北京來。又經過總理衙門的考試，马上就把他發到北洋大臣李鴻章的幕下去做事。因其才識出衆，即日便擔任了武備學堂的算學總教習。聲譽煊赫馮國璋、段祺瑞等都是當時武備學堂的學生，也是他的高足弟子。後來他又離開教書的生活，到贊皇縣（屬河北省）任知縣。六年之間，對該縣書院力加整頓，惟以地方偏僻，不能發展。迨光緒甲午、乙未間，調任豐潤縣（亦屬河北）知事時，乃就該縣浭陽書院内設一圖書館，同時又另創辦經濟學堂一所，亦附設圖書館，其規模雖不甚完備，然在當時説來，還是他老先生開風氣之先。爲了償還他的夙願，這兩個圖書館是不够的，所以後來他升任直隸提學使的時候，丁未年便在天津創辦省立圖書館一處，翌年復在保定設立圖書館一處。宣統庚戌轉任奉天提學使，又在奉天創設省立圖書館一處。政變以後，他即退處修養，不問政事，袁世凱當政請他出來，他没有答應，黎元洪時代又請他出來，他還是没有答應，甚至雖一顧問名義，亦堅不接受，其清風亮節可想而知。

民元以來，先生鑒於學術之進步，益覺社會文化事業之重要，戊辰年獨斥資創建南開大學木齋圖書館，其建築費及購書費各占十萬餘元。現在盧氏已經年邁蒼老了，還毫不厭倦的又於前年在北平舊刑部街購屋百餘間，創辦圖書館一處，經該館全體董事兩年來之籌備，已於本年十月十八日在胡千之館長的領導之下開館了，除皮藏新舊書籍二十餘萬卷外，盧氏一生所著作的算學書籍，亦辟專室陳列其間，俾供專家研究，這尤其是該館的特點。

盧先生還有一個脾氣，就是他絶對不願意把許多的錢財遺留給自己的兒孫，他説多財以遺子孫，就是在給子孫灌毒藥。所以他一生除過創辦了六個圖書館而外，還把自己一大部分財産捐作木齋教育基金，所有他手創的圖書館，都用此項基金作經常費。此外他又提出一部分基金，在天津創辦了一個木齋中小學及幼稚園，現有學生六百餘名，其成績之佳，爲天津私立學校冠。

最後我們要談談木齋先生的私生活，他今年已經八十一歲了，頭髮和鬍鬚白得像葱根一樣，一身没有一點老年人所常有的通病，不咳嗽也不喘氣，衹是在膀胱部分發生泌尿症。遂於去年八月十五日赴協和醫院割治，從小腹開一口，置橡皮管於腹内與膀胱相通，以人工方法將尿放出。現在歷時十四個月，該項病症，漸見痊愈，小便亦可通尿，但爲防止病症的重犯，橡皮管尚不能取去。所以現在小便能撒尿，橡皮管也能撒尿，可是橡皮管不去，這附骨之疽老人如何受得了呢？好在他老的精神還健旺，這點小病倒不礙事，不過就是步履艱難罷了。所以他在家裏行動的時候，都是兩個僕人用椅子抬上出進，比起常人倒是有點不便。他的太太比他大兩歲，但精神比他還健康，古人所謂白頭偕老舉案齊眉，正是他們兩老的寫照。記得那天木齋圖書館開幕的時候，館長胡千之說：「木齋先生是個窮人，而他還能把信用換來的財産拿出來作社會文化事業，假如社會上的富人都能仿效木齋先生的精神，那就給社會人群造福無量了。」不錯，我們也拿這幾句話來希望別人！』（《實報半月刊》，一九三六年，第二卷，第二期，第四十七至四十九頁）

一九三七年（民國二十六年丁丑）　八十二歲

在北平。

七七事變給盧木齋先生在平津的學校與圖書館事業帶來打擊。木齋學校元緯路中小學受影響，中學部曾暫借當時處於英租界内的浙江小學部分校舍上課。

南開大學木齋圖書館被炸，北平木齋圖書館也長期閉館。據盧毅仁回憶：『南開大學木齋圖書館在七七事變後被日軍炸毁，據聞其中圖書大部搬出。我們子女爲了紀念他辦圖書館的熱忱，每人又捐過一筆錢交給南大負責人（當時爲何廉先生），

希望南大重修圖書館，結果衹建起一層樓，即開始了解放戰爭。』」（盧毅仁《回憶父親盧木齋》）

又據吴振清、李世鋭文章：

『一九三七年七月二十九日，南開大學遭到日本飛機轟炸，木齋圖書館、秀山堂、學生宿舍等建築物慘遭炸毁。次日餘燼未息，日軍再次縱火破壞，圖書和儀器設備均被劫掠。至此盧靖爲南開所付心血悉化劫灰。

民國外交元老顏惠慶後來在他的自傳中寫道：「最令人痛心的消息是南開大學及校内木齋圖書館被炸毁。該圖書館是天津盧木齋先生捐款所建，以收藏中國書籍聞名國内。」原因是「日本對於充滿反日情緒的南開學校特别仇視」，顏惠慶曾經任校董事會主席，一九三七年夏季剛剛「向木齋圖書館贈送了個人所藏的多種英文圖書和雜志」，這批外語文獻自然亦遭塗炭。

抗戰勝利後，南開大學於一九四八年八月從日本追回外文圖書和零散書籍一九四箱，經上海運回天津，入藏南開大學圖書館。在每本劫後幸返故里的圖書扉頁上，特地粘貼了標記：「民國二十六年此書被日寇劫去，勝利後由東京收回，刊此以資紀念。」

木齋先生始終關懷著南開大學的教職員工，抗戰時期他已經耄耋之年，關心南開南遷後的西南聯大的教師，意圖資助生活窘迫的教師，故資助二百萬元作爲救濟。一九四八年他逝世前，猶囑其子女捐資，以助南開重建圖書館，拳拳之心終不泯没。

一九四九年天津解放，歷經坎坷的南開大學重獲新生。一九五一年秋，木齋圖書館在原址修復，建築面積爲三〇三〇平方米，繼續做圖書館使用，仍名爲木齋圖書館并報教育部核準。在圖書館建設中，得到了黨和政府及各界人士的多方支持，盧氏後人就在其中捐助了繪圖費，圖書館的藏書量也迅速增加起來。一九五八年，位於新開湖畔的新圖書館建成投入使用，建築面積八八〇〇平方米（即今天的圖書館老館），木齋圖書館改作學校辦公樓。

二〇一二年，教育部和天津市規劃在海河教育園區興建南開大學津南新校區。校園規劃設計本著貫通歷史、薪火相傳的理念，準備在校區西部歷史紀念區復建木齋圖書館、思源堂、秀山堂，以此來追懷往昔爲南開大學教育事業付出心血、作出巨大貢獻的前輩先賢。』（吴振清、李世鋭《盧靖與南開大學木齋圖書館》）

一九三八年（民國二十七年戊寅）八十三歲

在北平。

是年老友賈恩紱舉家前來借居。賈恩紱『借居於老友盧木齋舊刑部街居所。』（吴秀華《桐城派學者賈恩紱的〈年譜〉》）

一九三九年（民國二十八年己卯）八十四歲

在北平。

劉行宜在《盧木齋、盧慎之兄弟》中回憶：『一九三九年夏秋之季，正在開學之時，天津發生洪水，學校（木齋學校，整理者注）被迫停課，復課時成立了高中部。』

一九四〇年（民國二十九年庚辰）八十五歲

在北平。

據盧毅仁回憶：『先父曾讀過馬克思的書，讀後對我們説：「共産主義到來時，不勞動者不得食。你們應當早做好準備，不要吃剥削飯，吃慣了將來會餓死的。」

這是他在一九四〇年左右説的話。』（盧毅仁《回憶父親盧木齋》）

是年，李夫人殁，葬於北戴河墓地。

一九四一年（民國三十年辛巳）八十六歲

在北平。

天津木齋學校擴建，『一九四一年祖父又增建了一棟教學樓，包括十六間教室和一個小禮堂。不多久，教室還不够，禮堂又隔斷闢爲教室。』（盧樂山《盧樂山口述歷史》）

是年賈恩紱從盧宅遷出，『陰曆九月遷居新宅，計借居盧木齋之房凡三年，臨行，贈木齋詩中有「三歲免輸租，一詩作代價」語。』（吴秀華《桐城派學者賈恩紱的〈年譜〉》）

一九四二年（民國三十一年壬午）八十七歲

在北平。

木齋學校日益發達，學生多達一千二百多人，盧木齋『於一九四二年在前意租界小馬路將自己住宅拆掉一部分，蓋起一座有十六間教室及一個小禮堂的教學樓。

在抗戰期間，很多人家子弟爲了避免受到奴化教育，不願入官立學校，因此那時私立木齋中學學生增到一千二百多人，曾把禮堂打上隔斷作爲教室。』（盧毅仁《回憶父親盧木齋》）

一九四三年（民國三十二年癸未）　八十八歲

在北平。

一九四四年（民國三十三年甲申）　八十九歲

在北平。

一九四五年（民國三十四年乙酉）　九十歲

在北平。

是年北平光復。

是年二月，盧木齋举辦九十大寿。

一九四六年（民國三十五年丙戌）　九十一歲

在北平。

一九四七年（民國三十六年丁亥）　九十二歲

在北平。

一九四八年（民國三十七年戊子）　九十三歲

在北平。

八月十日，在北平逝世，終年九十三歲。

八月十一日《大公報》消息：『盧木齋逝世，今正午在平寓入殮（本報訊）本市木齋學校創辦人，戰前南開大學木齋圖書館捐贈者盧木齋老人，近年息影故都，昨日消息傳來，於昨晚七時在平寓逝世，享壽九十四歲。遺族定近日正午在北平舊刑部街私邸入殮。本市盧氏親友聞訊極爲哀悼。』

八月十二日《大公報》消息：『盧木齋昨大殮，以未能創立大學爲憾（本報北平電話）老教育家盧木齋十日下午七時在北平寓所病逝，已志本報。盧氏享年九十四歲，遺體十一日上午入殮。盧氏生前曾任直隸提學使，熱心教育，在北平創辦木齋圖書館，在津設木齋小學兩所，木齋中學一所，學生共千餘人，并捐助南開大學木齋圖書館。據盧氏家屬稱，盧氏逝世前，尚以不能完成木齋大學之素願爲憾事。』

八月十三日《申報》消息：『盧木齋病逝平寓。（本報北平十二日電）名藏書家盧木齋十一日病逝平寓。盧曾於南開大學建木齋圖書館，并熱心興學，經其創設之各種專門學校與中學，凡達十餘校。享年九四歲。』

九月五日，《益世報》消息：『平各界名流公祭盧木齋（本報北平電話）平市名流胡適、梅貽琦、許惠東等定近日下午在平公祭木齋老人。據悉：老人遺族將在平存書及原北平舊刑部街木齋圖書館設備及房屋二百餘間完全捐贈清華大學。捐贈手續與梅貽琦校長辦理完竣。清華方面將就該館成立「木齋數學研究圖書所」。』

是年《周論》雜志刊發消息：『老教育家盧木齋　九十四歲高齡老教育家盧木齋於八月十日病逝於北平。盧氏湖北沔陽人，於清末服官直隸省近卅年，曾創立保定及天津圖書館，天津師範、政法、工商、醫學及水産等專門學校，對於教育貢獻甚大。民元以後，息影津沽，曾捐木齋圖書館於南開大學，并捐藏書數十萬卷；又在天津獨資設立木齋小學及中學，已有五十年歷史，現有學生一千七百餘人。身前著述甚豐，有《合聲易字》《古辭令學》《〈四部叢刊〉提要》等，并輯刊《湖北先正遺書》七百廿卷，《沔陽叢書》百數十卷。我官場中人物能有這樣偉大事迹的實在不多見，我們希望當今豪門效法盧木齋。』（《周論》，一九四八年，第二卷，

第六期，第十三頁）

據盧毅仁回憶：『北京木齋圖書館在先父逝世後，家人將其中全部圖書捐贈給清華大學，另將木齋教育基金處大部財産捐給清華大學木齋數學研究所。這也是在解放前夕辦的。北京木齋圖書館舊址現已拆建爲民族文化宫了。』（盧毅仁《回憶父親盧木齋》）

關於盧氏舊宅和木齋圖書館去嚮，韋慶媛、田麗霞利用清華檔案，在《盧木齋與北平私立木齋圖書館》一文中有詳細介紹：『盧木齋去世後，家人决定延續盧木齋先生的數學情結，在木齋圖書館原址與清華大學合辦「國立清華大學木齋數學研究所」。一九四八年十月一日，清華大學與木齋先生家人代表簽訂合約，由木齋教育基金會提供開辦研究所基金，并組成「國立清華大學木齋數學研究基金委員會」。一九四八年十月十四日，在中南海公園勤政殿舉行了「木齋數學研究所基金委員會」第一次會議，委員會由七人組成，國立清華大學代表爲梅貽琦、葉企孫、陳岱孫、潘光旦四人，木齋教育基金會代表爲盧開驪、黄鈺生、盧開瑗三人，主席由梅貽琦擔任。』『據當時的校長秘書沈剛如回憶，一九四八年十二月十四日，「（梅貽琦）校長以電話把我召至其家，交給我一包股票和契紙（這是與清華合辦數學研究所的盧木齋後人交來用作基金的），讓我整理好抄一清單。另外，叫我把一枚金元和一根金條交給出納組妥爲收存。交代清楚後，校長便乘車隻身進城」。從此梅貽琦再也没有回到清華園，臨走之前最後交待的正是剛剛啓動、正在進行中的木齋研究所的事情。』『一九四八年十二月十五日，清華園解放，但北平的圍城却剛剛開始。就在同一天，原住北平安定門外黄寺的東北第一臨時中學學生遷入城内，强行占住木齋圖書館。……東北第一臨時中學的學生占住木齋圖書館後，將圖書焚毁甚多，并强行搬出，隨意堆置，雖經工作人員多次勸阻，均告無效。……據宋澤泉報告，木齋圖書館原藏書五萬多册，此次破壞損失過半，這一數字雖有誇張，實際接收時損失了一萬多册，但也可見破壞之巨。』『關於木齋圖書館贈書數量，據接收時的《國立清華大學圖書館木齋先生贈書實存目録》記載，共計二五三三部，四一四六一册。一九五二年以後，全國高等院校院系調整，盧木齋贈書陸續調出一部分，一九五七年對贈書進行過重新統計，編有《盧木齋先生贈書草目》，一九七四年又進行補記，清華大學圖書館現存盧木齋贈書共計一六〇七部，一八六八種，二三四一六册。』（《盧木齋與北平私立木齋圖書館》，韋慶媛、田麗霞著，《蘭臺世界》，二〇一一年，第二十九期，第六十三至六十四頁）

後記

今天擺在諸位讀者面前的這部遺集和所附年譜，實在是一個『衆人拾柴火焰高』和時代進步的産物。若不是盧樂山先生的殷勤期盼和盧鼎霍先生一字一句的校對把關，若不是天津《今晚報》的王振良先生鼎力支持和天津市木齋中學王彦祺校長苦幹實幹這麽多年的感召，這本書大約至今還衹是停留在頭腦的空想。若不是有國家圖書館、天津圖書館、清華大學圖書館、中國人民大學圖書館、北京師範大學圖書館對一位普通讀者熱情開放資源、提供幫助，若不是有大學數字圖書館國際合作計劃（CADAL）、學苑汲古——高校古文獻資源庫、中國知網、愛如生系列資料庫等一系列數字資源庫的出現，若不是有《李鴻章全集》《袁世凱全集》《嚴修手稿》《北洋公牘類纂正續編》《近代著名圖書館館刊薈萃》等一系列圖書的編輯、影印、點校出版，這本書的編撰工作注定將寸步難行。

想盧木齋先生早年即發大願，要讓天底下人有書可讀，於是竭盡全力辦學、辦圖書館、刊刻圖書，終其一生。現如今一個後生小子，非親非故，沒有任何特權，不花一分一文，足不出京，就可以盡搜天下資源，遍覽國中典籍，不費太多氣力，就可以完成一部遺集、年譜的輯佚和撰寫。若是木齋先生仍然在世，看到文化普及此等的繁盛便利，當欣慰何似。

這本書編撰的源起，還要追溯到二〇一一年我做關於嚴範孫的博士論文時，看到文津街的國家圖書館裏有一部盧慎之編撰的油印本《盧木齋先生遺稿》，編輯年代是二十世紀五十年代中期，於是請盧樂山先生以盧木齋孫女的名義整本複印了一份回來。後來我又在CADAL（大學數字圖書館國際合作計劃）網站搜索到一本名爲《盧木齋先生事略》的小册子，木刻本，編撰年代大約是一九三七年抗戰爆發前後。於是以《遺稿》和《事略》爲基礎，我萌發了給盧木齋先生編個集子的念頭。

恰逢二〇一二年，天津市第二十四中學恢復『木齋中學』校名，我就對這兩份材料進行了録入整理，再加上我之前在天津圖書館查閲嚴範孫材料時看到的嚴、盧兩人之間的部分通信以及在《汪康年師友信札》《吴汝綸全集》和盧慎之的《慎園啓事》等集子中看到的與盧木齋的往來信札，於是我初步編成了一個小集子，贈送給木齋中學的王彦祺校長作爲賀禮。次年，王振良兄和王彦祺校長在天津舉辦『盧靖盧弼學術討論會』，得到盧氏後人盧樂山、盧鼎霍、盧鼎康等人的大力支持，住在天津的盧慎之先生的外孫女劉行宜不顧九十多歲高齡，仍興致勃勃地全程參加了會議并講話，實在令人感動。我送給木齋中學校的那本小册子也經過王振良的精心編輯，成爲那個會議的研討材料之一種。

會議之後，振良兄一直鼓勵我將書稿充實，正式出版，并將他自己花巨資購買的《嚴修手稿》大半部借給我，還告訴我羅澍偉點校的《北洋公牘類纂正續編》等書籍裏面有大量資料，希望我能多多輯佚，不斷充實完善。可惜我那時剛開始進光明日報社工作，既忙碌又緊張，又恰逢小孩出生，早已無勇可賈。就這樣一直拖到今年。

我於完成博士論文之後，一直有幸侍於盧樂山先生左右，既以師事之，方寸間又以祖母視之，這些年來得益良多。今年五六月間，忽然想到明年的二〇一七年將是盧樂山先生的百歲華誕，我一小小北漂，自然没有什麼大禮可以獻給先生，何不將這個集子編好，作爲先生百歲華誕的一個小禮物。樂山先生在盧氏後代中年歲居長，且與盧木齋先生共處時間最長，很有以弘揚木齋精神爲己任的自覺和擔當，如果這本書能够完成，當能實現老人家一大心願。

於是五六月間，體會了一回『上窮碧落下黃泉，動手動腳找東西』的經歷。先是系統整理了《申報》檢索系統、《東方雜志》期刊全文檢索數據庫、中國近代報刊資料庫、瀚堂近代報刊數據庫中的盧木齋材料，又把近十巨册《嚴修手稿》中的嚴、盧通信全面整理一番，又將《北洋公牘類纂正續編》四册中的盧木齋文獻進行了録入整理。然後去國家圖書館北海古籍閱覽室，在中國知網、學苑汲古等資料庫的綫索提示下，抄録了《新譯世界統計年鑒》《最新世界統計年鑒》《新譯世界教育年鑒》《北海道拓殖概觀》《新譯日本教育法規》《歐美教育統計年鑒》、新譯《日本教育法規》等書的序言。又在盧慎之編輯《盧木齋先生遺稿》時所寫後記的指引下，先後找到了《告奉天學界書》《潘烈士條陳》《釋公債》，以及《合聲易字》的序、凡例及後譜説等文，將盧慎之提到過但未收録的四篇長文全部找齊。天津南開大學的好友陳鑫又利用南開圖書館的電子資源，爲我檢索了《大公報》中盧木齋的材料。隨後我又於我在國家圖書館新館長期使用的位置旁邊，發現了《近代著名圖書館館刊薈萃四編》中影印的兩册《北平私立木齋圖書館館刊》，經過這樣一番搜尋，遺集部分便粲然可觀了。

在這過程中，我得到了清華大學圖書館宋建昃先生和中國人民大學圖書館的大力支持。宋建昃先生是清華大學圖書館的老館員，是國内最早以清華大學館藏盧木齋藏書爲切入口研究盧木齋的學者。在二〇一三年天津的那次會上，宋先生風塵僕僕前來參會。今年上半年，我再次於清華大學圖書館見到宋先生，先生熱情地替我借出清華館藏的《盧木齋先生事略》原書供我校對，并提供書影，給予我工作極大的鼓勵，之後又導觀遍覽清華圖書館，先生謙謙君子，學者淳樸，令人可感。在學苑汲古書目檢索中得知中國人民大學圖書館藏有盧木齋主政豐潤期間撰寫的《合聲易字》之後，我前往中國人民大學圖書館申請查看原書，并得到了古籍部館員的熱情幫助，不僅找來原書，還熱情爲我解答古籍來源的問題，在另一位老館員的幫助之下，我們辨識出了印章并得知該册書最早爲音韵學大家劉半農先生所藏，他们用手機拍攝送我的那一頁書影，成爲這一段美妙經歷的見證，彌足珍貴。

資料抄録回來之後，便是校對的問題了。木齋先生在世孫男中最長者盧鼎霍先生義無反顧地擔當起了所有文字的校對工作。先生八十多歲高齡，以『校對祖父的東西，很有興趣，不覺累』爲動力，不僅全面校對了遺集、年譜初稿，而且將我複印的原始稿也給細細校對了一番，至今我還保留著先生用鉛筆密密麻麻改後的花臉稿。鼎霍先生退休前爲中國大百科全書出版社的資深編輯，校對工作是其看家本領。

他曾對我說，他做校對，經驗就是有疑必問，從不怕鬧笑話。我做人做事，有時候未免文人面薄，鼎霍先生的話，讓我回味了很久。而他畫過大大的問號的地方，每每都是遺集、年譜一次次『改過遷善』的階梯。

中國地質大學教授，木齋先生的外孫王智濟老師對文稿也做了完整的一番校對，并增加了不少細節內容。王老師擅長音樂美育，曾花費六七年功夫三易其稿，利用家藏老照片，製作《盧氏春秋》短片。大量清晰珍貴的老照片，配上美妙的音樂，每每成爲盧氏家族聚會時烘托氣氛的『利器』，短片中的珍貴照片，王老師也是有求必应，慷慨提供。

特別要提到的是，在校對過程中，關於《合聲易字》的序、凡例和後譜說三篇，由於古音韵學專業性太强，我和盧鼎霍先生均不能解。我得到了我本科同班同學，北師大文學院研究訓詁學的青年才俊孟琢老師的大力幫助，他很快爲這三篇東西做出了校訂。爲了加一道保險，我又找到了本科時教授我們古音韵學的黃易青老師給我校訂。雖然已經十幾年不聯繫，雖然已經退休赴北師大珠海分校任教，但在得知我的意圖之後，黃老師仍然熱情地解答了我所有的提問，并對三篇稿子進行了極具專業水準的校對。經過二位師友的把關幫助，我心裏頓時踏實了許多。

就在遺集和年譜基本完工的時候，二〇一六年十月七日，盧氏後人中與盧樂山同輩者齊聚盧先生家，爲盧先生賀百岁壽辰，我受盧樂山先生之邀，得陪末座。盧木齋最小的孫女劉嫄（隨母姓，祖父盧木齋、外祖父劉大白，父親盧開瑗，一九五三年生，現爲美國衛生部高級官員），也從美國趕回來。盧家鼎字輩近二十人濟濟一堂，共話木齋先生的事迹和精神自然是聚會的中心主題。我從這些功勛卓著的盧家後人身上，仿佛又看見了木齋先生活著的精神。最感動者，一是侄孫女盧青松所一語道破的『韌性』。有木齋先生辦學那樣的韌性，才使得這些人雖然因爲家庭出身問題，大都經歷了常人不曾經歷的苦難，但不氣餒，不自弃，不斷鑽研，不斷學習，最後終有所成。二是這些老者們身上的責任和擔當。如盧樂山一生從事幼稚教育，以弘揚盧木齋、嚴範孫精神爲己任，雖然近幾年因爲年事已高，幾乎謝絶了一切公開活動，但是祇要涉及盧木齋、嚴範孫的事情，先生總是義不容辭，念念不忘。盧鼎霍多次放弃赴歐洲與子女團聚的機會，義無反顧地在國内爲弘揚木齋精神、維護盧家權益而奔走，即便如他自嘲所言『屢敗屢戰』，也一直堅持。劉嫄身在海外仍然對祖國、對祖父念兹在兹，四處搜集盧木齋事迹并在國内國外各地宣講，甚至將盧木齋比作當時中國的卡内基。也正因爲這種韌性和擔當，盧家鼎字輩上至一百歲的盧樂山老人，下至六十多歲的劉娎等，雖頭上鬢髮已蒼，身心却仍青春。

至於我個人的工作，不論遺集還是年譜，都衹是做了個『文抄公』而已，能够爲同道了解和研究那個時代提供點方便，便已達成目的。個中雖偶有所獲，亦屬山野田夫自得其樂，不足爲外人道也。

末了再强調三點。一是初心不忘，謹以此書祝賀盧樂山先生一百壽辰，祝福她老人家仁者樂山壽且康。二是過程不易，再次感謝王振良先生、王彦祺校長以及天津古籍出版社諸位編輯對本書出版的大力支持。三是水平有限，加之編撰過程匆忙倉促，其不當之處，還請諸位讀者不吝賜教。

二〇一六年十月　羅容海記

本書付印之前，匡時拍賣行的晏旭先生輾轉找到我，贈我一册他們公司春拍的圖録，其中有一百多通盧慎之先生的師友信札，頗爲珍貴。晏旭先生對每一封信做了釋讀或者寫了提要，水準之高令人敬佩。我在晏旭先生的工作基礎上，對夾雜其中的四件盧木齋信札進行了整理，將羅振玉致盧木齋的信札一通、王亦曾致盧木齋的信札一通、周樹模致盧木齋信札一通，以及周學熙的一紙賀盧木齋米壽詩納入遺集中。此外，我又在北京師範大學圖書館古籍部工作的肖亞男師姐的幫助下抄得廬木齋刻梁啓超《西學書目表》跋文一篇，并觀閱廬氏於豐潤縣縣署所刻《輶軒語》《書目答問》《古今僞書考》等《慎始基齋叢書》三種。再次在清華大學圖書館古籍部工作的宋建昃老師幫助下抄得廬木齋纂《〈四部叢刊〉提要》序文一篇，宋老師還熱情介紹其同事王雪迎老師助我辨識信札中難辨之處，二位老师待我殷殷，感佩无似。我又根據超星數字圖書館的綫索對《年譜》作了一些補充。付印在即，特此説明，并致謝忱。

二〇一七年三月三十一日　羅容海補記

出版之艱，始料未及。再拾書稿，已逾四載。在此期間，國内的欒山先生與智濟先生先後仙逝，國外的廬静方及劉緣子也駕鶴西去。新冠未去，老輩凋零。此書之出版，堪慰逝者耶？或映剥復之機耶？祈之禱之。

二〇二一年三月二十一日　羅容海再記

《問津文庫》已出書目（總計一〇一種另三種）

◎天津記憶

楮墨留芳：天津文化名人檔案　周利成著　三〇圓

布衣大師：允文允武的藝術名家閻道生　閻伯群著　三〇圓

口述津沽：民間語境下的堤頭與鈴鐺閣　張建著　二八圓

大地史書：地質史上的天津　侯福志著　二九圓

丹青碎影：嚴智開與天津市立美術館　齊珏編著　二八圓

立憲領袖：孫洪伊其人其事　葛培林著　三〇圓

津門開歲：徐天瑞日記解讀　王勇則著　五八圓

水産教育家張元第　張紹祖編著　三六圓

八年夢魘：抗戰時期天津人的生活　郭文杰著　二八圓

沽文化詮真　尹樹鵬著　四八圓

圈外談藝録　姜維群著　三八圓

記憶的碎片：津沽文化研究的雜述與瑣思　王振良著　三八圓

水産教育家張元第集　張紹祖編　五八圓

應得的榮譽：女醫生里昂羅拉·霍華德·金的故事
［加］瑪格麗特著／胡妍譯　三八圓

海河巡鹽：國博藏所謂《潞河督運圖》天津風物考　高偉編著　五八圓
析津聯話　章用秀著　五八圓
頂上功夫：竇坻剃頭匠的歷史記憶　甄建波著　六八圓
四當明霞：藏書目里的章鈺及其交游　李炳德著　六八圓
津沽舊事　郭鳳岐著　一九八圓

◎通俗文學研究集刊

望雲談屑　張元卿著　三九圓
還珠樓主前傳　倪斯霆著　三八圓
品報學叢·第一輯　張元卿、顧臻編　三八圓
云雲編：劉雲若研究論叢　張元卿編　三八圓
品報學叢·第二輯　張元卿、顧臻編　三二圓
劉雲若評傳　張元卿著　三二圓
鄭證因小説經眼録　胡立生著　七八圓
品報學叢·第三輯　張元卿、顧臻編　四八圓

◎**三津譚往**

◎**九河尋真**

九河尋真·二〇一四　萬魯建編　五九圓
九河尋真·二〇一五　萬魯建編　八八圓
九河尋真·二〇一六　萬魯建編　九八圓
九河尋真·二〇一七　萬魯建編　九八圓
九河尋真·二〇一八　萬魯建編　九八圓
九河尋真·二〇一九　萬魯建編　九八圓

◎津沽文化研究集刊

《雷雨》八十年　耿發起等編　五五圓
陳誦洛年譜　張元卿著　四八圓
碧血英魂：天津市忠烈祠抗日烈士研究　王勇則著　九八圓
都市鏡像：近代日本文學的天津書寫　李煒著　三八圓
天津楹聯述略　李志剛著　三六圓
口述津沽：民間語境下的西沽　張建著　五六圓
口述津沽：民間語境下的西于莊　張建著　一〇八圓

紫芥掇實：水西莊查氏家族文化研究　葉修成著　五八圓
蘆砂雅韵：長蘆鹽業與天津文化　高鵬著　五八圓
王南村年譜　宋健著　七八圓
國術之魂：天津中華武士會健者傳　閻伯群、李瑞林編　七八圓
來新夏著述經眼録　孫偉良編　一九八圓
舉火燒天：天津抗日殺奸團紀事　楊仲達、陶麗著　六八圓
口述津沽：民間語境下的丁字沽　張建著　一六八圓
口述津沽：南開學子語境下的公能精神　胡海龍著　一六八圓

◎津沽名家詩文叢刊

王南村集　王煐原著／宋健整理　六八圓
嚴範孫先生古近體詩存稿　嚴修原著／楊傳慶整理　四八圓
星橋詩存　蘇之鑾原著／曲振明整理　五八圓
退思齋詩文存　陳寶泉原著／鄭偉整理　八八圓
待起樓詩稿　劉雲若原著／張元卿輯注　四二圓

劉大同詩集　劉建封原著／劉自力、曲振明整理　八八圓
碧琅玕館詩鈔　楊光儀原著／趙鍵整理　五八圓
石雪齋詩稿（附遂園印稿）　徐宗浩原著／張金聲整理　六八圓
紫簫聲館詩存　丙寅天津竹枝詞　馮文洵原著／楊鵬整理　八八圓
思闇詩集　華世奎原著／閻伯群整理　三八圓
止庵詩存　周學熙原著／宋文彬整理　一二八圓
沽上梅花詩社存稿　孫愛霞整理　八八圓
天津文鈔　華光鼐編纂／石玉點校　五八圓

◎**津沽筆記史料叢刊**

嚴修日記（一八七六—一八九四）　嚴修原著／陳鑫整理　一三八圓
桑梓紀聞　馬鴻翱原著／侯福志整理　四二圓
天津縣鄉土志輯略　郭登浩編　九八圓
嚴修日記（一八九四—一八九八）　嚴修原著／陳鑫整理　一二八圓
周武壯公遺書　周盛傳原著／劉景周整理　一二八圓

天后宫行會圖校注　高惠軍、陳克整理　一二八圓
津門詩話五種　楊傳慶整理　七八圓
《北洋畫報》詩詞輯録　孫愛霞整理　一九八圓
桑梓紀聞（增補本）　馬鴻翱原著/侯福志整理　六八圓
袁克文集　吴瞳瞳整理　五八圓
盧木齋集　盧靖著/羅容海整理　八八圓

◎**名人與天津**

李叔同與天津　金梅編　六八圓
我與曲藝七十年　倪鍾之著　六八圓
辛笛與天津　王聖思編著　八八圓

◎**梓里尋珠**

傳承與突破：近代天津小説發展綜論　李雲著　七八圓
從租界到風情區：一個中國近代殖民空間在歷史現實中的轉義

李東曄著　六八圓

趕大營研究　張博著　六八圓

屏廬鉛槧：藏書家刻書家金鉞研究　胡艷杰編著　六八圓

◎隨藝生活

方寸芸香：藏書票裏的書故事　李雲飛編　九八圓

問津書韻：第十三屆全國讀書年會文集　杜魚編　七八圓

開卷二〇〇期　董寧文、董國和、周建新編　一六八圓